Geneviève B. Mai 94

L'INFLUENCE QUI GUÉRIT

TOBIE NATHAN

L'INFLUENCE QUI GUÉRIT

EDITIONS ODILE JACOB

15, RUE SOUFFLOT, 75005 PARIS
ISBN : 2-7381-0237-9

à la mémoire de mon maître, Georges Devereux

Remerciements

La pensée est une œuvre collective. J'aime à me savoir le porte-parole de ceux qui ont « co-pensé » un temps avec moi et je me réjouis à l'idée de leur témoigner ma reconnaissance.

J'ai toujours été très étonné de la coopération de mes patients, de leur touchante confiance, quelquefois de leur pathétique abandon entre mes mains. Mais je voudrais surtout les remercier de leur volonté de m'instruire, toujours plus, et toujours en me laissant l'impression que c'était moi qui leur apportais des bienfaits.

L'enseignement est un métier très contraignant. Mes étudiants ont toujours représenté pour moi le « surmoi » exigeant qui m'imposait de penser plus loin et plus précis. Je les remercie d'avoir fait fi des bienséances universitaires et d'avoir accepté, semaine après semaine, de me contrecarrer avec énergie et aussi, souvent, avec tendresse, m'incitant à plus de rigueur.

Mes étudiants de thèse sont allés sur le terrain, là où je n'avais pas pu aller. Si je ne me suis jamais permis d'utiliser leurs observations, leur en laissant toujours la primeur, je dois dire que le changement de perspective qu'ils m'ont apporté a été décisif dans l'orientation de mes recherches. Je voudrais les remercier de m'accompagner encore dans un projet à la fois ambitieux et fascinant. Certains d'entre eux qui ont entrepris de se « faire initier » dans leur propre culture m'ont témoigné l'amitié de partager avec moi leurs sensations si personnelles, leurs réflexions et leurs doutes. Je voudrais ici les saluer, en particulier : Sadok Abdelsalam, Gilberte Dorival, Lucien Hounkpatin, Viviane Rolle, Nathalie Zajde.

Enfin, le travail thérapeutique que nous menons dans les différentes consultations d'ethnopsychanalyse est éminemment un travail collectif. Je voudrais remercier mes cothérapeutes pour leur courage de pensée, leur absolu dévouement aux patients et leur passion pour la découverte scientifique, notamment : Tewfik Adohane, Salhy Aït-Kaci, Thierry Baranger, Denise Barokas, Marième Bâ, Nicole Belaïche, Loubaba Belmejdoub, Armando Beraün, Mohamed Bettiche, Serge Bouznah, Marie-Rose Braizat, Bernadette Buisson, Alhassan Cherif, Paola Cocchi, Dominique Desmedt, Rébecca Duvillié, Léocady Ekoué, Dominique Fourcault, Élise Haule, Lila Hoijman, Joëlle Honikman, Mondher Jouida, Jocelyne Kanner, Sylvia Katz, Jean-Jacques Kowalsky, Kouakou Kouassi, Marianne Lehuédé, Catherine Lewertowski, Moussa Maman, Christine Mannoni, Josiane Mauchamp, Martine de Maximy, Claude Mesmin, Marie-Rose Moro, Marie-Christine Nagy, Joseph Ondongo, Marina Papageorgiou, Abdelhamid Salmi, Maria-Inès Sampaio, Najima Taïeb, Dominique Vossen, Jean Zubédé. Il va sans dire que sans eux, rien n'aurait été possible !

Toute ma gratitude à Gérard Jorland qui, une fois encore, avec son incorrigible optimisme, a su trouver derrière le fatras de mes mots quelques embryons de pensée.

Quant à Philippe Gérin qui a dosé assistance intellectuelle et soutien affectif, qu'il reçoive ici une nouvelle expression d'une amitié vieille de plus de trente ans.

Introduction

Une théorie de l'influence

Un docteur sait, un médecin soigne, un thérapeute applique une thérapeutique. Si les mots « docteur » et « médecin » découlent d'une sorte de parti pris de prudence, relèvent d'une philosophie où le savoir serein prévaut sur l'activisme aveugle, « thérapeute » n'est qu'un euphémisme mou, une tentative de contourner le paradoxe fondamental de celui qui fait métier de guérir. Car guérir est toujours un acte de pure violence contre l'ordre de l'univers. Et nulle thérapeutique n'est plus violente que celle qui entreprend de guérir l'âme. Car dans les désordres psychiques, ce dont souffre le patient exprime la vérité la plus profonde de son être. Le guérir consiste à l'expulser de ses choix, à lui interdire ses stratégies d'existence décidées dans un moment crucial de sa vie et appliquées systématiquement depuis. Guérir consisterait alors à exercer une *influence démiurgique* et à se penser par là même l'égal du dieu monothéiste : tout-puissant et transcendant. Mais au nom de quoi, et à partir de quelle certitude ?

Ce livre est né d'un moment de perplexité – un temps d'entre-deux – où faisant retour sur moi-même, je me suis demandé si j'exerçais une telle influence sur mes malades, si je me croyais véritablement capable de les transformer – seulement en surface, ou véritablement, en profondeur ? Cette tranformation, si elle existait, était-elle toujours pour leur bien ? Ou bien étais-je inoffensif, voulant leur bien, comme sans doute bon nombre de leurs proches, et assistant, aussi rempli d'illusions que démuni de pouvoirs, à leurs tentatives d'autodestruction ou d'autoguérison ?

D'abord formé à la sociologie et à l'anthropologie, puis à la psychologie et à la psychanalyse, j'ai exercé mon activité thérapeutique dans la plupart des types d'institutions de soins psychiatriques existant en France : en hôpital psychiatrique, en dispensaire d'hygiène mentale, en Centre médico-psycho-pédagogique, en Centre hospitalo-universitaire, en Centre de protection maternelle et infantile. Partout, j'ai trouvé des docteurs (au sens de ceux qui savent) agissant sur des patients et, comme on dit vulgairement, ne « faisant pas dans la dentelle ». Aujourd'hui, je sais que, du moins en psychiatrie, le plus puissant ressort de leur action est avant tout le prestige de la médecine. Mais ils agissent aussi par la magie des molécules – ô combien actives –, par des dispositifs de prise en charge, des relais sociaux, la force aveugle des institutions – et Dieu sait si elles sont contraignantes –, par leur parole enfin, qu'ils prétendent toujours « de vérité ». Et partout où je suis passé, j'ai vu les docteurs prétendre tout de même « laisser s'exprimer la vérité du malade », son « désir ». Ils disaient l'aider sans violence, sans contrainte, l'accompagner dans la découverte de sa nature profonde. Et ces bons docteurs, ces psychanalystes lisses, ces thérapeutes aux mains propres, je les ai toujours vus armés jusqu'aux dents, armés d'une pensée d'abord – qu'ils prétendaient scientifique, démontrée, définitive –, d'une théorie qui toujours justifiait cette idée étrange selon laquelle leurs actes, les torsions qu'ils imposaient au monde concret du patient, n'étaient qu'émanations de ses propres souhaits. Et s'il ne connaissait pas ses désirs secrets, si sa famille se débattait avec une fausse idée de lui-même, c'était, disaient-ils, que des processus morbides, voire l'obscur travail de l'inconscient, les rendaient tous aveugles.

Entendons-nous ! Je sais combien la pratique de la psychanalyse par un véritable professionnel et selon les règles de l'art peut être bénéfique au patient dans une relation contractuelle, librement consentie. Mais lorsqu'elle règne en idéologie maîtresse dans un service de psychiatrie ou dans une consultation médico-psychologique, elle devient, comme tant d'autres prétendues théories scientifiques, un galimatias de causalités naïves et, en dernière analyse, un outil d'auto-justification destiné à des apprentis sorciers – quelquefois, mais si rarement – inspirés.

Et jusqu'aux psychanalystes (j'en suis un) se voulant au-dessus de la mêlée, les pires en ce domaine lorsqu'ils travaillent en institution, qui ont même – chacun s'en souvient – clamé un moment qu'ils n'avaient aucune intention thérapeutique et prétendu que leur action n'était thérapeutique que « de surcroît ». Est-ce à dire à leur insu ? de mauvaise grâce ? contre leur gré ? Qui sait ce qu'ils voulaient dire par là ?

La théorie des docteurs

En deux décennies d'activité clinique intense, j'ai vu changer bien des fois les théories des docteurs, mais malgré les petites différences, toutes celles que j'ai rencontrées comportaient un certain nombre de prémisses –

toujours les mêmes – encore présentes dans les théories de ceux que je côtoie aujourd'hui.

D'après toutes ces théories, il existerait une *nature* des faits que décrit et analyse une discipline s'apparentant peu ou prou à la médecine : la psychopathologie. Cette *nature*, tout comme par exemple la structure de la matière, serait indépendante de l'observateur et susceptible de descriptions systématiques – peut-être même d'expérimentations. Cette discipline porterait sur le sujet, c'est-à-dire l'« individualité psychologique » superposable à l'individualité biologique, la personne (et moi qui depuis toujours me demandais : « Et pourquoi pas le village, la lignée, les ancêtres ? »). Certains éléments constitutifs de la personne, tels que son « identité culturelle » ou « ethnique [1] » (sa langue, ses coutumes, ses systèmes de représentation), sont toujours représentés comme extérieurs à sa nature, comme les vêtements pour le corps propre ou son terreau pour une plante.

Mais comment les psychopathologistes appréhendent-ils cette prétendue « nature » ? De quels instruments supérieurs disposent-ils pour la percevoir ? De scanners à psyché, de microscopes électroniques à inconscient, de télescopes à libido ? Non ! Simplement d'une certaine forme de conversation ! Car, en psychopathologie (on l'oublie si souvent !), aucun recueil de faits ne peut être obtenu sans *entretiens* avec le patient, fussent-ils codifiés, standardisés, guidés à distance par un ordinateur. Or, il faut le souligner, un entretien psychiatrique n'est jamais un relevé innocent d'éléments objectifs. C'est toujours une véritable procédure d'influence dont on peut parfaitement décrire les déterminants. Un patient (seul, c'est-à-dire délibérément isolé, et non au sein de sa famille,

1. G. Devereux, *Ethnopsychanalyse complémentariste*, Paris, Flammarion, 1972.

un patient considéré comme une totalité, c'est-à-dire coupé de sa lignée, de ses appartenances initiatiques, de son village), un docteur (généralement savant, c'est-à-dire armé d'une pensée théorique, d'une éthique, d'une morale de groupe, voire de caste, qui lui n'est pas isolé) et une raison (naturellement universelle, alors qu'il existe d'autres types de rationalité, j'y reviendrai tout au long de cet ouvrage) construite *a priori* pour saisir, décrire, analyser, bref, prendre possession de l'objet, toujours autre, toujours figé dans son externalité.

Un exemple : qu'est-ce qui différencie la lecture du marc de café, ou, comme au Maghreb, du plomb fondu ou de la pierre d'alun fondue, de l'interprétation d'un test de Rorschach réputé fiable ? Dans tous les cas, ne s'agit-il pas d'interpréter des tâches produites au hasard ? Avant tout, pourra penser un observateur extérieur, ce qui les distingue, c'est la méthodologie, supposée rigoureuse, qui a présidé à la fabrication du test. Le sait-on seulement ? Le test de Rorschach, comme d'ailleurs la plupart des tests dits « projectifs », est fondé sur deux prémisses qui sont, je dois le dire, d'une naïveté accablante. On a d'abord fait passer ce test à des malades rangés dans certaines catégories nosographiques et on a noté les réponses les plus fréquentes par type de patients. Puis on en a tiré des conclusions statistiques sur l'occurrence de telles réponses. Première prémisse donc : la classification préliminaire, les catégories nosographiques qui la fondent, sont valides. Et si elles ne l'étaient pas (ce que, de plus en plus, on a tendance à penser aujourd'hui) ? La seconde prémisse, beaucoup plus grave sur le plan de la méthode, c'est qu'il serait possible d'appréhender de manière objective, c'est-à-dire comme s'il s'agissait d'un objet extérieur à l'observateur, quelque chose qui, nous le savons bien, est un simple modèle théorique : le *fonctionnement psy-*

chique. Il serait même possible de saisir l'état de cette chose en franchissant ses travestissements comme un appareil à rayons X traverse la peau pour donner une photographie de ce qui reste invisible à l'œil nu, les os. Et si cette substance qu'on prétend saisir ainsi n'existait pas ? ou pas sous cette forme ? Et si elle n'existait pas ailleurs que dans les représentations du clinicien ? Et si les représentations du clinicien, qu'il a besoin de penser vraies afin de maintenir la cohérence de son monde interne, n'étaient que des outils lui permettant d'établir un certain type d'interaction thérapeutique ?

En fait, le marc de café possède une supériorité méthodologique considérable sur le test de Rorschach. Naturellement, il s'agit aussi d'une sorte de test projectif, mais qu'on fait passer au clinicien – il s'agit bien sûr dans ce cas d'un *voyant* – et non au sujet. Et comme on l'administre en présence du sujet ou d'un objet qui le représente (une photographie, un vêtement), la lecture du marc de café ne peut donner des informations que sur l'état de l'interaction entre clinicien et sujet, et non sur l'hypothétique nature cachée d'un prétendu sujet. La lecture du marc de café serait donc une procédure strictement technique destinée à contraindre le clinicien à ne produire du discours que sur l'interaction qu'il vient d'établir avec une personne, par conséquent à fabriquer du matériel clinique utilisable. Si j'avais quelque pouvoir en ce domaine, je préconiserais une utilisation comparable du test de Rorschach, j'y soumettrais volontiers le clinicien plutôt que le malade, mais en la présence de celui-ci.

Malgré la percée psychanalytique incitant à l'analyse du contre-transfert [2], malgré l'effort héroïque de Ferenczi

---

2. G. Devereux, *De l'angoisse à la méthode dans les sciences du comportement*, Paris, Flammarion, 1980, pour la théorie ; Searles pour la clinique.

pour saisir cette part d'hypocrisie inaugurale du clinicien qu'est sa prétendue connaissance *a priori* de l'autre, je n'ai trouvé aucune théorie conséquente partant de l'action du thérapeute et non de la prétendue nature du patient. Peut-être tout simplement parce que sa propre activité reste imperceptible au clinicien – qui dit se borner à décrire, qu'il n'entreprend que de savoir. À moins que...

La leçon de l'étranger

Voilà une quinzaine d'années, j'ai commencé à fréquenter une catégorie de patients sur lesquels l'influence psychothérapique s'était jusqu'alors révélée inefficace, des patients qui ne relèvent d'aucune catégorie nosographique habituelle ; je veux parler des migrants originaires de sociétés non occidentales. Parlons de la réalité concrète et non de cette république des lumières qui ne cesse d'alimenter nos rêves : ces patients sont au rebut ! En vérité, ils n'intéressent personne, ni les politiques (ils ne votent pas), ni les cliniciens de pratique privée (ils ne paient pas), ni les chercheurs (ils ne constituent pas un sujet de recherche noble). Or, par un juste retournement des choses, de tels patients ont été à l'origine de l'une des percées théoriques les plus spectaculaires qu'ait connues la psychopathologie depuis la dernière guerre. Le groupe que j'anime a inventé un dispositif clinique destiné à prendre en charge ce type de patients [3] : *la*

3. D'abord, dès 1979, à l'hôpital Avicenne de Bobigny (service de psychopathologie dirigé par le Pr. S. Lebovici, puis par le Pr. Mazet), ensuite à la Protection maternelle et infantile de Seine-Saint-Denis, service alors dirigé par le Dr Paulette Rosevègue, aujourd'hui au Centre universitaire d'aide psychologique aux familles migrantes qui a été ouvert en 1993 à l'Université Paris VIII. Pour la description des facteurs permettant la mise en place d'une telle consultation, *cf.* T. Nathan, *Fier de n'avoir ni pays ni amis, quelle sottise c'était... Principes d'ethnopsychanalyse*, Grenoble, La Pensée sauvage, 1993.

consultation d'ethnopsychanalyse. Le plus souvent, l'intervention ethnopsychanalytique se déroule dans le cadre d'une consultation de deuxième intention, voire de dernier recours, les patients ayant longtemps rebondi avec leur énigme de médecins en psychiatres. Ils viennent d'Afrique du Nord, d'Afrique noire, des Antilles françaises, des îles francophones de l'océan Indien (Réunion, Madagascar, Comores), des anciens comptoirs français (comme Pondichéry), de Turquie, d'Asie du Sud-Est (Vietnam, Cambodge, Laos, Chine). Aux problèmes psychopathologiques s'ajoutent la plupart du temps des difficultés de langue, un marasme social, une dégradation somatique, voire une véritable tragédie politique. Mais de quoi souffrent-ils au juste ? Quel fil tirer pour démêler l'écheveau ? Est-ce du traumatisme du grand voyage, celui qui fait oublier jusqu'à sa propre langue ? Est-ce de la perte des repères familiers, de la recherche éperdue de la terre des ancêtres ? Souffrent-ils de la nostalgie d'êtres chers, de contradictions névrotiques anciennes, de douleur dépressive ? Sont-ils effondrés devant le nécessaire abandon des illusions, pétrifiés par la frayeur des premières rencontres en terre d'exil ou accablés par la nausée quotidienne de l'étrangeté ? Avec toujours cet arrière-goût d'amertume, la perception de cette hostilité sourde qui règne dans les froids pays de la pensée rationnelle...

Les malentendus ont commencé dès leur première rencontre avec la médecine. Ils attendaient, ils réclamaient, ils exigeaient du *sens* et l'Occident leur offrait au mieux des *causes.* Un médecin peut répondre à la question « Pourquoi ai-je mal ? » par une réponse du type « Parce que vous avez une fracture à la jambe ! ». Mais il ne peut jamais répondre à des questions du type « Pourquoi est-ce moi qui suis tombé de l'arbre et non mon frère, ou mon cousin ? », « Pourquoi suis-je tombé de l'arbre précisément ce jour-là »... questions qui invitent à construire du sens.

Au début de cette entreprise, nourris de savoir objectif en psychopathologie et en anthropologie, nous savions tous, bien sûr, que ces peuples incriminaient à l'origine de leur malaise qui des démons, qui des sorts, et naïvement, nous pensions qu'ils balbutiaient en scientificité. Ne nous avait-on pas abreuvé durant nos études de niaiseries du type « Les primitifs ne distinguent pas correctement le rêve de la réalité, les fantasmes du monde réel, etc. » ? Comment deviner d'emblée que leur causalité apparente était une sorte de matrice mythique dont la principale fonction était de générer des récits alors que notre causalité scientifique ne nous servait qu'à justifier des actes ? Et surtout, comment se douter que notre logique si bien huilée déstabilisait leur être même, les pénétrait aussi sûrement qu'un scalpel. Et après nos interventions humanitaires, les voici qui déambulaient désormais, leur plaie béante, de service en service.

Un exemple banal. Tel Kabyle d'Algérie, après un accident de travail se plaint de coxalgies. Les médecins lui font des infiltrations de corticoïdes. Aussitôt, il se plaint d'une sensation de brûlure permanente à l'endroit même où l'a pénétré l'aiguille de la seringue. On pense à des fantasmes homosexuels, on essaie un peu de psychothérapie, sans aucun effet. On lui administre alors des antidépresseurs ! Aussitôt s'ajoutent des douleurs digestives insupportables. Tout traitement qui s'appuie sur une causalité dite scientifique ajoute une nouvelle douleur au traumatisme initial, plus précisément, s'inscrit dans la chaîne infinie des traumatismes, car en aucun cas, avec ces patients, un tel traitement ne permet le décentrement, puis la construction du sens. C'est pourquoi j'en suis arrivé à la conclusion que, pour un patient migrant, tout acte thérapeutique s'appuyant sur une causalité de type scientifique constitue à lui seul un nouveau traumatisme psychique.

Et d'ailleurs, pour couronner le tout, ces patients ont toujours eu le mauvais goût de refuser de s'inscrire dans les logiques thérapeutiques qui leur étaient proposées, et par conséquent de tarder à guérir. C'est pourquoi ils ont toujours été refoulés, dans tous les sens du mot, souvent rejetés, parfois rapatriés, mais surtout oubliés dans les tentatives de théorisation. « Aucune spécificité, pensait-on, peut-être seulement une nuance d'exotisme. – Et cette absence d'élaboration ? Quelle carence fantasmatique ! – Et la sorcellerie ? Une façon primaire de désigner la castration ! À moins que ce ne soit les pulsions orales archaïques ! – Et le maraboutage ? Une rivalité œdipienne sans élaboration individuelle ! – Et les devins ? Et les voyances ? De la pensée magique à l'état brut ! » Et l'on murmurait : « Ah ! La toute-puissance ! Élémentaire, mon cher Docteur ! »

Une calebasse sur le Niger

Premier entretien avec Monsieur Abdoulaye D... Il s'agit d'un Soninké originaire de Mauritanie. Petit homme mince, au visage ravagé de douleur qui, pour garder sa contenance, est venu avec son interprète. Immédiatement, il nous accuse, nous les blancs, tous les blancs ! Sa femme, influencée par les assistantes sociales et les puéricultrices de la PMI, a demandé le divorce selon la loi française. Mais le juge aux affaires matrimoniales, sait-il seulement qu'il a versé une dot de quatre millions de francs CFA, environ 80 000 FF et que chez les Soninké, on restitue la dot après un divorce ? Sait-il que lui-même, du fait du contrat de mariage, s'est engagé auprès de la famille de sa femme à lui porter secours et assistance en terre d'exil et qu'il ne peut rentrer au village en la laissant ici sans aucune attache familiale ? Sait-il enfin que chez les Soninké, strictement patrilinéaires, les enfants appartiennent à la lignée du père et que les confier à la mère équivaut à les exclure de leur appartenance culturelle ? Le juge veut-il donc kidnapper ses enfants ? Et de nous asséner des proverbes : « La tortue ne quitte pas sa carapace ! », « On ne bat pas le tambour dans l'eau ! », qui signifient : « Lorsqu'on vit au milieu d'étrangers, on ne montre pas sa nature, on se tient tranquille. » Il sous-entendait évidemment qu'il ne voulait pas commettre l'imprudence de révéler à un étranger sa véritable pensée.

Peut-on ne rien faire d'autre que l'écouter, comme on dit habituellement dans notre caste ? Et comment partager avec lui un univers de référence afin de le percevoir, lui, en tant que personne ? Est-il possible, dans l'espace de la séance, de lui permettre d'être humain sans lui permettre d'être aussi (d'être avant tout !) un Soninké ? Ce jour-là, je fus bien inspiré, un proverbe bambara me revint à l'esprit. « Au Mali, lui dis-je, j'ai entendu dire que si tu aperçois une calebasse de belle apparence descendant le Niger, c'est que son fond est troué. » Je lui permettais ainsi d'être avant tout soninké (la seule façon, je pense d'être humain pour un Soninké) et d'évoquer, à la façon soninké, ses griefs envers sa femme.

Le message fut reçu sur-le-champ puisqu'il répondit : « Ah ! Tu connais l'Afrique ! Chez les Soninkés, on dit plutôt : “ Si tu trouves une bicyclette dans le fleuve et que tu la ramasses, sache que tu devras revenir la déposer à l'endroit même où tu l'as prise ! ” » Il sous-entendait sans doute que cette bicyclette appartenait à quelque génie de l'eau, si présents chez les Soninké (Gibbal).

Avais-je fait autre chose que lui signifier : « Tu as désiré une femme jeune et jolie ; qui sait si elle n'appartenait pas à quelque génie du fleuve ? » Mon intervention ne se limitait pas à lui rappeler des vérités d'évidence d'une façon audible pour un Soninké ! Mon énoncé était aussi saturé d'implicite (j'y reviendrai). Mais avant tout, il me situait moi, mettait en évidence l'état actuel de l'interaction que je venais d'établir avec lui (« Ah ! Tu connais l'Afrique ! »).

Tout faire pour agir en Soninké avec un patient soninké, en Bambara avec un Bambara, en Kabyle avec un Kabyle..., m'a contraint à perpétuellement modifier mon univers théorique, à me préoccuper constamment de la nature et de l'état de mon principal outil, ma théorie, c'est-à-dire la pensée à partir de laquelle je perçois l'autre. Plus même, cette pratique m'a définitivement interdit de penser que ma théorie était naturelle, qu'elle découlait d'une bonne observation des faits pour se rattacher à l'universelle raison.

Que reste-t-il alors pour penser la psychopathologie, si toutes les théories que nous pouvons construire ne sont que médiateurs d'interface, outils techniques, procédures instaurant des interactions professionnellement maniables et jamais éléments de description du réel ? À mon avis, il reste l'essentiel : l'entreprise de modification de l'autre. Et tout nous indique que cette dernière ne peut être pensée qu'à partir de l'action du thérapeute, à condition de se donner les moyens de l'analyser.

J'en suis arrivé à penser que l'ethnopsychanalyse, lorsqu'elle est pratiquée de manière rigoureuse – et je sais combien c'est difficile – est à l'heure actuelle la psychopathologie la plus à même de penser systématiquement les faits à partir de procédures d'influence délibérément déclenchées par le thérapeute et non à partir d'une ridicule entomologie psychiatrique que même les plus irréductibles biologistes trouvent aujourd'hui totalement arbitraire.

En d'autres termes, je ne suis pas loin de penser que la psychologie – en tant que science de l'appareil psychique, selon la formule de Freud, discours sur une matière objectivable qu'il serait possible de décrire, d'investiguer afin d'en découvrir les lois de fonctionnement cachées –, la psychologie serait une pure fiction. La seule discipline scientifiquement défendable serait, si l'on me pardonne ce barbarisme, une *influençologie*, qui aurait pour objet d'analyser les différentes procédures de modification de l'autre.

Le paradoxe du guérisseur

L'autre jour encore, une femme est venue me consulter après bien des vicissitudes avec les instances psychiatriques, me demandant mes soins tout en affirmant qu'elle n'était pas malade. Que de fois n'ai-je rencontré de tels patients ! Je peux choisir de la considérer folle. Je dois même dire que je dispose d'une série d'adjectifs (plus ou moins aimables) qui me donneront la sensation d'être très précis dans la perception de sa déviance. Mais si, quoique folle, sa parole est de vérité, à qui dois-je alors répondre ? À celle qui me demande mes soins ou bien celle qui n'est pas malade ? À quelles contorsions intellectuelles, à quelles distorsions de son discours dois-je me livrer pour continuer à croire que je ne fais que laisser s'exprimer sa demande, son désir, sa liberté ?

J'ai souvent démonté en mon for intérieur le paradoxe qui constitue l'essence du métier de psychanalyste, tout comme celui de n'importe quel thérapeute y compris d'un guérisseur :

A me dit qu'il n'est pas malade.

A me dit par conséquent qu'il est malade à son insu, contre sa volonté.

Je vais me livrer à une procédure (psychanalytique, psychothérapique, psychiatrique ou à un acte thérapeutique traditionnel) visant à modifier l'état de *A*, je vais par conséquent me livrer à une véritable procédure d'influence.

Étant donné qu'il est malade à son insu et contre sa volonté, l'entreprise thérapeutique à laquelle je vais me livrer ne peut être assumée que par moi seul, sinon que serais-je pour cette personne ? Son père et sa mère réunis ? Ses ancêtres ? Son Dieu ?

Puisqu'il faut agir contre sa volonté (au moins sa volonté consciente), je ne peux le faire que contre la mienne. Il est donc de l'essence du thérapeute que son savoir-faire lui soit en quelque sorte imposé. Ainsi, lorsque cette femme me demande mes soins tout en affirmant qu'elle n'est pas malade, elle m'indique en vérité le type de procédure d'influence auquel elle accepte de se soumettre. Rien de fou dans un tel énoncé, seulement une masse compacte d'implicites, adressés à quelqu'un qui est censé les décoder, précisément parce qu'il s'agit d'un professionnel.

J'en suis persuadé, les véritables procédures d'influence résident dans certaines singularités des pensées traditionnelles ayant pour principale fonction de gérer ce paradoxe fondamental. Et elles y parviennent en déplaçant la question, à peu près de la manière suivante : ce n'est pas *B* qui agit délibérément sur *A*, mais *B* qui « est agi » pour agir sur *A*. Voilà donc, en un mot, l'une des solutions logiques qu'ont choisies les pensées thérapeutiques traditionnelles. Et je suis persuadé qu'elles ont opéré un tel choix pour résoudre les problèmes techniques de l'influence, autrement insurmontables.

Soit le fait élémentaire suivant : un thérapeute *B* agit sur un patient *A* et le modifie. Aucune théorie scientifique ne permet à l'heure actuelle de résoudre le dilemme posé par une discipline où le fait est constitué par l'action de l'observateur sur le fait (c'est d'abord parce que je pense le patient d'une manière déterminée que j'agis sur lui) ; où le fait est produit à l'insu de l'observateur (au moment où je pense le patient, je ne suis pas conscient d'agir sur lui, je crois seulement que je le pense, et pourtant, c'est en cela que je l'influence, les psychanalystes le savent bien !) ; où la théorie rendant compte du fait participe à la fabrication du fait (je le pense à l'aide d'une théorie dont la fonction n'est pas de décrire le fait mais de permettre radicalement qu'il existe) ; où la langue utilisée dans la description théorique du fait participe à la fabrication du fait. La construction théorique est en effet étroitement liée à la langue utilisée et à sa richesse sémantique dans un champ donné. Par exemple, en arabe, il existe une bonne vingtaine de mots servant à désigner l'attaque d'un humain par un *djinn*, qui est la façon habituelle de désigner un désordre psychique. Penser le désordre d'un arabophone en arabe implique nécessairement introduire la notion de *djinn*, ce qui, évidemment, est impossible en langue française. Mais il y a plus encore, car le *djinn* charrie derrière lui tout un cortège de relais obligés : le spécialiste du *djinn* d'abord (cheikh, taleb, derviche, chouafa), les techniques utilisées pour entrer en relation avec le *djinn* (encens, instruments de musique, rythmes musicaux, types de cuisine), les techniques de séparation des mondes (ablutions, purifications, prières, amulettes, etc.).

La pensée scientifique a pour vocation d'expliciter, de

laïciser les faits, de les généraliser, et donc de les priver de leur profondeur polysémique. Or seules les sociétés traditionnelles, profondément ancrées dans leur univers culturel, parviennent à penser les procédures d'influence dans toute leur complexité, mais elles le font dans le cadre d'une pensée d'une densité inouïe, très difficilement traduisible en termes d'une logique scientifique qui doit le décomposer en particules élémentaires avant de traiter son objet.

Toute théorie scientifique s'enlise dans ce paradoxe où il faut agir sans expliciter et en même temps expliciter en semblant ne pas agir. Durant une séance de psychanalyse, j'agis par des dizaines de micro-procédés plus ou moins perceptibles (le ton de ma voix, les mouvements de mes jambes, le moment et le style de mes interventions, etc.) et je pense que je ne fais qu'écouter, comprendre, analyser. De ce fait, la psychopathologie qu'on a appelé « dynamique » s'est toujours enlisée dans des tentatives de construction d'une raison non raisonnable, irrationnelle, d'une raison « affective », ce qui, *stricto sensu*, est une contradiction dans les termes, la construction des concepts psychanalytiques d'*inconscient*, de *processus primaires*, en offre un exemple probant. Bref, toute théorie dite scientifique se fracasse dès qu'il faut penser la stratégie d'influence du thérapeute lui-même.

Les guérisseurs des sociétés traditionnelles sont plus proches d'une pensée scientifique que les psychopathologistes occidentaux. Leurs pensées, lorsqu'elles se trouvent confrontées au problème des procédures d'influence thérapeutique, utilisent un certain nombre de solutions logiques dont nous pouvons deviner la finalité, sinon toutes les richesses conceptuelles.

Dois-je rappeler que partout dans le monde, les systèmes culturels ont choisi d'attribuer au thérapeute un statut ambigu, mi-sauveur, mi-sorcier. J'y vois deux raisons essentielles. D'abord, la reconnaissance réelle de son activité, s'il est capable de sauver, il peut aussi détruire. Comme si, en soulignant vivement l'envers de son activité, on rendait son action positive plus perceptible encore. Ensuite, et surtout, l'obligation de penser l'activité thérapeutique à partir de l'intentionnalité du thérapeute. Il n'y a guère que la société occidentale pour penser ses thérapeutes à partir d'une idéologie lénifiante du bien, les décrivant comme des chevaliers de la santé de l'humanité. La platitude d'une telle idéologie (qui est d'ailleurs à l'origine d'une multitude de désastres écologiques) n'aurait que peu de conséquences si elle n'avait pour corollaire d'exclure *ipso facto* l'activité du thérapeute du champ de l'analyse. Puisqu'il n'est là que pour la santé des hommes, à quoi bon évoquer ses intentions ? Ne sont-elles pas claires comme le cristal ? *A contrario*, dans un monde où tout thérapeute peut aussi se révéler sorcier, le problème demeure toujours d'identifier sa véritable nature, par conséquent d'expliciter ses désirs profonds.

Le deuxième fait qui mérite d'être souligné, c'est la pauvreté des théories traditionnelles en notions susceptibles de discriminer des catégories de patients. Je me souviens d'avoir rencontré un thérapeute bambara au Mali à qui j'ai demandé à quel facteur il attribuait le désordre de ses patients, les passant en revue un à un. Il m'a affirmé que chacun parmi la dizaine de malades qui s'affairaient ce jour-là dans la concession, avait été attaqué par un *djinna* [4]. On pourrait penser la psychopathologie bambara – si tant est que cette concaténation de mots ait un sens, ce dont je doute – bien pauvre, avec sa demi-

4. Être surnaturel dont le nom générique provient de l'arabe (*djinn*) que l'on pourrait traduire par « esprit » ou « démon ».

douzaine de catégories pour décrire tous ses patients. Cependant, si l'on avance dans l'analyse, on se rend vite compte que ce guérisseur était en revanche intarissable sur la description des différentes formes de *djinnas* (de la brousse des forêts, de la rivière, etc.), sur leurs noms cachés, leurs techniques spécifiques d'agression des humains. Il faut se rendre à l'évidence, une telle pensée fait tout ce qu'elle peut pour interdire aux guérisseurs de penser les patients de manière objective, les contraignant à concentrer leur intérêt sur un tiers de type surnaturel, le *djinna*. Jusqu'aux procédures de diagnostic – bien que, dans un tel système, le mot n'ait guère de sens – essentiellement basées sur la voyance, qui détournent délibérément l'attention du guérisseur de l'observation du patient pour le contraindre à s'intéresser au support de la voyance (chaînes de demi-coquilles du Fa des Yorubas du Bénin, boîte à souris des Baoulés de Côte-d'Ivoire, sable ou cauris des Bambaras du Mali, etc.). Il semble que les sociétés traditionnelles aient depuis longtemps compris que des procédures d'influence ne pouvaient se penser qu'en termes d'interaction et que pour penser l'interaction entre deux personnes (thérapeute et malade), il était indispensable de passer par un troisième terme, de nature radicalement différente, destiné à s'intercaler entre les deux protagonistes, sans qu'aucun des deux ne parvienne jamais à le maîtriser. En d'autres termes, tout ce que dira le guérisseur sissoko du patient Coulibaly n'a qu'un intérêt anecdotique ; en revanche, ce qui constitue le véritable matériel interactif, c'est ce que pourra dire le guérisseur sissoko des *djinnas* qui ont agressé le patient Coulibaly ; mieux, de ce que fera le guérisseur sissoko pour entrer en relation avec les *djinnas* du patient Coulibaly.

On ne mesure pas les effets dévastateurs, sur la compréhension de l'interaction thérapeutique, du travail d'un certain Jean-Martin Charcot qui a cru de son devoir de laïciser la possession en généralisant la notion d'hystérie. Je ne sais si la notion d'hystérie est plus vraie que celle de possession (je crois d'ailleurs que cette question, quoiqu'elle ait fait couler beaucoup d'encre, est dépourvue de sens) ; je sais en revanche ce qu'implique chacune de ces théories dans l'établissement de la relation avec le malade. Une possédée est écoutée, non par bonté d'âme ou par souci humanitaire, mais parce qu'elle est la seule source d'information sur l'être surnaturel qui l'a investie. En revanche, une hystérique à qui l'on attribue des désirs sexuels inconscients, pour peu qu'elle refuse le divan, comme c'est le cas le plus fréquent, est confinée dans un univers de suspicion et progressivement contrainte à la solitude. Les vieilles patientes ayant un jour été affublées du diagnostic d'hystérie finissent toujours abandonnées de leurs médecins et de leurs proches. N'est-il pas curieux, d'ailleurs, que la plupart des catégories diagnostiques de l'Occident aient tendance à devenir des injures (hystérique, obsessionnel, parano, etc.), ce qui n'est pas le cas des catégories traditionnelles. En laissant leurs docteurs substituer l'hystérie à la possession, en faisant confiance à une culture avare en attributions d'existence, n'abritant aucun être surnaturel, ne partageant l'univers avec aucun esprit, aucun démon, aucune divinité, les malades n'ont pas fait une affaire !

Il y a bien longtemps que l'Occident a commencé à se débarrasser de ces troisièmes termes de nature radicalement différente, de ses hôtes d'un autre monde. La civilisation occidentale s'est par exemple d'abord débarrassée de ses saints locaux, puis du Diable, ne gardant qu'un seul tiers. Tout récemment, elle a abandonné à son tour le dernier autre véritable qu'elle maintenait en son sein :

Dieu. Elle croyait aller vers plus de lumière, vers plus d'humanité et elle s'est trouvée contrainte à la barbarie par simplification.

Ce livre veut poser les bases d'une investigation véritable des procédures techniques de l'influence, et démontrer que cette entreprise est possible. Dans cette tâche, on l'a déjà deviné, je puiserai largement dans l'analyse des techniques thérapeutiques traditionnelles. Comme je l'ai rapidement indiqué plus haut, je pense que cette position méthodologique est fondée. En effet, en analysant ce que ces systèmes thérapeutiques lointains contraignent leurs thérapeutes à penser et à faire, je me sers du seul contrepoint susceptible de laisser vivement ressortir ce que notre propre système thérapeutique nous contraint à – mais aussi nous interdit de – penser et faire.

Cet ouvrage est ainsi structuré en trois grandes sections. La première, *Enquête sur la technique thérapeutique*, pose les bases d'une psychopathologie fondée sur l'investigation concrète et réelle de l'action du thérapeute et non de la nature du malade. J'y développe longuement la comparaison de nos actions thérapeutiques avec celles qui relèvent d'une pensée culturelle radicalement différente de la nôtre. Dans la seconde section, *Modifier son cadre de pensée*, je propose des éléments théoriques permettant de penser une théorie générale de l'influence qui se doit aujourd'hui d'être métaculturelle. Dans la troisième section, *Apologie de la frayeur*, je montre qu'en privilégiant le concept d'angoisse au détriment de la notion de frayeur, la psychopathologie occidentale s'est coupée pour longtemps de la compréhension des véritables interactions thérapeutiques.

Mais je pense aussi qu'une position méthodologique, partant de l'analyse des actes des thérapeutes et s'appuyant sur un corpus pluriculturel, relève de la seule éthique possible. Il est facilement compréhensible que la psychiatrie d'une société reflète la structure de cette dernière. En accueillant des migrants, notre société gagne tous les jours en compréhension d'elle-même certainement plus qu'elle ne perd en homogénéité. Nous devons maintenant admettre qu'en accueillant sérieusement des psychiatries radicalement autres, en nous efforçant d'en saisir les ressorts techniques, notre psychiatrie s'approfondit et gagne en véritable scientificité. C'est en prenant le risque d'une confrontation loyale avec d'autres pensées, et non en mesurant nos petites différences, que notre théorie se révélera un jour éventuellement féconde.

Première partie

Enquête sur la technique thérapeutique

Chapitre 1

Visite à une lointaine cousine

Pour démonter, puis décrire les procédures à l'œuvre dans les thérapies traditionnelles, il faut avant toute chose accepter une prémisse qu'impose une multitude de travaux de terrain. Ce préalable méthodologique m'est devenu, au fur et à mesure, un principe intangible : je considère que les thérapies traditionnelles (par exemple, les rituels de possession, la lutte contre la sorcellerie, la restitution de l'ordre du monde après une transgression de tabou, la fabrication d'objets thérapeutiques, etc.) ne sont ni des leurres, ni de la suggestion, ni des placebos. Pour moi, ces pratiques sont réellement ce que leurs utilisateurs pensent qu'elles sont, des techniques d'influence, la plupart du temps efficaces, et par conséquent dignes d'investigations sérieuses.

Étang salé

« Cette enfant est obsédée par le passé... »
M.-H. MAHÉ, *Sortilèges créoles*

Île de la Réunion. Visite à Madame Visnelda. Je m'asseyais à ses côtés *pour apprendre*. Certes je la considérais comme une sorte de consœur, je la pensais néanmoins seule experte de sa technique. Quelquefois, interrompant son travail – ou peut-être désirant forcer un effet dans sa mise en scène –, elle se retournait vers moi, me demandant mon opinion sur tel de ses patients. Je répondais généralement : « Je ne suis pas venu là en spécialiste mais en élève. Ce que vous savez distinguer, je ne sais pas le voir ; il faut m'enseigner comme à un enfant. » Et elle riait, croyant sans doute à quelque facétie de ma part. Pourtant, c'était la plus stricte vérité [1].

Avant d'arriver à la salle de bal où Madame Visnelda donne ses consultations, nous prenons la peine d'un petit détour par le cimetière du Père Lafosse. Dans l'enceinte, un arbre gigantesque autour duquel s'affairent en piaillant à tue-tête des centaines de béliers. Ces charmants petits oiseaux, semblables à des serins, ont la particularité de construire à l'aide de brindilles savamment entrelacées des nids sphériques échancrés d'une ouverture parfaitement circulaire. Autour de l'arbre, le sol est jonché de chaussons d'épines verts et roux, fruits de la subtile industrie animale. En revanche, le sous-sol est paraît-il désespérément vide :

1. Aujourd'hui, Madame Visnelda est décédée. Elle a laissé un livre, dicté à une journaliste. Je me suis réjoui en le lisant de constater que ma description tant de la personne que de sa pensée était fidèle à sa mémoire (Visnelda et M. Lemaire, « *Merci Madame, je suis guérie !* », Bras Panon, 1988, Éditions Flash 3).

pas de corps sous ces croix alignées au cordeau, aucune âme pour se réjouir de ces jolis bouquets de fleurs. Le Père Lafosse lui-même est enterré ailleurs, si tant est qu'il ait jamais existé, avec un nom pareil ! Les tombes sont factices, pourtant la magie du lieu est prenante, en témoignent ces centaines d'*ex-voto*, ces cierges toujours allumés et, dans la chapelle, la lave séchée de vieille cire qui forme des cratères lunaires sur le marbre immaculé du faux sarcophage. La Réunion, caillou volcanique au cœur de l'océan Indien, où tout ce qui est vivant a été importé – les hommes, les plantes, les mammifères – sauf naturellement les oiseaux qui savent migrer sans le secours des hommes. Toute la philosophie de l'île est inscrite dans l'enceinte du gai cimetière : les oiseaux, éternels migrants, prodigues de leurs nids et les hommes affairés autour de tombeaux vides !

Madame Visnelda, sans doute la guérisseuse la plus célèbre de l'île, donne ses consultations dans la grande salle d'un dancing d'Étang-salé. Voilà une semaine qu'à l'hôpital, à l'université, on ne cesse de me conseiller d'aller lui rendre visite, ne fût-ce que par courtoisie. En effet, cette guérisseuse semble animée par la même pensée théorique que celle que je professe volontiers : plus il y a de monde dans un dispositif thérapeutique, plus il est actif. Elle se présente comme l'équivalent réunionnais des médecins, psychiatres, psychologues et universitaires, lesquels ne manquent d'ailleurs jamais de venir assister à ses séances thérapeutiques lorsqu'ils sont de passage à La Réunion. Plus même, avec un art raffiné du dispositif thérapeutique, elle les incorpore dans son espace de travail. Là, ils ont souvent pour rôle de légitimer la remarquable capacité de l'officiante à relier les univers hétérogènes, la science et la magie, les blancs et les noirs, les morts et les vivants – *La Réunion* !

Une grande femme, plutôt dégingandée, manifestement mulâtre, s'avance vers nous en traînant les pantoufles. Son corps flexible paraît détendu, presque endormi, attitude fréquente chez ceux qui sont accoutumés à prêter attention à leur fonctionnement onirique. Mais certaines parties de ce corps sont figées, comme endolories, les reins, le ventre, les genoux. En revanche ses yeux, singulièrement mobiles, modifient sans cesse la physionomie du visage, exprimant tour à tour l'étonnement, la sévérité, la malice, l'acuité de l'intelligence et parfois la naïveté.

– « Où m'avez-vous dit que vous enseigniez ? », me demande-t-elle immédiatement.

– À Paris-VIII, c'est-à-dire à Saint-Denis, enfin... Saint-Denis en banlieue parisienne, pas Saint-Denis de La Réunion.

– « Est-ce que ce ne serait pas plutôt à Bobigny par hasard ? » Et pourquoi Diable veut-elle déjà me démontrer ses capacités de voyance ? Par politesse, je demande :

– « Et comment le savez-vous ? » Superbe, ne se donnant même pas la peine de savourer sa victoire, elle change de sujet de conversation.

– « Allons discuter un moment, voulez-vous ? Venez dans mon bureau, je vais vous expliquer comment je travaille. »

Elle nous conduit dans la salle de danse : un grand hall sonore à l'allure sympathique. À une extrémité, un bar ; au mur, des gravures représentant des femmes blondes, sortes de *playmates* aux larges décolletés ; dans un coin, un bureau en bois de pin ressemblant à celui d'un médecin ; sur les étagères, des plantes médicinales en sachets industriels. Elle nous installe sur les chaises réservées aux patients. Le long du mur, d'autres chaises, pour ceux qui font tapisserie au dancing, pour la foule des malades ... Nous ne posons aucune question ; immédiatement, elle se raconte.

Autrefois, elle souffrait de règles douloureuses. Tous les mois, tantôt avant l'arrivée des règles, tantôt pendant ou même après, elle s'enfonçait progressivement dans une sorte d'état comateux qu'elle ne pouvait plus interrompre. Cet état durait deux heures et tout effort pour l'en tirer était vain. Vers l'âge de trente ans, un petit matin, dans un demi-sommeil, elle entendit une voix qui lui commandait d'aller ramasser un bouquet de matricaire [2], d'en faire une tisane, de la boire afin d'être définitivement guérie de ses dysménorrhées. Sceptique, elle répliqua à la voix qu'après le cyclone de la nuit et les torrents qui avaient dévasté la végétation, elle ne retrouverait jamais ces fleurs évoquées en rêve. Mais la voix insistait, lui précisant même l'endroit exact de la haie où trouver le bouquet. Le lendemain, elle fit ce qui lui avait été ordonné et fut désormais guérie de ses douleurs [3].

Quelque temps plus tard, apparut la vocation proprement dite. Dans une maison voisine, une femme souffrait d'une mauvaise blessure [4]. La jambe, enflée, ne parvenait pas à cicatriser et la pauvre femme, contrainte à l'immobilité, la maintenait constamment étendue sur une chaise. Notre guérisseuse, alors âgée de trente ans, poussée par un élan irrésistible, s'agenouilla à son chevet, lui frotta la jambe en murmurant des prières et voici qu'immédiatement, la jambe se dégonfla et une heure après, la malade recommençait à marcher. C'est à ce moment qu'elle comprit qu'elle possédait un don pour guérir, ce

2. Nom savant de la camomille (du latin matrix, matrice).
3. Sur l'intuition d'ordonnances en rêve, *cf.* Aelius Aristide, *Discours sacrés.*
4. « Mauvaises blessures », mauvaises morts, maladies « non données par Dieu » sont souvent, dans les systèmes de santé traditionnels, des énoncés concernant la sorcellerie.

qui ne l'étonna d'ailleurs pas, car son père connaissait déjà les plantes. Dès lors, elle commença à pratiquer.

Madame Visnelda a perdu ses parents en peu de temps alors qu'elle était âgée de dix-huit ans. Interrompant sa scolarité, elle trouva un emploi de secrétaire à la mairie d'Étang-salé ; mais elle voulait à tout prix poursuivre sa formation. Elle fit des stages, passa brillamment des concours administratifs et se retrouva finalement secrétaire générale de mairie, poste qu'elle occupa jusqu'à sa retraite. Concurremment, elle officiait comme guérisseuse après son travail, de dix-huit heures au lever du soleil. Maintenant qu'elle est retraitée, elle consulte selon des horaires plus raisonnables, de neuf heures à dix-huit heures, et ses rendez-vous sont espacés de trois quarts d'heure. Une secrétaire générale de mairie ne peut être assimilée à une vulgaire rebouteuse, il faut bien qu'elle possède quelque chose de plus, une magie particulière dont l'efficacité se mesure également à l'excellence de sa carrière ou de ses résultats aux concours administratifs [5]. C'est probablement de cette position originale à la charnière entre les fonctionnaires blancs – les *zoreilles* comme on nomme les métropolitains à La Réunion – et les guérisseurs locaux que Madame Visnelda tire cette singulière capacité de relier et de délier.

Très vite, elle nous explique que toute sa thérapeutique est naturelle, les plantes qu'elle utilise, son magnétisme – mesuré par un professeur parisien à la faculté d'Orsay [6] –, jusqu'à l'eau et le sel, bénis par l'aumônier de l'hôpital

5. Pour un créole, obtenir un poste de fonctionnaire, c'est s'assurer un revenu permanent qui fait de lui une sorte de privilégié vivant de ses rentes, en cela comparable aux anciens colons.

6. « Il avait un instrument en forme de U, gradué jusqu'à huit, et lorsqu'il m'a demandé de poser la main dessus, la colonne de mercure a grimpé plus haut que les graduations. Alors, le professeur m'a dit que j'avais bien plus de magnétisme naturel que lui : 8,875, sur son échelle. »

psychiatrique et non par quelque prêtre vaguement magicien, comme il en existe un certain nombre dans l'île. Elle s'isole un instant pour rédiger une ordonnance à l'une de ses malades, et sans doute lui fournir quelque prescription dont elle veut garder le secret. Elle nous dit : – « Pendant ce temps, jetez donc un coup d'œil sur mon livre d'or ! » Plusieurs dizaines de psychiatres, de psychologues, d'ethnologues, d'universitaires témoignent là de leur étonnement devant l'efficacité technique de la guérisseuse. On y lit : « Une belle leçon de psychothérapie », « Admirable dévouement au service des malades », « Phénomènes incompréhensibles qui nous ont laissés perplexes » et tout cela sous la plume de certains cliniciens parmi les plus prestigieux. Certes, un autre guérisseur ne se serait pas étonné ainsi : quoi de plus naïf qu'un homme de science ?

Tout cela ne constituait que les prolégomènes de sa carrière, la préparation au grand affrontement contre les « forces du mal ». Deux événements, tels des *souvenirs-écrans*, lui servent à décrire l'assomption du moment décisif. Le premier, une dizaine d'années avant que je la rencontre, lorsqu'elle voit le film *L'exorciste* et, durant la projection, a soudain la révélation que c'est ainsi qu'elle doit soigner les malades, en les exorcisant. Depuis, elle utilise avec eux une technique largement inspirée de celle du prêtre officiant dans le film. Le second, à peu près à la même époque, alors qu'elle rejoignait son bureau après le déjeuner, elle fit un détour par l'église située juste face à la mairie, pour s'y recueillir un instant. Une croix y était couchée. Il lui vint alors une nouvelle révélation : désormais, elle utilisera une croix pour chasser les esprits du mal.

Comme à chaque fois qu'elle nous confie une part du discours officiel qu'elle-même fait colporter sur sa pratique, Madame Visnelda évoque deux événements manifestement reliés entre eux par une causalité, mais une sorte de causalité imperceptible, ambiguë, complexe.

Au bout d'une heure, je l'interromps vivement :

– « Madame Visnelda, vous me tenez là le discours officiel, celui que vous racontez à tout le monde. J'en connaissais le contenu avant de vous rencontrer. Je ne suis pas venu de si loin pour si peu. Racontez-moi donc quelque chose que vous n'avez pas l'habitude de dire !

– « Eh bien, je vais vous raconter ce que j'ai fait à l'un de mes malades. Cela, vous ne le savez certainement pas ! Il s'agissait d'un enfant d'une dizaine d'années, paralysé dans une position qui ne lui permettait ni d'écrire ni de manger (elle nous mima une position fœtale, les bras collés le long du corps). Les parents étaient désespérés. Alors, j'ai demandé à la mère : " N'avez-vous pas eu un accident durant la grossesse ? " Et voici que la mère me répondit qu'en effet elle avait eu un accident de voiture alors qu'elle attendait ce bébé. Ne cherchez plus ! répondis-je, cet enfant a été *saisi* (effrayé) durant l'accident, alors qu'il était dans le ventre. Depuis, il restait figé dans la position même où il avait été surpris. C'est après cela que l'enfant guérit. »

Sans transition, je l'interroge :

– « Vous deviez être une petite fille très curieuse ! »

– « Pensez donc, je ne manquais pas de malice ! » Et à nouveau, selon une logique du discours que je commence à repérer, elle évoque deux événements imbriqués.

Le premier, vers l'âge de douze ans. Elle faisait beaucoup de couture et avait l'habitude de laisser l'aiguille plantée dans la chaise. Sa mère la sermonna : une aiguille peut pénétrer accidentellement dans la chair, s'y briser et le fragment être véhiculé par le sang jusqu'au cœur. « Piquée au cœur », la victime peut alors en mourir.

Le second, à peu près au même âge. Sa mère l'informait aussi, sans vraiment lui en expliquer la raison, que les hommes demandaient souvent de drôles de choses aux jeunes filles. Depuis, elle avait pris l'habitude de laisser au revers de son vêtement une aiguille qu'elle comptait bien enfoncer dans quelque endroit charnu de l'audacieux qui s'y frotterait. Peut-être même qu'au début, elle se laisserait un peu faire pour déjouer l'ennemi mais, au dernier moment, elle comptait bien lui planter son dard mortel.

– « Comme vous le voyez », reprit-elle, « je ne manquais pas de malice ! »

Madame Visnelda a passé sa petite enfance à Madagascar où son père travaillait dans les salines (on verra que le sel occupe une place essentielle dans son exercice thérapeutique). Elle a été élevée par une « nénaine [7] » malgache qui lui parlait en malgache. Il lui en reste d'ailleurs quelques mots qu'elle utilise parfois, comme j'ai pu le constater [8], avec certains de ses malades [9]. Naturellement sensibilisée aux problématiques transculturelles à cause de la spécificité de l'île, éminemment cosmopolite, elle nous dira que pour elle, il n'y a aucune

7. « Bonne d'enfant ». Cette enfance passée ailleurs, dans un autre lieu, dans un autre bain linguistique, se retrouve souvent chez les guérisseurs. Freud lui-même commence sa *Selbstdarstellung* ainsi : « Je suis né le 6 mai 1856 à Freiberg en Moravie, une petite bourgade de l'actuelle Tchécoslovaquie ... C'est à l'âge de quatre ans que j'arrivai à Vienne où j'effectuai toute ma scolarité. » *Freud présenté par lui-même* (1925), Paris, Gallimard, 1984, p. 14-15.

8. Madame Visnelda connaît parfaitement la culture de ses malades, à tel point qu'au seul constat de leurs symptômes, elle reconstitue avec une intuition extraordinaire leur trajet thérapeutique : – « Tu es allé voir le vieux untel ou la vieille de Sainte-Marie, elle t'a dit de déposer une poule noire à un carrefour. Malheureux ! Tu vois dans quel état tu es, maintenant. Voilà ce que c'est que de faire confiance aux sorciers ! »

9. L'île de La Réunion est un creuset où se mélangent six ethnies : les cafres, anciens esclaves originaires d'Afrique, parfois également appelés « comoriens », les Malgaches, les Malbars, Indiens tamuls, les Zarabes, Indiens blancs musulmans, les Chinois, et les petits blancs créoles, sans compter naturellement les métropolitains non autochtones désignés par le savoureux vocable « zoreilles ».

différence de race ou de religion, qu'elle distribue ses bienfaits sans distinction. Cependant, avant de proposer ses inductions thérapeutiques, elle se renseigne sur l'ethnie et les croyances de son patient (« Je ne sais pas d'avance comment ils appellent Dieu et Diable chez eux ! »).

Un souvenir d'enfance. Elle avait peut-être deux ans et demi. L'eau était rare à Madagascar et ce jour-là, il faisait très chaud. Ses frères puisaient sans cesse dans la citerne pour se désaltérer. Quand elle fut vide, ils constatèrent que quelque chose de solide – un résidu ? – restait au fond. Intrigués, ils renversèrent la citerne : elle y avait jeté sa petite culotte...

Lorsqu'il s'agit d'une possession diabolique, elle ressent des picotements qui lui partent de la main droite, lui remontent jusqu'au sommet du crâne et redescendent dans le bras gauche (en suivant bien, par conséquent, un trajet en U). Plus même, l'observateur peut constater un signe indubitable et objectif, une enflure sur le dos de la main. Alors, le diagnostic est certain. Plus l'enflure est importante et plus la possession est sévère. Il faut que des assistants lui prêtent main-forte pour maintenir le patient qui peut être un homme vigoureux. Mais même de frêles jeunes filles, lorsqu'elles sont possédées, développent une force colossale (« Celle-là ne pesait pas trente kilos et il a fallu quatre costauds pour la maintenir pendant que je la soignais »). Là, je dois signaler qu'elle possède une maîtrise exceptionnelle de son dispositif thérapeutique. Son bureau étant installé au coin de la salle de bal, elle n'est pas séparée de la salle d'attente, souvent comble. Elle module le ton de sa parole, sachant s'isoler avec son patient dans un murmure ou élever la voix afin d'appeler à l'aide d'autres malades ou leurs accompagnants au moment des exorcismes.

« Une fois, une psychologue venue me regarder travailler m'a demandé : " Qui êtes-vous donc Madame Visnelda ? " Et je lui ai répondu : " Je suis un robot téléguidé. " Et moi : – " Madame Visnelda s'occupe de tous ces gens et qui donc s'occupe de Madame Visnelda ? " Personne ! » commence-t-elle par répondre puis, se ravisant, elle nous raconte que la fille de son fils, qui vit en métropole, semble avoir hérité de son don. Pour preuve, elle nous relate un événement. Après une journée de travail, Madame Visnelda se plaignant de céphalées, sa petite fille lui dit : – « Mémé, je vais te soigner ! » Intriguée, elle se laissa faire et constata que la gamine, seulement âgée de huit ans, reproduisait sur elle les mêmes passes magnétiques qu'elle utilisait avec ses clients. Et la thérapeutique improvisée la soulageait ! Cependant, ne désirant pas encourager la petite dans une profession si difficile, et sans doute effrayée de la répétition de sa propre histoire, elle prétendit qu'elle ne s'était laissée faire que par jeu et qu'en fait, elle n'avait jamais eu mal à la tête.

Subtiles logiques, mais logiques tout de même !

Quoique visiteurs inconnus et peu ou prou représentants de l'ordre intellectuel occidental, Madame Visnelda nous traite comme ses patients. Elle ne nous interroge pas, ne se renseigne pas sur nos intentions, elle nous parle longuement, sans réticence apparente. C'est tout juste si, devant certaines questions un peu trop personnelles, elle marque un temps d'hésitation. Ce qui me frappe plus que tout, c'est son étonnante capacité à inscrire tout événement évoqué dans la structure d'un récit, à le relier à au moins un autre événement. Madame Visnelda est une merveilleuse conteuse. Cependant, ses récits, longuement élaborés lors de multiples répétitions, doivent laisser planer des airs d'irréalité, instiller une sorte de sentiment d'automatisme (« je suis un robot téléguidé »).

Le récit de la naissance de sa vocation laisse une impression de déjà connu. Il correspond en effet dans ses grandes lignes aux récits de certains chamans tels qu'ils nous ont été transmis par des anthropologues ou que l'on peut lire dans leurs autobiographies [10]. Il comporte un certain nombre de séquences identifiables. D'abord l'appel, qui consiste en une maladie du guérisseur (en l'occurrence, la dysménorrhée) et continuera toujours à avoir un lien avec sa pratique thérapeutique, la marquant définitivement de son sceau. L'appel est toujours douloureux, si bien qu'au début le futur guérisseur s'en défend comme s'il s'agissait d'une malédiction (récit de la vocation de la petite fille de Madame Visnelda). S'il finit par s'y soumettre, c'est souvent à contrecœur. La maladie originelle se répète à intervalles de plus en plus rapprochés, elle est même attendue, espérée puisqu'elle révèle de nouvelles indications thérapeutiques au guérisseur [11]. Ensuite, le récit de la première thérapie qui constitue une sorte de scène-écran contenant la substance même de la pratique ultérieure et revenant périodiquement pour l'éclairer. Puis la théorie du guérisseur, par exemple ses conceptions étiologiques, qui est volontiers exposée, explicitée, illustrée, comme pour démontrer sa capacité à

---

10. J. Neihardt, *Élan noir ou la vie d'un saint homme des sioux Oglalas*, 1934, Paris, Stock, 1977 ; C. Lévi-Strauss, « Le sorcier et sa magie », in *Anthropologie structurale*, Paris, Plon, 1958 ; T. Ushte et V. Erdoes, *De mémoire indienne. La vie d'un Sioux voyant et guérisseur*, Paris, Plon, 1977, etc.

11. Le rapprochement et même l'aggravation des crises initiatiques avaient déjà été notés par Devereux, *Essais d'ethnopsychiatrie générale*, Paris, Gallimard, 1970.

construire des récits interprétatifs. Cependant, dans son fonctionnement clinique, cette théorie ne présente que peu d'intérêt. Ainsi, Madame Visnelda semble admettre deux étiologies des maux qu'elle soigne : *l'attaque sorcière*, par ceux qui « veulent le mal » (prêtres malbars, sorciers zarabes ou comoriens) et la *possession diabolique*. En fait, ces deux étiologies se confondent et il lui arrive de chasser les esprits alors qu'elle avait d'abord diagnostiqué un acte sorcier et d'évoquer la sorcellerie, alors même que Diable s'était manifesté par l'enflure caractéristique du dos de sa main.

Il me semble que la véritable pensée des guérisseurs réside dans leurs pratiques et non dans les théories qu'ils affichent. Ces théories, miroirs aux alouettes pour apprentis-chercheurs, sont plutôt à mon sens des sortes d'outils auxiliaires. En réalité, dans ce qu'elle agit, Madame Visnelda organise une *vectorisation du corps* à partir de sensations et de substances, qui doivent alors être considérées comme des instruments extrêmement actifs dans la délimitation de topographies imaginaires. Ainsi, dans son récit, évoque-t-elle essentiellement des sensations de piqûre (piqûres d'aiguille, picotements induits par la présence diabolique) et celles d'enflure (la mauvaise blessure de la première malade, l'enflure de sa propre main en présence d'une possession diabolique). Dans la logique de ce discours, l'une peut être considérée comme l'inverse de l'autre. On ressent la piqûre lorsque le corps étranger est au-dehors et tente de pénétrer, on ressent l'enflure lorsque l'objet externe, après effraction, a usurpé tout ou partie de l'espace intérieur de la victime. Dans cette logique des sensations, Madame Visnelda occupe une place charnière, elle réunit en elle les deux sensations puisqu'elle sent d'abord les picotements, ensuite l'enflure de la main. Mais à l'aide d'un opérateur d'inversion (le magnétisme en U), elle transforme l'effraction en expulsion. Sa pratique consiste toujours à inscrire les troubles du patient dans la logique de cette vectorisation, puis à reconstruire des sortes de frontières inaliénables de la personne souffrante.

Les substances énumérées respectent naturellement la construction d'une topologie imaginaire du corps : les règles douloureuses sont opposées aux matricaires, autre substance matricielle, mais apaisante. Car au sang de la fleur féminine, épais, engendrant l'engourdissement de la conscience, est opposée la subtile infusion de fleurs blanches fragiles et pures, procurées dans une inhabituelle agilité de la conscience (voix entendue dans un demi-sommeil). À la substance trouble, épaisse des règles, aux matières en suspension, est opposée la subtilité aérienne de l'infusion, seulement comparable à la légèreté de la pensée, à l'éphémère du rêve. Nous retrouvons cette même opposition dans le souvenir de la petite enfance, à la fluidité de l'eau pure, potable, rafraîchissante, est opposée la saturation en urine de la citerne et l'objet solide retrouvé au fond (la petite culotte). Enfin, nous retrouverons la même opposition entre la suspension trouble et l'eau pure, *a fortiori* lorsqu'elle est bénite, dans la technique de Madame Visnelda qui manipule durant ses thérapies deux substances, l'eau bénite et le sel [12].

Je préciserai encore un point singulier : l'île de La Réunion avait, au XVIIIe et au XIXe siècle, la réputation de posséder par elle-même des vertus thérapeutiques. Elle était souvent décrite dans les récits de voyageurs comme sans danger, nantie de nourritures saines et régénérantes,

12. Pour l'équivalence du sel et de l'urine, *cf.* l'excellent article d'E. Jones dans les *Essais de psychanalyse appliquée* et, pour l'utilisation de cette équivalence dans les techniques thérapeutiques des guérisseurs, *cf.* M. Bravo-Macias, « Urines et eau bénite », *Revue de médecine psychosomatique*, 5, 1986, p. 23-31.

regorgeant d'eau pure, à la différence de Madagascar, toute proche, infestée de maladies et de populations hostiles. On avait l'habitude d'y débarquer les matelots malades et, quinze jours plus tard, on pouvait les récupérer déjà convalescents ou même en pleine santé [13]. Il existe donc peut-être dans l'inspiration de Madame Vis-

Topique imaginaire

Opérations permettant de rendre sensible la topique imaginaire

Dans l'univers théorique	Caractère subtil, « aérien » de l'âme	Impuretés, souillure, « saletés »
Dans les discours étiologiques	Âme, intégrité de l'individu	Diable, sorcier
Dans l'univers des sensations	Piqûres, picotements	Enflure
Dans l'univers des substances	Matricaire, eau bénite	Règles, sel
Procédures	**thérapeutiques**	**de destruction**
	Exorcisme, restitution de frontières inaliénables, magnétisme en « U »	possession démoniaque, effraction sorcière, fabrication de « saletés »

13. Voici par exemple comment le naturaliste Étienne de Flacourt en rend compte en 1649 : « Pendant ces trois années, ils n'ont pas eu le moindre accès de fièvre, douleurs de dents ni de teste, quoiqu'ils fussent nus, sans chemises, habits, chapeaux ni souliers... Quelques-uns d'entre eux y allèrent malades qui incontinents après recouvrèrent la santé » *in* A. Lougnon *Sous le signe de la tortue. Voyages anciens à l'île Bourbon (1611-1725)* (1970), La Réunion, 1992, Éditions Azalées.

nelda une représentation d'un espace de pureté parfaitement délimité (l'île) entouré d'un univers de souillures.

De ces oppositions mises en avant par Madame Visnelda, il semble se dégager une conception de l'intérieur du corps comme espace subtil, aérien, léger (comme l'âme), opposé au monde extérieur plein de miasmes, de poussières, de scories, d'impuretés : une véritable suspension de saletés, dont on verra que c'est le nom donné à l'objet-sort. Quoique très nettement perceptibles dans le discours, ces oppositions théoriques servant à métaphoriser une frontière inaliénable fonctionnent à l'insu des malades, probablement aussi de la guérisseuse. Elles nécessitent des relais concrets pour prendre corps. Ces relais, ces instruments qui transformeront des oppositions théoriques en véritables opérateurs thérapeutiques sont les sensations et les substances manipulées – et, je dois ajouter, très vigoureusement – durant l'activité thérapeutique.

La technique thérapeutique de Madame Visnelda comporte donc deux temps. Il s'agit d'abord d'inscrire dans le corps les oppositions théoriques servant à métaphoriser la notion dedans/dehors, et ensuite d'inverser une pénétration sorcière ou diabolique. Dans ce dispositif, le thérapeute est l'incarnation même de l'opérateur technique. En cela, sa vie, ses expériences passées, ses épisodes étranges, entre-deux, mais aussi son discours et ses actes, bref, tout ce qui transparaît de lui, concourt – et de manière redondante – à l'identifier comme étant le lieu-même de l'expression du lien, lien lui-même. Ainsi, Madame Visnelda, lieu de passage entre les puissances du Bien et le monde infesté de sorcellerie et de malveillance [14], est-elle à la fois l'agent par lequel se purifie le

14. Elle mettra fin à sa conversation avec nous sur ces mots : « Vous savez, on m'appelle de plus en plus, et même en métropole. Qu'allons-nous faire ? Où va le monde avec cette augmentation constante de la sorcellerie ? »

monde et l'illustration vivante du mécanisme par lequel il est possible d'inverser la pénétration sorcière. C'est pourquoi, rien dans son discours n'est inutile ou anecdotique, rien dans ses actes n'est magique ou folklorique, tout relève d'une procédure technique, d'une entreprise cohérente et même d'une rare homogénéité.

Illustration clinique : la machine thérapeutique en acte

Commençons par une observation que j'intitulerai « Piétiner une saleté ». Une femme de soixante-deux ans est accompagnée en consultation par son mari, sa fille enceinte de cinq mois et son gendre. Elle semble assommée par la chaleur et le destin. Son corps obèse, avachi, est effondré sur la chaise, morne, presque sans vie. Elle est blanche, créole. Ses yeux, d'un bleu très clair, rougis de fatigue, regardent en tous sens, apeurés. Madame Visnelda se laisse un peu prier. Elle a terminé sa journée de consultation, s'est déconnectée et n'a aucune envie de reprendre. Les autres insistent : ils habitent à l'autre bout de l'île et ont dû emprunter une voiture pour la journée. Finalement, Madame Visnelda accepte. Elle se lève : elle a changé de physionomie, ce n'est plus la grand-mère un peu lasse mais une personne vigoureuse et autoritaire, presque violente. Avant de commencer, elle pose quelques questions très brèves, en créole :

Madame Visnelda : – « Quel âge avez-vous ?

La malade : – « Soixante-deux ans.

Mme V. : – « Vous avez vu un médecin, vous avez analysé le sang [15] ?

15. L'analyse du sang est facilement compréhensible au regard de la théorie de l'effraction sorcière.

La malade : – « Cela fait longtemps que je suis malade ; des médecins, j'en ai vu beaucoup.

Mme V : – « Et ça n'a rien donné, n'est-ce pas ?

La malade : – « Non !

Mme V. : – « Vous êtes chrétienne, catholique ?

La malade : – « Oui !

Mme V. : – « Vous croyez en Dieu ?

La malade : – « Oui ! »

La fille va pour expliquer la souffrance de sa mère, mais Madame Visnelda l'interrompt tout net : – « Non ! »

Maintenant, elle ne questionne plus, elle affirme :

Mme V. : – « Vous avez mal à la tête.

La malade : – « Non ! » (Regard sceptique et sévère de Madame Visnelda)

Mme V. : – « Vous avez mal à la nuque et au pied du cou.

La malade : – « Non ! » (Madame Visnelda est au bord de l'exaspération)

Mme V. : – « Comment " non " ?

La fille : – « Mais si maman, dis-lui !

Mme V. : – « Il ne faut pas me raconter des histoires, Madame ! Bon ! Reprenons ! Vous avez aussi mal dans le bas du dos.

La malade : – « Oui !

Mme V. : – « Et quelquefois, vous vous sentez lourde, vous n'arrivez pas à traîner votre corps.

La malade : – « Non !

Mme V. : – « Comment ça " non " ?

La malade : – « Enfin, je me sens lasse, je n'ai envie de rien faire ; et ce rhumatisme ...

Mme V. : – « Eh bien ! C'est ce que je veux dire. Il faut me dire la vérité, Madame ! » (De plus en plus excédée, elle se tourne vers nous et nous montre l'enflure sur sa main. En aparté, elle nous demande : – « Si c'est nécessaire, vous me prêtez la main [16] ? » (Nous acquiesçons.)

Maintenant va se dérouler la séquence thérapeutique proprement dite. Il s'agira de quatre sortes de manipulation, le toucher magnétique, l'utilisation du sel, de l'eau bénite et enfin de la croix.

D'abord, Madame Visnelda frotte vigoureusement la tête de la malade, du sommet du crâne jusqu'au cou. La malade, secouée, a l'air de plus en plus hébété.

Tandis qu'elle énonce des formules banales telles que « Va-t-en, mauvais esprit, ne t'approche pas de cette brave femme ! » ou « Qui que tu sois, esprit du mal, laisse-la donc en paix ! », Madame Visnelda, debout devant la malade restée assise sur sa chaise, prend très discrètement, derrière son dos, entre l'ongle du pouce et la pulpe de la seconde phalange de l'index, une pincée de sel. Puis, tandis qu'elle poursuit nonchalamment ses imprécations, d'un geste brusque, elle projette violemment la pincée de sel dans l'œil gauche de la malade qui cligne puis se met à larmoyer. Madame Visnelda poursuit encore ses imprécations tout en préparant une seconde pincée de sel qu'elle projette de la même façon dans l'œil droit. Elle laisse pleurer sa patiente quelques instants puis lui essuie les larmes avec l'index. Elle nous montre son doigt imprégné d'une substance blanchâtre, évidemment. Elle semble nous exhiber une preuve irréfutable de possession diabolique.

Maintenant, Madame Visnelda va procéder à ce que j'appelle l'inversion de la pénétration sorcière. Elle prie la fille de sortir et d'attendre dans la voiture avec son enfant. Elle installe la malade sur une table d'examen gynécologique et demande au mari et au gendre, trem-

16. Vous me prêtez main-forte ?

blants d'émotion, de tenir leur parente chacun par un bras. Elle remplit alors un grand verre d'eau bénite et, tirant en arrière la tête de la malade, entreprend de le lui faire boire par les narines. « Bois, esprit malin ! » s'écrie-t-elle et elle ajoute « Ah, tu n'en veux pas hein ? » (elle nous adresse à nouveau un regard complice : les esprits malins se révoltent toujours en présence des puissances du bien). À plusieurs reprises, la malade suffoque, tente de se redresser, rejette l'eau bénite. Madame Visnelda la saisit vigoureusement et la maintient en arrière. Elle lui instille de grandes rasades d'eau puis lui pince les narines. Finalement, la malade parvient à avaler la presque totalité du contenu du verre. Le restant lui sera projeté au visage par surprise, au détour de nouvelles imprécations tout aussi banales.

Puis Madame Visnelda calme la patiente, l'apaise en la caressant doucement, prend discrètement sa croix qu'elle lui brandit brutalement sous le nez et lui applique sur les endroits douloureux tout en poursuivant ses admonestations aux esprits. Enfin, elle lui demande, en créole :

Mme V. : – « Comment te sens-tu maintenant ? Tu as toujours mal au dos ?

La malade : – « Non, je me sens bien : légère !

Mme V. : – « Et le ventre ?

La malade : – « Léger !

Mme V. : – « Et les jambes ?

La malade : – « Légères !

Mme V. : – « Tu es guérie. Maintenant, tu peux aller rejoindre ta fille. »

Mais Madame Visnelda n'a pas encore achevé son travail. Elle laisse partir la malade et ordonne au mari et au gendre de rester un moment auprès d'elle. Elle demande au mari :

Mme V. : – « Est-ce que vous n'auriez pas prêté de l'argent au jeu par hasard ?

Le mari : – « Non ... enfin, je ne crois pas.

Mme V. : – « Ah ne me racontez pas d'histoires, hein !

Le mari : – « Peut-être bien, mais c'était une petite somme.

Mme V. : – « Ne cherchez pas, c'est ça ! Celui qui vous a emprunté l'argent aura voulu vous brouiller la tête pour que vous ne vous en souveniez plus. Il aura mis une saleté sur le pas de la porte et c'est votre femme, en balayant la cour, qui aura marché dessus. Je vais vous demander une chose : maintenant que vous savez qui c'est, jurez ici même que vous ne chercherez pas à tirer vengeance. Allez, jurez, jurez tout de suite !

Le mari : – « Je le jure !

Mme V. : – « Promettez-moi maintenant que vous ne raconterez jamais que vous êtes venus me voir pour vous débarrasser de cette saleté, parce que, si l'autre l'apprend, il ira voir quelqu'un à son tour et tout recommencera. Allez, promettez-moi !

Le mari : – « Je le promets ! »

Enfin, Madame Visnelda rédige une ordonnance de produits extraits de plantes et leur demande à tous deux de réciter dix *Pater* et dix *Ave*. Voilà, c'est fini ! Le tout aura duré une quarantaine de minutes. La malade s'en est allée d'un pas alerte. Nous ne connaîtrons pas le montant de l'offrande que la famille a déposée dans le tronc en partant.

Commentaires techniques

Le déroulement de cette séance montre la logique de la technique thérapeutique et la fonctionnalité des différents éléments qui la composent. La première partie de la consultation à laquelle nous avons assisté sans la malade a consisté en informations théoriques. Nous savons fort bien que dans ce type de procédures thérapeutiques, il n'existe pas d'informations neutres [17]. Les récits de Madame Visnelda ont pour principale fonction de définir les oppositions signifiantes à partir desquelles fonctionne son système d'inductions. Nous avons vu plus haut qu'elle dessine ainsi une intériorité imaginaire, véritable topique psychique, par une double opposition et un lien. Double opposition, d'une part, entre la sensation de piqûre ou de picotements (illustration de l'extériorité de l'objet) et la sensation d'enflure (preuve de son intériorité), et, d'autre part, entre les substances légères, pures, du dedans, et les substances lourdes, polluées, en suspension, du dehors. Et lien possible entre ce dedans et ce dehors, passant nécessairement par sa personne (mécanisme d'inversion, magnétisme en U). Elle-même, spécialiste du lien, virtuose de l'entre-deux, incarne ce lien par les singularités de son histoire qui évoquent de manière redondante l'aller-retour entre des espaces hétérogènes, le sommeil et le rêve, les blancs et les noirs, les Réunionnais et les Métropolitains, la magie et la science, etc.

Dans sa pratique thérapeutique habituelle, Madame Visnelda n'a pas besoin d'expliciter à chaque fois ces oppositions théoriques puisque son histoire – ce que je nommais le « discours officiel » – est véhiculée par ses soins et par l'ensemble de ses malades, anciens malades ainsi que par leur environnement proche.

Nous sommes donc en présence d'une série d'emboîtements en poupées russes. Tout au fond, une théorie

17. J. Favret-Saada, *Les Mots, la mort, les sorts. La sorcellerie dans le bocage*, Paris, Gallimard, 1977.

culturelle de l'attaque sorcière ou de la possession démoniaque sur laquelle tout un chacun est plus ou moins informé ; l'englobant, une histoire singulière, celle de Madame Visnelda, sorte de mythe privé, dupliquant la théorie culturelle ; à l'extérieur, une manipulation, dans le cadre d'un dispositif précis, des substances et des sensations qui n'acquièrent leur cohérence qu'en fonction de la théorie culturelle et du mythe privé.

Les oppositions, une fois délimitées de manière théorique, vont par la suite venir s'incarner dans le déroulement de la séance. C'est là que prend place ce que fait la guérisseuse, certes au moins aussi important que ce qu'elle dit. Analysons de plus près le déroulement des différentes séquences.

Le magnétisme de Madame Visnelda consiste en une substance subtile, légère, invisible, qui circule selon un trajet en U du malade au guérisseur et du guérisseur au malade. La signification du shampooing magnétique, pour ainsi dire, de début de séance consiste à déplacer le lieu de l'efficace de la malade à la guérisseuse – littéralement à *transférer*, ou, pour se rapprocher de la pensée psychanalytique, à forcer le transfert. Désormais, les impressions bizarres (douleurs, sensations d'étrangeté, terreurs), vont résider dans le corps de la guérisseuse et dans les manipulations qu'elle effectue et non plus dans celui de la malade. Il ne s'agit plus de sensations brutales, incompréhensibles, sauvages, mais de sensations – certes anormales, surprenantes – néanmoins techniques, domptées, professionnelles. C'est sans doute pour accentuer ce transfert que Madame Visnelda, comme d'ailleurs bon nombre de guérisseurs à travers le monde, refuse de se laisser informer par le malade et préfère poser un diagnostic par voyance. En procédant ainsi, elle a déjà commencé à forcer le transfert puisqu'elle a déplacé le lieu de l'expertise de la malade à la guérisseuse. Certes, par son diagnostic, elle prétend énoncer une vérité cachée sur la nature du mal ; surtout, elle en délocalise le secret : c'est elle qui devient l'héroïne de la nouvelle dramaturgie de la douleur.

Lorsque Madame Visnelda projette brutalement le sel dans l'œil de sa malade, elle lui fait éprouver par surprise – c'est-à-dire en l'isolant des autres perceptions –, la sensation qui signe l'extériorité de l'objet, c'est-à-dire le picotement. Naturellement, durant l'énoncé du diagnostic, elle lui avait signifié l'enflure, c'est-à-dire l'intériorité (« Quelquefois, vous vous sentez lourde, vous n'arrivez pas à traîner votre corps »). Mais plus que cette signification pour ainsi dire symbolique, c'est dans le passage d'une notion théorique, d'un concept, à une sensation que réside l'essentiel de l'efficacité de la manipulation. Après avoir fait éprouver pendant plusieurs minutes ce type de sensation, Madame Visnelda passera au registre des substances. Elle recueillera avec le doigt les larmes de la malade pour montrer qu'il ne s'agit pas d'un liquide pur comme le sont ordinairement les larmes, mais d'un liquide trouble, qui laisse un dépôt blanchâtre sur le doigt. Naturellement, personne n'est assez naïf pour croire que le dépôt ainsi recueilli est une preuve de la présence diabolique qui aurait souillé les humeurs de la malade. La force démonstrative réside dans l'ensemble de la séquence qui, partant d'un concept (la souillure), lui donne corps et lui imprime un mouvement progrédient allant du senti (picotement) au perçu (dépôt salé), puis du perçu à la démonstration du concept [18]. Il me semble

18. La pertinence du mouvement progrédient – sensation, perception, concept – dans les procédures psychothérapiques est attestée dans T. Nathan, « Thérapie et culture », *Encyclopédie médico-chirurgicale, Psychiatrie*, 1987, 37725 D 10, et *Le Sperme du diable. Éléments d'ethnopsychothérapie*, Paris, PUF, 1988.

aujourd'hui évident que le sentiment de vérité, l'*eurêka* que ressentent la malade et son entourage découle d'une contrainte logique née de la redondance de tous les éléments du dispositif.

Maintenant que le dedans et le dehors ont été définis, puis incorporés, il ne reste plus, pour entamer le processus de guérison, qu'à *inverser* le mécanisme pathologique. On va d'abord utiliser deux substances contraires, le sel, modèle même du dépôt puisque lui-même dépôt après évaporation [19], et l'eau bénite, eau pure, sans dépôt, esprit d'eau pourrait-on dire. On extirpe le sel de la malade, il faut donc faire pénétrer en elle de l'esprit d'eau. Mais comme il s'agit de l'inversion du processus de souillure, il faudra, selon la même logique que celle précédemment décrite, inscrire dans le corps le processus même de l'inversion. Dans l'expérience ordinaire, l'eau pénètre par la bouche et l'air, substance subtile, par les narines. En contraignant la malade à boire par le nez, on inscrit dans son corps une inversion : elle avale l'eau par les narines et, lorsqu'on lui pince le nez, l'air par la bouche. À nouveau le concept d'inversion, après avoir été intellectuellement évoqué, suit le même mouvement progrédient, sensation – perception – concept. La malade *ressent* l'inversion, le public *constate* sa révolte et la guérisseuse *énonce* la résistance diabolique (« Ah ! Tu n'en veux pas hein ? »). L'inversion est d'ailleurs fort correctement interprétée par la malade qui, à la fin de la séquence, a modifié sa propre perception de la maladie, elle ne parle plus de rhumatisme mais, comme Madame Visnelda, de poids et de légèreté (« Non, je me sens bien : légère. »).

Enfin, il reste à Madame Visnelda à démontrer ses

19. Ne l'oublions pas, le père de Madame Visnelda travaillait dans les salines et elle-même habite *Étang-salé*, là même où étaient situées les anciennes usines de sel.

capacités à faire le lien. À nouveau, elle va me surprendre en reliant les différents événements dans un récit qui, de plus, relie entre eux les différents membres de la famille. Certes, c'est la femme qui était malade, mais c'est le mari qu'on voulait atteindre ; on semblait croire qu'il s'agissait de pensées coupables de la femme, mais c'est du jeu inconsidéré du mari qu'il s'agissait ; la maladie les avait séparés, la thérapeutique les relie dans une même affliction, l'un portant le poids de la faute de l'autre (le mari souffrait de la possession de la femme/la femme souffrait de l'inconséquence du mari). Et c'est une famille essoufflée mais apaisée comme après un combat qui repart. Madame Visnelda représente désormais ce lien qui les unit.

Les psychanalystes ont longtemps prétendu que l'acte était parole, parole non dite, parole usurpée, parole impossible, parole trop dense, trop pleine. L'analyse des techniques thérapeutiques traditionnelles montre au contraire que toute parole est un acte qui annonce ou répète des processus formels qu'un bon guérisseur s'emploie à manipuler sur le corps même du malade, sur sa famille, sur des objets, afin d'en obtenir des modifications psychiques. Il s'agit de déclencher chez le malade un mécanisme et non de le lui expliquer, de lui raconter une étiologie magique ou de le séduire. En cela, l'induction thérapeutique des guérisseurs est comparable à ce que nous attendons d'une plaisanterie : le récit est secondaire, ce qu'on cherche à obtenir, c'est le processus lui-même, c'est-à-dire le rire. C'est par ce moyen, je crois, qu'ils parviennent à éviter les flambées transférentielles que nous avons pour notre part tant de mal à maîtriser, voire, quelquefois, à contenir.

Lorsque, après la séance, je demandais à Madame

Visnelda si ses malades reviennent la consulter, elle me répondit : « Non, bien sûr, puisqu'ils sont guéris. »

Une technique ne s'interprète pas. Qui sont donc ces insensés qui, sans jamais avoir rencontré un patient dont la pathologie est structurée selon des modalités culturelles, sans jamais avoir participé à une séance thérapeutique d'un guérisseur, énoncent du haut de leur savoir (qu'on peut en l'occurrence qualifier sans aucune hésitation de colonial) les interprétations de telle ou telle pensée étiologique traditionnelle ? Mais regarder, apprendre ne suffit pas. Pour pénétrer les secrets d'une technique, il faut soi-même la manipuler, lui faire produire ses effets. Qui pourrait connaître le tour de main du maréchal-ferrant, du potier, du cordonnier, seulement en jetant un regard rapide ou même en lisant une simple notice descriptive ? Pourquoi en serait-il autrement pour l'un des plus difficiles de tous les artisanats, celui de l'influence thérapeutique ? Seuls les patients migrants nous offrent cette possibilité.

Chapitre 2

Un vendredi comme tant d'autres

Psychanalyste de formation, lorsque, naguère encore, je m'interrogeais au sujet de mes convictions religieuses, la formule qui figure sur la tombe du grand Spinoza – *juif et athée* – me convenait parfaitement. Puis, au fur et à mesure que je prenais quelque distance avec séminaires et chapelles, en brisant parfois – mais par inadvertance – quelque idole, me venait l'envie de modifier l'épitaphe : psychanalyste, certes mais bien piètre guérisseur ; freudien, sans doute, et pour cela habile aux commentaires talmudiques, mais toujours à la recherche des objets du culte ; monothéiste aussi, peut-être, mais attentif à l'efficacité des fétiches, à l'harmonie des rythmes musicaux, à l'excitation communicative des danses païennes. Et s'il fallait songer à récrire le testament du patriarche – *L'homme Moïse et la religion monothéiste* – sans doute faudrait-il déterrer ces statuettes qui le parcourent en secret, celle d'Aphrodite d'abord ainsi que celles de ses équivalents sémitiques – Ashéra, Astarté –, celles de Dionysos (la possession), d'Artémis (l'initiation féminine), de Déméter (la dépression), celles, plus subtiles, de Zeus (le pouvoir), d'Apollon (la raison), d'Asclépios (la médecine), et aussi toutes les statuettes africaines, enfouies dans la terre même de sa pensée, transformées en humus.

Alors, pour rester cohérent avec ma pratique et la croyance implicite qui l'infiltre, je dirais que je me sens *juif* – ô combien ! – mais *païen*, comme tous ceux des générations précédentes, si prompts à embrasser les croyances de leurs voisins et à négliger les leurs, ceux que Dieu stigmatise à chaque génération, mais ceux, peut-être – j'aime à le croire – qu'il préfère entre tous pour lui donner matière à discussion et à courroux.

L'os de poulet et autres observations

Ce fut un vendredi comme tant d'autres. Et pourquoi devrais-je m'étendre sur celui-ci ?

Quinze jours plus tôt, l'interne du service m'avait présenté une femme kabyle âgée de cinquante-deux ans. Elle se plaignait d'une douleur qui irradiait depuis la gorge jusqu'au sommet du crâne. Cette femme attribuait la douleur à un os de poulet qu'elle avait avalé voilà quatre ans et qui serait resté coincé dans son gosier. Hospitalisée dans le service de gastro-entérologie, elle venait de subir pour la quatrième fois une série d'examens visant à localiser l'origine de cette gêne,... une nouvelle fois sans succès. Quoique manifestement déprimée, elle semblait distante, apeurée, et refusait de parler d'autre chose que de son os de poulet. Je l'invitais à me décrire sa douleur avec le plus de détails possibles. Au cours de ses explications, voulant me fournir encore plus de précisions, elle alla chercher dans sa chambre les restes de son repas de la veille qu'elle avait précieusement conservés : cette même extrémité d'aile qu'elle avait avalée quatre ans plus tôt. Je pris l'os, le contemplai longuement, puis lui proposai de m'apporter à la séance suivante le même os, mais cru. Ce vendredi donc, voilà cette brave femme, le visage et les poignets joliment décorés de tatouages géométriques, qui sort du fond de son sac son os cru. Elle le pose sur le bureau et nous commençons à parler.

Il y a quatre ans, son fils, son aîné, a quitté la maison pour se marier. Le poulet, elle l'avait précisément préparé pour lui. Il était un jour venu déjeuner avec elle puis était reparti à son travail. Ensuite, esseulée, elle s'était mise à sucer les restes du repas devant la télévision. C'est alors que l'os a glissé puis est allé se ficher au fond de la gorge. Elle a eu mal ainsi, au fond de la gorge, tous les jours durant deux ans, puis la douleur a commencé à monter à la tête. Il y a deux ans, sa mère est morte. Mais quoi ? Elle était vieille ! Plus de soixante-quinze ans, il faut bien mourir un jour ! C'est vrai qu'elle en a été très triste, d'autant qu'elle était la seule fille et très proche de sa mère. La seule fille ? Ce n'est pas tout à fait exact puisqu'elle avait eu une sœur, décédée à l'âge de vingt ans d'une mystérieuse maladie. Elle « tombait » sans qu'on sache pourquoi. Ses parents étaient allés consulter un cheikh [1] qui ne voulut même pas la soigner, la déclarant, au vu de sa consultation des textes coraniques, comme déjà morte. Elle était trop belle avait dit le sage, trop parfaite, elle excitait trop l'envie des autres : le mauvais œil, ou plutôt, comme l'on dit plus précisément là-bas, l'œil *(el'eïn)*.

La séance se poursuivit en séries associatives continues

1. Guérisseur traditionnel musulman.

durant lesquelles la femme élaborait lentement sa problématique dépressive.

Ensuite, nous reçûmes une Antillaise de trente-trois ans qui était régulièrement en proie à des idées suicidaires. Des images se présentaient incoercibles à son esprit, elle se voyait pendue au bout d'une corde, ou bien entendait des voix lui ordonnant de se suicider. Terrorisée par ses rêves, elle ne parvenait plus à dormir sinon à l'aide de quelque comprimé que lui prescrivait son psychiatre. Elle venait nous consulter sans grande conviction. Des *gadézaffé*, des *quimboiseurs* [2], des psychiatres, elle en avait vus, ô combien ! Très attachée à sa mère, sa première crise remonte à l'âge de seize ans lorsqu'elle entreprit de travailler auprès d'un couple d'instituteurs. Elle ne se souvient plus bien ce qui a pu se passer alors. Peut-être l'homme lui avait-il fait des avances ? Peut-être l'a-t-elle seulement supposé ? En tout cas, se profilait à l'horizon une séparation avec sa mère et la crise venait lui remettre la corde – le cordon – autour du cou. À la fin de la séance, j'énonçai une proposition thérapeutique :

« Ce n'est pas vous qui avez été attaquée par un sort, mais votre mère, et c'est sur vous que le mal est tombé ! »

Elle acquiesça et nous apprit que sa mère était *née coiffée*, c'est-à-dire avec une portion de membrane amniotique collée au crâne. On avait fait le nécessaire pour qu'elle fût définitivement invulnérable à la sorcellerie : on avait bouilli le morceau de membrane dans du lait puis on le lui avait donné à manger. La mère, ainsi

2. Guérisseurs antillais. Gadézaffé : « regarde dans les affaires des autres ». Quimboiseur : manipulateur du quimbois – objet de sorcellerie, cercueil miniature, bouteilles contenant des lézards attachés dos à dos et tête-bêche, des poupées inversées et transpercées d'aiguilles, etc.

protégée, ce fut naturellement la personne la plus proche qui tomba, victime de l'acte sorcier [3].

Nous arrêtâmes là la séance. Nous supposions, dans notre bric-à-brac théorique, qu'après cette proposition, notre patiente parviendrait à élaborer l'attachement quasi fusionnel – quoiqu'à distance – à sa mère.

Puis, nous reçûmes une patiente camerounaise, d'ethnie Dwala, dont c'était la sixième séance. Sitôt entrée, elle nous dit que depuis quinze jours tout allait bien mais que le seul fait de se retrouver dans l'ascenseur de l'hôpital lui avait fait sentir, tout contre elle, dans son dos, cette présence que nous connaissions bien. J'eus tout juste le temps de m'installer sur une chaise face à elle qu'elle se mit à dodeliner de la tête puis ses yeux se révulsèrent, sa voix changea, elle se mit à bâiller sans interruption puis à bégayer et laissa enfin la parole à son père, mort quatre mois plus tôt, qui se mit aussitôt à scander par la bouche de la patiente :

Nadine/son père : – « Je veux que Nadine vienne immédiatement sur ma tombe au Cameroun. Elle a des vérités à révéler à la famille. Il faut qu'elle vienne immédiatement !

Tobie Nathan : – « Les morts doivent laisser les vivants tranquilles. Sans doute étais-tu un bon père de ton vivant mais depuis ta mort, tu es devenu méchant comme une teigne. Ne vois-tu pas que tu rends ta fille malade ?

Nadine/son père : – « Qui es-tu donc pour me parler de la sorte ? Tu n'es même pas de ma famille ! Je n'ai rien à te dire. Nous n'avons pas la même couleur de peau.

T. N. : – « Parfois la peau est noire à l'extérieur et

3. Pour l'explication de cette étiologie extrêmement fréquente aux Antilles, *cf.* Dorival, 1991, Rolle, 1992.

blanche au-dedans. Je suis sûr que tu n'es pas seul. Qui donc t'accompagne ?

Nadine/son père : – « Je suis avec deux amis. L'un voudrait épouser ma fille.

T. N. : – « Tu veux donc la marier avec un mort. Tu ne viens là que par peur de devenir un ancêtre. Va-t-en donc avec les tiens ! »

Nadine fondit alors en larmes puis sortit de sa transe comme du fond d'un rêve. Nous la réconfortâmes, lui offrîmes un verre d'eau avant de la raccompagner, presque aussi fringante qu'à son arrivée, jusqu'à la porte de la salle de consultation. Toujours englués dans notre magma théorique, nous pensions avoir fait un pas décisif dans l'analyse de la relation ambivalente qui la liait à son père.

Prémisses méthodologiques

Interrompons maintenant le récit de cette matinée de consultation et considérons avec un œil plus critique ce qui vient de s'y dérouler. J'ai utilisé successivement l'os de poulet, l'évocation de la sorcellerie puis la transe dans l'établissement d'une relation psychothérapique avec des patients dont la pathologie exigeait – c'est du moins ce que je crois – cette adaptation de ma technique. Mais pour accepter de procéder ainsi, il a bien fallu qu'au préalable j'aie abandonné un certain nombre de principes théoriques dont j'ai longtemps pensé qu'ils constituaient l'armature même de ma technique. Tout au long d'une constante collaboration avec des patients non occidentaux, je suis parvenu à un certain nombre d'énoncés, certes approximatifs et provisoires, mais heuristiques et techniquement indispensables.

Le premier de ces énoncés pourrait être que, durant une investigation clinique en psychopathologie, il est impossible de tenir un discours scientifique sur la nature de l'objet d'étude, c'est-à-dire la structure psychique du sujet avec lequel j'ai entrepris d'établir une relation psychothérapique ou psychanalytique. Tout énoncé comportant une formulation sur la nature de mon objet (telle que : « Il s'agit d'un patient *borderline* » ou bien « Cet homme souffre d'une fixation au stade anal ») constitue *ipso facto* la dissolution de mon outil d'investigation, c'est-à-dire de la relation psychothérapique.

Le second serait qu'étant donné la confusion entre le dispositif permettant l'observation et l'objet d'investigation, tout *a priori* théorique contenu dans le dispositif sera nécessairement validé par le matériel recueilli. C'est pourquoi, en psychothérapie, le matériel clinique ne constitue jamais une démonstration des énoncés théoriques [4], tout au plus une illustration, la plupart du temps une simple métaphore.

Le troisième, que la pratique de la consultation d'ethnopsychiatrie montre de la manière la plus évidente que l'*a priori* théorique nécessaire à l'investigation est contenu dans l'objet même de la recherche puisque en dehors de certains dispositifs tels que l'os de poulet, la sorcellerie ou la transe, contenus dans le symptôme même du patient, il est impossible d'établir une relation de type psychothérapique avec des sujets originaires de cultures non occidentales [5], par conséquent d'entreprendre une véritable

---

4. Par exemple : nul ne peut considérer le fait que le père de Nadine s'exprime durant la séance comme une preuve de la possibilité de la réincarnation des morts, mais seulement comme l'existence d'une interaction entre un thérapeute et un sujet souffrant, par l'intermédiaire d'un certain cadre thérapeutique, incluant le dialogue avec les morts.

5. T. Nathan, « L'utérus, le chaman et le psychanalyste. Ethnopsychanalyse du cadre thérapeutique », *Nouvelle Revue d'ethnopsychiatrie*, 5, 1986, p. 17-48.

investigation clinique de la psychopathologie de ces patients.

Nous voilà donc obligés de conclure que les énoncés théoriques que nous pensons être des formulations générales sur la nature de l'objet observé ne sont rien d'autre qu'une part de l'instrument nécessaire à l'établissement de l'observation. Il en découle que nous n'observons jamais l'objet lui-même mais l'interaction entre trois facteurs : un observateur déterminé, l'instrument d'observation – la relation psychothérapique et ses *a priori* théoriques et techniques – et l'objet lui-même [6].

En psychopathologie, la recherche clinique ne peut donc consister selon moi qu'en une investigation des modifications du type d'interaction thérapeutique, rapportées aux variations des éléments du cadre technique consciemment induites par le clinicien.

À la recherche des opérateurs thérapeutiques

Ces prémisses étant posées, considérons maintenant les éléments opératoires constituant le cadre technique nécessaire à l'établissement d'une relation de type psychothérapique.

Je précise d'emblée que je me place du point de vue du patient, c'est-à-dire d'un sujet que sa souffrance conduit à rechercher un cadre technique susceptible de lui apporter un soulagement, et non du point de vue de ses éventuels

---

6. G. Devereux, *De l'angoisse à la méthode dans les sciences du comportement*, Paris, Flammarion, 1980.

thérapeutes – traditionnels ou occidentaux – ni de celui de l'ancien malade guéri, généralement devenu dévot. Cette position empirique me paraît la seule pertinente pour l'investigation des éléments opératoires actifs au sein des thérapies. Il me semble que partout à travers le monde, les clergés et les syndicats de thérapeutes essaient toujours de brider la créativité et de transformer en dogmes les résultats des recherches empiriques des thérapeutes, éphémères héros de la créativité de leur groupe culturel.

La première procédure technique à considérer, c'est la voyance. Le fait est que la plupart des procédures de diagnostic traditionnelles prennent la forme de voyances, jamais celle d'investigations rationnelles. C'est dire qu'elles ne sont en aucun cas comparables au diagnostic médical fondé sur l'élimination successive d'hypothèses.

La voyance constitue un énoncé multiple. Sur la nature non visible du mal, un premier énoncé est la plupart du temps destiné à l'entourage du malade et aux fidèles du thérapeute. Ensuite, une véritable induction thérapeutique engageant immédiatement le patient dans un jeu transférentiel complexe et aux mouvements extraordinairement rapides. En troisième lieu, la prégnance explicite du vu sur le dit, du percept sur le concept. Ce qui est donné à voir fragmente le sens construit dans les paroles et en redistribue les éléments dans un objet concret. Celui-ci génère ensuite du sens et devient un objet transférentiel négociable [7]. Enfin, la mise en jeu d'une technique intermédiaire – utilisation des signes, de la boîte à souris, des lanières de cuir, de la disposition de coquillages jetés au

7. T. Nathan, « L'utérus, le chaman et le psychanalyste. Ethnopsychanalyse du cadre thérapeutique », *Nouvelle Revue d'ethnopsychiatrie*, 5, 1986, p. 17-48, 1986 a.

hasard ou plus exactement de leur trace laissée sur le sable [8], etc.

La théorie du guérisseur (du thérapeute), c'est-à-dire l'interprétation qu'il a du processus mis en œuvre et qu'il délivre plus ou moins à son patient, doit être considérée comme l'un des éléments opératoires actifs. Dans les recherches anthropologiques, cette théorie a constitué le matériel de base de toute analyse, soit qu'on l'ait considérée comme le fin mot du mécanisme générant le sens, soit qu'on l'ait filtrée à travers des grilles occidentales (psychanalytiques, psychopathologiques, sociologiques, historiques, etc.). Il est vrai que, tout comme en Occident, ce sont les informations théoriques que guérisseurs et anciens malades guéris fournissent le plus volontiers à l'enquêteur [9]. À partir de mon expérience clinique, je peux dire aujourd'hui que la théorie sur laquelle est censée s'étayer la croyance fonctionne à la manière d'un leurre d'illusionniste. Tel cet objet flamboyant et mobile brandi pour détourner l'attention, elle inscrit le déroulement du processus dans un univers magique, surnaturel ou secret interdisant la perception du subterfuge technique qui, lui, n'a en revanche rien de magique.

Loin d'être fausse ou inutile, la théorie est donc toujours vraie, car toujours fonctionnelle. Elle doit être considérée comme un simple opérateur technique. Dans l'analyse des thérapies traditionnelles, il est impossible de prétendre, comme on le fait parfois pour ce qui concerne les psychothérapies dites scientifiques, que la théorie aide à la prise de conscience. Elle distingue, dans l'univers, les

8. K. Kouassi, *Ethnopsychiatrie baoulé. Représentation et thérapie traditionnelles de la maladie mentale en pays baoulé*, Thèse pour le Doctorat de troisième cycle, Paris, Université René Descartes, 1987.

9. « Ce que je peux dire, ce que n'importe quel adepte avait jadis le droit d'avouer au curé, ce sont les modalités d'entrée dans la secte », Christian Dedet, *La Mémoire du fleuve*, Paris, Phébus, 1984, p. 282.

nôtres et les autres. Elle a donc, au niveau social, la même fonction que le système de défenses immunitaires au niveau individuel : distinguer le Soi du non-Soi [10]. Elle peut donc à la rigueur aider à constituer un cadre technique, elle n'est jamais lieu d'énonciation de la vérité du processus. Elle propose une prime de plaisir intellectuel détournant l'attention de l'activité du thérapeute et de l'interaction transférentielle [11].

Je propose d'appeler « inducteurs culturels » des éléments de sens situés à la frontière du privé et du public, de l'intime et du rituel. La plupart du temps, ces éléments de sens sont inscrits dans le symptôme même et constituent une sorte d'appel codé à une technique thérapeutique déterminée. Si, face à un tel signal, le thérapeute ne répond pas par la technique appropriée, le processus thérapeutique est enrayé dans l'œuf. Ainsi, mon recours à l'os de poulet avec la patiente kabyle ou bien mon étrange proposition à la malade antillaise doivent-ils être considérés comme les déclencheurs nécessaires d'une procédure qui, pour être fonctionnelle, doit rester à mi-chemin entre l'expression d'une souffrance singulière et le déroulement d'un rituel construit selon une structure de récit extérieure au sujet. De notre point de vue occidental, nous pouvons dire que notre malade antillaise est pathologiquement fixée à sa mère. En revanche, l'énoncé concernant l'attaque de sorcellerie possède une structure qui n'a rien à voir avec la problématique pourtant parfaitement explicite de la patiente. C'est pourquoi il est

---

10. Il faudrait faire une analyse de l'occurrence des dysfonctionnements du système immunitaire dans des situations de migration, là où le sujet ne parvient plus à distinguer clairement dans l'univers social « les nôtres et les autres ». Je ne serais pas surpris qu'il existe une corrélation.

11. On sait depuis longtemps en psychanalyse qu'un patient qui s'enferre dans la théorie cherche à geler l'analyse du transfert... mais que dire de l'activité théorique de son psychanalyste ?

indispensable à l'établissement de toute procédure de rupture de la répétition pathologique.

Nous comprenons alors pourquoi toute psychothérapie, qu'elle soit traditionnelle ou scientifique, aboutit nécessairement à des énoncés structurés à la manière d'un récit : « Lorsque vous aviez cinq ans, vous avez voulu croire que votre père n'avait jamais existé. » ou bien « La première épouse de votre père, par jalousie, est allée solliciter l'aide d'un sorcier afin de se venger de votre père sur sa descendance. »

Les thérapies traditionnelles font tout particulièrement appel, tant dans les inducteurs culturels qu'elles mobilisent que dans les techniques auxquelles elles recourent, à des mécanismes d'inversion qui ont pour but de déclencher un processus déterminé à l'insu tant du thérapeute que du patient. Il en existe plusieurs types.

Commençons par l'inversion spatiale. Dans la représentation culturelle, le corps est un vecteur orienté, les pieds touchent le sol sous lequel vivent les *djinn*, la tête s'élève vers le ciel, royaume de Dieu. La maladie inverse les repères régissant l'orientation du corps selon un axe haut/bas essentiellement par l'intermédiaire de deux symptômes : la chute et les sensations de chaleur. Pour ce qui concerne la chute, la signification est évidente, d'ailleurs le langage reprend volontiers la même métaphore. Les expressions telles que « tomber malade », « tomber amoureux », « tomber à la renverse » possèdent naturellement leur équivalent en arabe. Mais le verbe « tomber » utilisé seul renvoie très communément au phénomène de transe. En arabe, *makloub*, être inversé, bouleversé, est synonyme d'« être malade ». Quant à la chaleur, il s'agit d'une transmission d'image assez complexe. En effet, tout se passe comme si l'on savait que tenir debout produisait une sensation relative de chaleur en bas (les pieds) et de fraîcheur en haut (la tête). Il suffit que le patient évoque le fait qu'il a la tête chaude et les pieds glacés pour que le guérisseur comprenne, pour ainsi dire à son insu, qu'il s'agit d'une chute.

On rencontre aussi une inversion rythmique. La notion de rythme est récurrente dans les thérapies traditionnelles. Conserver un rythme régulier signifie qu'on est bien vivant. Mais le rythme, comme le cœur ou les poumons, doit rester caché, ainsi que le souffle qui quelquefois se manifeste par un éternuement (Aristote) et rassure sur sa propre existence (dans les pays arabes, un éternuement est généralement salué par l'expression « Sois vivant ! »). Il s'agit naturellement des rythmes biologiques mais tout autant des rythmes sociaux comme, par exemple, ceux de la prière qui s'accomplit cinq fois par jour dans les pays musulmans et scande la journée avec une régularité d'horloge. La perte ou la distorsion du rythme signe à coup sûr l'intrusion de la mort au sein de la vie (apparition d'êtres surnaturels ou de fantômes [12]). La manifestation culturellement codée la plus courante de l'imminence de la perte du rythme est le tremblement, le plus souvent des mains, parfois des jambes, et au moment de la transe de possession, celui du corps tout entier. Car le tremblement, en exhibant le rythme interne, dénude le souffle et livre ce fragile noyau de vie à la convoitise des jaloux, des envieux, des sorciers. La disparition du sommeil, ou plus précisément la disparition de la sensation d'avoir dormi, possède la même signification de mise en danger de la permanence du rythme.

Il y a encore les sensations de poids. Un corps vivant est lourd. Il pèse son poids car l'individu vaut sa valeur.

12. T. Nathan, L. Rimlinger, « Fantômes. Nostalgies et métamorphoses du deuil », *Nouvelle Revue d'ethnopsychiatrie*, 7, 1987, p. 45-55.

En Afrique noire, si le sujet a été capturé comme esclave par des sorciers de la nuit, qui généralement commencent par lui dévorer l'intérieur du ventre, il se sent léger. Ainsi à un patient bété de Côte-d'Ivoire nous ayant dit, lors de son premier entretien, qu'il se sentait léger dans le ventre, nous avons pu répondre sans hésiter qu'il avait été ensorcelé. Ce qu'il confirma immédiatement par l'expression d'une sorte d'automatisme mental : « Ils commentent tous mes gestes ; ils disent : *Il va allumer une cigarette, maintenant il va aller aux cabinets.* »

Les orifices constituent des zones essentielles d'orientation corporelle, ils délimitent le dedans et le dehors. Lorsqu'un orifice est inversé, c'est la fonction tout entière qui marche à l'envers. Si la bouche laisse entrer des aliments, l'inversion pathologique provoquera des vomissements. Mais il existe également des inversions beaucoup plus subtiles. Un patient bambara du Mali se plaignait d'émettre des odeurs par le nez et circulait dans les couloirs de l'hôpital, emmitouflé dans un foulard pour protéger ses interlocuteurs de ses exhalaisons nauséabondes. Lorsqu'on lui demanda quelles sortes d'odeurs étaient ainsi émises, on ne fut pas étonné de s'entendre dire qu'il s'agissait d'une « odeur de macchabée » car l'inversion de l'odorat ne peut renvoyer qu'au monde de l'envers, au monde des morts. Quelquefois, la fonction corporelle peut être transférée à un objet symbolique facilement reconnaissable. Un patient tunisien disait qu'il voyait « sortir du vomi par le trou du lavabo ». Quant à l'inversion de la fonction d'excrétion, elle s'exprime le plus souvent au Maghreb par le fait que les *djinn* vivent très souvent dans les conduites souterraines et les égouts. On ne sera donc pas surpris d'apprendre que tel *djinn* est sorti du trou des toilettes. Jamais pourtant on ne dira qu'il a pénétré le patient par l'anus. Mais la représentation implicite du *djinn* l'envisage comme un démon coprophage et principalement intéressé par l'envers, donc par l'anus.

Les mécanismes d'inversion, tant ceux présentés par les patients que ceux mobilisés par les techniques thérapeutiques traditionnelles, possèdent plusieurs fonctions thérapeutiques.

Ils entrent en résonance avec les mécanismes psychiques d'inversion parfaitement décrits par Freud tels que le renversement dans le contraire – lequel se ramène à deux processus différents : le retournement d'une pulsion de l'activité à la passivité et le renversement de contenu, et le retournement sur la personne propre [13]. On pourrait donc penser que les inverseurs, mobilisés sur la frontière privé/public, agiraient par contagion et déclencheraient les inverseurs psychiques, par conséquent les mécanismes de défense les plus archaïques, mais, dans ce cas, dirigés par le thérapeute et le groupe social et non spontanés.

Ils favorisent l'apparition d'un changement de perspective au sein d'une problématique empêtrée de longue date dans des scénarios répétitifs.

Fonction de l'objet

Les thérapies traditionnelles font assez peu intervenir le langage et beaucoup plus les rythmes (poétiques et musicaux), les images, les objets. Je m'attarderai ici plus particulièrement sur l'utilisation d'objets car elle nous laisse, nous thérapeutes occidentaux, dans la plus grande perplexité. Des patients qui, au cours du travail psycho-

---

13. S. Freud, « Pulsions et destins des pulsions », 1915, *Métapsychologie*, Paris, Gallimard, 1959.

thérapique entrepris avec nous, se montrent particulièrement vifs et créateurs dans leurs élaborations, conservent néanmoins, qui une amulette autour du cou, qui une collection de gris-gris autour de la taille, qui un vieux talisman, mêlant une sourate du Coran à du sel béni et à des graines de coriandre, précieusement inséré dans le portefeuille. Au début, nous nous demandions comment pouvaient coexister, au sein d'une même psyché, des mécanismes aussi subtils que ceux que nous percevions dans les élaborations psychothérapiques et une crédulité apparemment infantile. Or, l'objet utilisé dans les thérapies traditionnelles condense dans une représentation immédiate le leurre particulièrement ambigu du processus transférentiel.

En effet, les patients sont tout à fait conscients du caractère à la fois illusoire et symbolique de l'objet. Le gris-gris protège car il a été fabriqué par un féticheur puissant, mais aussi par ses caractéristiques intrinsèques (aliment piquant, plante vénéneuse, représentation de divinités redoutables, etc.). Par conséquent, l'objet contient le souvenir de la relation entretenue avec celui qui l'a élaboré, fabriqué, vendu, mais aussi l'affirmation que cette relation peut être représentée dans le registre de la réalité matérielle, *stricto sensu* objectivée. Car la principale caractéristique de l'objet est d'être fragment de matière et donc de posséder sa vie propre.

L'objet est particulièrement propice à contenir l'énoncé transférentiel car il est à la fois réel (matériel) et illusoire (des crocs de panthère portés autour du cou n'ont aucune action chimiquement observable sur la puissance sexuelle) ; tout comme les émois transférentiels sont intensément vécus et pourtant inadéquats.

L'objet devient dépositaire de l'ambivalence transférentielle (« si je ne porte pas mon gris-gris, il m'arrivera malheur »), mais en matérialise et socialise les expressions en évitant les flambées affectives qui deviendraient vite incontrôlables dans une société communautaire.

Je fais partie des psychanalystes qui pensent que l'activité psychanalytique consiste en l'art de l'interprétation. Si les opérateurs que j'ai définis plus haut possèdent, comme je le pense, une valeur universelle, alors nous devrions logiquement penser que l'interprétation psychanalytique, principal outil thérapeutique du psychanalyste, mobilise tout ou partie d'entre eux. Pour les quatre premiers, leur présence me paraît facile à décrire dans le travail psychanalytique, tout au moins tel que le patient le perçoit. Reste l'objet. Où donc se cache l'objet de la thérapie psychanalytique, l'objet matériel, concret, la chose ? Dans les livres, les tableaux, les mouchoirs de papier, les objets échangés (stylos, cadeaux) ? En est-il absent et quel serait l'effet de cette absence dans le déroulement spécifique du transfert psychanalytique ?

Il me semble que ce questionnement instaure l'indispensable approche véritablement anthropologique de la psychanalyse et constitue le premier temps de la construction d'une technique psychothérapique fondée sur la compréhension des opérateurs actifs et non sur une idéologie, une technique au service du patient et non d'une secte p(h)arisienne, bref une technique – et cela les pays en voie de développement en ressentent cruellement le besoin – exportable !

Lorsque je pratique l'ethnopsychiatrie telle que j'en ai rapidement brossé les principes, il me semble saisir un peu de la sagesse antique des religions païennes qui, non seulement craignaient les dieux des autres, mais leur organisaient une place dans le panthéon local, sans doute pour ne perdre aucune chance d'accéder à une parcelle de divinité. Et, pour reprendre un bon mot des jeunes amoureux d'aujourd'hui, je dirai : « Fidèle, sans doute et sans faillir, mais exclusif, non ! »

Chapitre 3

L'insupportable perfection de l'œuf

Comme chacun le sait, on peut distinguer plusieurs types de recherche scientifique. Il existe des sciences naturalistes, qui décrivent une réalité qu'une technique souvent de plus en plus complexe permet d'observer, par exemple la vulcanologie ou la cristallographie. Il existe des sciences expérimentales, celles dont la méthodologie est aujourd'hui considérée – je ne sais trop pourquoi, d'ailleurs – comme le modèle même de la scientificité. Or, le XXe siècle a vu naître toute une frange de disciplines dont la méthodologie est comparative et modélisée. Tel est par exemple le cas de la physique quantique. Il est en effet quasiment impossible d'énoncer des vérités sur la nature de l'électron. En revanche, je peux décrire – c'est même très précisément l'objet de ma recherche – l'interaction entre un objet *x* que j'appelle « électron » et une machine que j'ai construite, par exemple un accélérateur de particules. De cette description, je déduirai un modèle provisoire de l'électron, modèle qui expliquera au mieux les interactions que j'ai pu décrire à partir de mon dispositif expérimental. Dans ces disciplines, je n'ai donc pas accès à l'objet même de mon investigation mais seulement à des modèles successifs, dont je peux espérer qu'ils s'approcheront de plus en plus de l'objectif initial. Il s'agira donc de rendre compte d'une situation d'observation interactive. Ce type de recherches conduit à des raisonnements analogiques de la forme A : B ∴ C : D, A est à B ce que C est à D.

Cependant les psychopathologistes – tout comme les anthropologues d'ailleurs, quoique dans une moindre mesure – s'obstinent à penser que leur science est par essence naturaliste. On lit très fréquemment sous leur plume – pour ne pas dire toujours – des énoncés sur la nature de la psychologie de tel patient, pourtant suivi en psychothérapie ou en psychanalyse par l'observateur lui-même (*x* est un névrosé obsessionnel caractéristique ; *y*, un psychotique, etc.). Mais plus incompréhensibles encore paraissent les énoncés sur le fonctionnement d'objets de science qui sont de purs modèles : « l'inconscient est une structure » ou l'inverse « l'inconscient est absence de structure », ou bien « l'incorporation précède le stade du miroir », formule d'ailleurs immédiatement contredite par un autre gourou détenant je ne sais quelle science infuse. Jusqu'à ce qu'un Christophe Colomb vienne un jour y déposer son œuf. Il me semble que la psychopathologie est le type même de discipline qui ne peut décrire que des interactions entre un dispositif technique – minutieusement décrit – et un objet hypothétique, découlant de la modélisation. C'est pourquoi, j'ai appris à me méfier comme de la peste de toutes ces phrases qui contiennent le verbe être, « L'inconscient est ainsi, le complexe d'Œdipe *est* cela ». Et l'œuf alors, ai-je envie de m'écrier, qu'est-ce que l'œuf ? Eh bien ! C'est justement d'œuf que je souhaite parler maintenant !

L'œuf et le sale

Une longue et intensive pratique de l'ethnopsychiatrie clinique, c'est-à-dire d'investigation active de procédures psychothérapiques spécifiques destinées à des patients originaires de cultures non occidentales, m'a montré combien nos conceptions théoriques, que nous devrions au mieux considérer comme des modèles provisoires, la plupart du temps comme de simples fictions métaphoriques, sont à la fois indispensables en tant qu'outils nous permettant de penser l'autre, et peu valides quand il s'agit de rendre compte de la prétendue nature de l'objet observé, la psyché de notre patient. Pour illustrer la façon dont on pourrait tout de même penser l'interaction thérapeutique, je vais d'abord exposer une séquence clinique que je considère exemplaire, puis je la discuterai.

Première séance : les battements désordonnés d'un cœur nu. Iphigénie est une jeune femme d'origine kabyle âgée de trente-deux ans. Selon les canons kabyles, c'est une très belle femme : le teint blanc, le nez long et fin, les cheveux et les yeux noirs. Sa façon de se vêtir dénote un souci d'occidentalisation un peu malhabile. Elle se présente à la consultation d'ethnopsychiatrie accompagnée de son plus jeune fils, âgé de trois mois, et d'Aïcha, sa fille de quatre ans. Ses yeux écarquillés errant en tous sens, l'agitation perpétuelle de ses mains et de ses jambes, l'interminable crescendo de l'excitation verbale qu'elle manifeste sans attendre, m'évoquent un arbre dont les branches seraient agitées au gré du vent par une nuit de tempête. Rien ni personne ne semble pouvoir apaiser le désordre de ces éléments déchaînés.

Voilà plusieurs années que Iphigénie inquiète les services médico-sociaux. Or, depuis la naissance de Mohand, son dernier enfant, ses propos délirants deviennent insupportables et ses passages à l'acte de plus en plus fréquents. Elle a chassé son mari du lit conjugal, l'a remplacé par Abdelkrim, son fils aîné, âgé de onze ans, qui lui sert maintenant d'objet contra-phobique, espionne ses voisines qu'elle soupçonne de vouloir la tuer par sorcellerie, fugue avec Mohand dans les bras et s'en va passer des nuits derrière un arbre, dans le verger qui entoure l'université de banlieue proche de son domicile. Elle nous parle en kabyle [1]. Elle incrimine très explicitement sa belle-sœur, la femme du frère de son mari, arrivée en France il y a quatre ans. Cette femme lui aurait fait de la sorcellerie ou plus exactement un *s'hur.* Elle veut détourner à son profit l'argent du ménage. Depuis qu'elle est en France, le mari s'intéresserait plus à sa famille d'origine – à sa lignée – qu'à sa femme et à ses enfants. Mais cela ne va pas se passer comme ça ! Elle va se venger. Apprendre elle-même la sorcellerie, ou bien demander à quelqu'un.

Tout en nous expliquant ses inquiétudes, Iphigénie secoue son fils en position instable entre ses bras. Périodiquement, il rejette une goulée de lait. Elle lui essuie alors vigoureusement la bouche avec son mouchoir et se plaint qu'il vomit beaucoup. Elle commente : « Mohand, il sait tout, c'est pour cela qu'il n'est pas bien ! » En effet, le front du nourrisson est lacéré d'égratignures témoignant de son agitation perpétuelle. Lui non plus ne parvient pas à s'apaiser. « Il est effrayé » (*khal'a*), ajoute Iphigénie, « et sursaute sans raison », nous indiquant par là que, tout comme

1. Les consultations se déroulent naturellement dans la langue du patient et sont traduites au fur et à mesure de leur déroulement, devant lui. Nous avons constaté que pour ces patients, le processus de traduction comporte indubitablement un effet psychothérapique spécifique (H. Salmi et C. Mannoni-Parisi, « Métissage des langues, métissage des cultures, métissage des cadres thérapeutiques », *Psychologie française*, XXXVI, 4, 1991, p. 351-361).

elle, le petit Mohand ne parvient pas à se constituer une enveloppe protectrice. Nous lui demandons : – « La sorcière vient-elle dans vos rêves ? » – « Bien sûr, jamais elle ne quitte mon esprit, le jour comme la nuit. Dans mes rêves, elle me frappe. Je suis poursuivie par de grands serpents : ma belle-sœur, mon mari, mon beau-frère. »

Iphigénie a été mariée à l'âge de treize ans. Elle est restée six ans sans avoir d'enfant. Lorsqu'elle s'est trouvée enccinte, sa belle-mère est morte et son mari est parti en France. Très vite, elle ne peut plus parler de sa propre histoire et revient à sa belle-sœur. La semaine dernière, elle a tout cassé chez elle. Son mari l'a conduite à « l'hôpital des fous ». Sa belle-sœur l'a « arrosée avec le sang des morts [2] », elle a mis quelque chose dans le café du mari pour qu'il ne pense qu'à elle. D'ailleurs, Iphigénie a consulté un cheikh qui lui a confirmé que tout le mal provenait de cette belle-sœur. Le groupe thérapeutique pense qu'il s'agit d'une psychose puerpérale ancienne réactivée par la nouvelle naissance. Nous nous interrogeons sur la manière d'engager un travail d'élaboration avec cette femme.

Je lui propose alors un rendez-vous pour la semaine suivante. Mais j'ajoute aussitôt qu'il lui faudra, lors de sa prochaine visite, me rapporter un œuf ayant passé la nuit sous sa tête. D'abord, elle ne marque aucun étonnement et nous signale même qu'en Kabylie elle a eu plusieurs fois l'expérience de l'utilisation magique des œufs par des voyantes, sans succès d'ailleurs [3]. Puis, elle nous dit que malgré les deux heures qu'elle vient de

2. Expression kabyle servant aussi à désigner l'attaque de sorcellerie.

3. En Kabylie, l'œuf peut être utilisé comme objet de voyance, la guérisseuse demandant, comme nous le faisons ici, qu'il ait passé la nuit sous la tête de la patiente. Mais il peut glisser du statut d'objet de voyance à celui de matérialisation de l'attaque sorcière. Dans ce cas, la guérisseuse le fait exploser au feu et fait

passer avec nous [4], elle a l'impression qu'elle aurait pu parler une journée entière. Sa douleur est intarissable. Doucement, Aïcha, la petite fille de quatre ans, s'approche de sa mère envoûtée. Elle semble effrayée, bien sûr, mais il est clair aussi qu'elle souhaite la protéger.

Quelques explications s'imposent avant de poursuivre. Nous aurions pu penser qu'il s'agissait d'un état psychotique en train d'évoluer vers une psychose hallucinatoire chronique. Si nous avions abouti à une telle conclusion, nous nous serions séparés d'Iphigénie avant même de l'avoir rencontrée. Mais tel ne fut pas son destin, car le sort, ou plus exactement le *s'hur*, cet objet de destruction qu'elle évoque à plusieurs reprises, nous intéressait en lui-même.

Qu'est-ce qu'un *s'hur* ? Un *s'hur* désigne à la fois l'attaque sorcière – c'est-à-dire un concept – et un objet qui, en raison de ses caractéristiques propres, contient des principes de destruction que le sorcier va utiliser contre sa victime. L'attaque sorcière est caractérisée par plusieurs notions.

D'abord, il s'agit éminemment d'une effraction. Posséder un espace clos, corps ou maison, c'est avant tout avoir des limites propres, nettes. Un bon musulman, qui lave à grande eau ses orifices en les débarrassant de toute mucosité, se protège contre la pénétration sorcière. En revanche, les limites floues, humides, incertaines, constituent la marque sensible de l'effraction. Lorsque Iphigénie évoque son impossibilité à percevoir son foyer comme

---

apparaître des fragments de cheveux ou de vêtements que la sorcière aurait subtilisés à la patiente. Quelquefois les voyantes cassent l'œuf et le vident dans un verre d'eau. Elles interprètent alors les limites dessinées entre le blanc et le jaune. Voilà un type de Rorschach mobilisant davantage la créativité du clinicien.

4. Une séance d'ethnopsychanalyse dure rarement moins de deux heures, souvent davantage car elle ne se termine que lorsqu'on est parvenu à une proposition thérapeutique acceptable.

clos, lorsqu'elle décrit les *fuites* d'argent ou de libido hors des limites du foyer, elle énonce la même vérité que lorsqu'elle se plaint des *renvois* de Mohand ou lorsqu'elle nous présente ce corps gesticulant et cette excitation intarissable : elle montre et démontre l'absence de clôture de l'enveloppe [5]. Naturellement, dans sa technique, le guérisseur, s'il est consulté, recourt à des procédés qui obéissent à la même logique. Il utilise aussi des objets (amulettes, écritures) et des démonstrations, il exhibera par exemple le *s'hur* lui-même ou la partie de la personne sur laquelle a porté le sort.

Le *s'hur* est ensuite à la fois un objet-désordre connotant, par sa désorganisation interne, la notion d'effraction [6] et, marqué d'une valence négative, un anti-objet, un objet inversé (qui, par contagion, déclenche des inversions corporelles : tête chaude, pieds froids ; tremblements, hémiplégies, etc.), une sorte d'antimatière. C'est pourquoi l'objet-sort est souvent objet-désordre, mélange hétéroclite de substances appartenant à des mondes disparates, os d'oiseaux morts, peaux de batraciens, foie pourri de poulet, plante amère, cristal de quartz, le tout par exemple réuni dans la couche souillée d'un bébé ou dans le linge maculé du sang menstruel.

Sachant tout cela, nous sommes obligés de convenir que Iphigénie nous présente une souffrance caractéristique de l'étiologie sorcière, à moins qu'elle n'utilise l'étiologie

---

5. C'est pourquoi le linge, celui qui touche le corps et lui est comme une seconde peau, lorsqu'il est soigneusement découpé à la lame de rasoir, constitue un puissant vecteur d'effraction sorcière, tout comme les substances limites, floues, ambiguës, intermédiaires, entre matière et humeur (transpiration, morve, excréments), entre peau et os (cheveux, ongles). Sur la notion d'« enveloppe psychique », *cf.* D. Anzieu, *Le Moi-Peau*, Paris, Dunod, 1985, et *Les Enveloppes psychiques*, Paris, Dunod, 1987.

6. À l'île de La Réunion, comme nous l'avons vu plus haut, ces objets s'appellent « saletés ». Sur le rapport entre les notions de souillure et de désordre, *cf.* M. Douglas, *De la souillure. Essai sur les notions de pollution et de tabou*, 1967, Paris, Maspéro, 1981.

traditionnelle, comme on l'a vu, nantie d'une puissante et harmonieuse logique, pour tenter d'organiser la destructuration de son monde intérieur. Cette étiologie est un outil d'une remarquable efficacité quoique son fonctionnement diffère notablement de nos propres outils psychothérapiques. Car si la psychanalyse et les psychothérapies d'inspiration psychanalytique travaillent essentiellement à partir des contenus, et surtout des contenus verbaux, les thérapies traditionnelles, au contraire, s'emploient à modifier brutalement les *contenants* à l'aide de procédures qui, dans ce cas, privilégient les objets, les formes et les rythmes au détriment du discours. En agissant ainsi, ces techniques thérapeutiques ne permettent certes pas d'accompagner le malade dans ses élaborations internes, mais en lui imposant de nouveaux contenants formels, déclenchent un processus associatif qui se révèle ensuite thérapeutique. La progression de la prise en charge d'Iphigénie va nous en fournir un exemple éclairant.

Seconde séance : tissu de théorie, texture de pensée. À la seconde séance, Iphigénie vient avec son mari et Mohand, le bébé. La cothérapeute kabyle nous informe d'abord que la patiente s'est présentée seule à la Protection maternelle et infantile (PMI) le lendemain de la première consultation croyant y retrouver le groupe thérapeutique. Le pédiatre l'a reçue. En pleurs, terrorisée, elle ne voulait pas rentrer chez elle.

Le mari nous déclare qu'en effet, il s'est un peu trop occupé de son frère et de la famille de son frère mais que, depuis les plaintes de sa femme, il a cessé de le faire. Pourtant, la situation a empiré. Pendant qu'il parle, son épouse proteste, s'énerve. Nous leur disons que nous pensons qu'il s'agit d'une très vieille tristesse et que nous pourrions l'évoquer ensemble. Ils se mettent alors à raconter la naissance de Fatiha, la fille aînée, il y a treize ans. Lorsque Iphigénie était enceinte, sa belle-mère, qui se prénommait aussi Fatiha, est morte. C'est précisément pour cette raison qu'on a donné ce prénom à la fille. Au septième mois de grossesse, le mari et le beau-père d'Iphigénie sont partis travailler en France. Iphigénie voulait aller accoucher chez ses parents, mais la sœur de son mari disait « Nous avons si longtemps attendu cet enfant, je veux qu'il naisse chez nous ». Iphigénie est tout de même partie chez ses parents vingt jours après l'accouchement. Déjà, elle pensait que la famille de son mari ne voulait pas d'elle. Elle n'avait pas de lait pour l'enfant, se sentait retournée, « mangée par les paroles de ces gens-là [7] ». Et, sans transition, elle nous raconte un rêve.

Iphigénie : – « Le soir même de notre dernière entrevue, je ne parvenais pas à dormir. Je suis allée dans la salle à manger : je tournais en rond. Je me suis finalement allongée sur trois chaises et me suis assoupie. C'est alors que j'ai rêvé. Dans mon rêve, un homme me pourchassait avec un bâton en me disant qu'il allait me tuer. J'étais dans la maison de Kabylie où je me suis mariée et tenais mes deux filles dans mes bras. » Suit une seconde séquence du même rêve. – « Une femme m'a pris la main et m'a dit – “ Prends ce qu'il y a là ! ” et elle me mettait la main sur une porte en insistant. Je me suis alors réveillée, constatant que ma main était posée sur la chaise du milieu. Il était alors trois heures du matin. J'ai réveillé mon mari en lui disant – “ Il y a quelque chose sous la porte ! ” Nous avons dévissé ensemble la plaque d'aluminium qui fait office de coupe-vent et là, nous avons trouvé un *herz* [8]. Dans un sachet de nylon, il y avait une

7. Autre expression kabyle désignant l'attaque sorcière par de mauvaises paroles, des malédictions *stricto sensu*.
8. Terme général pour désigner un talisman.

écriture arabe. Nous l'avons porté à une femme qui connaît ces choses ; elle nous a demandé 1 200 F. pour le lire puis, elle s'est écriée : *S'hur* ! *S'hur* ! » Et le mari de poursuivre : – « 1 200 F., c'est des gourmands, ces gens-là ! Elle a demandé que le *herz* soit jeté dans l'égout. Ce qui fut fait. Nous, les Arabes, on a ça à l'intérieur de nos entrailles. N'importe quel Arabe aurait dit la même chose ! », conclut-il.

Nous remarquons que le talisman a été trouvé sur le seuil de la porte, tout comme les problèmes ont commencé lorsque Fatiha, la première enfant d'Iphigénie, était pour ainsi dire sur le seuil de sa mère. De plus, ce talisman a tout mis en désordre. Iphigénie accepte volontiers notre remarque et se souvient d'un autre talisman qu'elle a trouvé à la naissance d'Abdelkrim, le second de ses enfants :

Iphigénie : – « Un jour, j'ai vu des rats sous le toit qui tiraient quelque chose qui ressemblait à l'un de mes foulards. Finalement, j'ai récupéré cette chose. Dans une pièce de tissu qui m'appartenait, il y avait des morceaux de chaussettes de mon mari découpées à la lame de rasoir, des crottes de mulet, une pierre au goût amer *(Sbar* ?), une plante amère qui pousse le long des rivières (*Ilili*). Sur les feuilles de la plante, il y avait des inscriptions en arabe. »

Iphigénie est allée montrer ce premier talisman à une voyante (Derwicha) – le mari interrompt : – « Une voleuse ! » – qui lui a dit que les inscriptions avaient été tracées avec du sang des morts.

Nous proposons maintenant notre interprétation : – « Tout a commencé à la naissance de Fatiha, un mélange des morts et des vivants. Il faut séparer les vivants des morts ! » Et le mari ajoute : – « Et les étrangers de ceux de la maison ! »

Alors Iphigénie se lève pour nous mimer son rêve afin que nous en saisissions parfaitement le sens. Elle dépose son sac à main sur les genoux de la cothérapeute kabyle. Lorsqu'elle vient s'asseoir, elle se rappelle soudain la présence de l'œuf, l'extrait de son sac à main et me le tend. Nous lui demandons si elle se sent mieux depuis qu'elle a trouvé le *herz*. Elle nous répond qu'elle peut maintenant dormir à nouveau.

Je ferai quelques remarques de commentaire. La première, c'est qu'il est indubitable que notre proposition thérapeutique consistant à demander à Iphigénie de nous apporter un œuf a déclenché une série d'événements. Lors de notre première rencontre, nous l'avions d'abord écoutée puis, ayant constaté l'impossibilité d'apaiser l'excitation, avions conclu à la nécessité de constituer un contenant susceptible d'accueillir des contenus de pensée en vrac. C'est alors que nous avons demandé l'œuf. Mais un œuf n'est ni une parole ni une pensée. Il s'agit d'une chose.

La seconde, c'est que le soir même, elle fait un rêve accompagné de sensations tactiles hallucinatoires très intenses qui la conduisent à réveiller son mari et à explorer le seuil de la porte d'entrée. Enfin, elle trouve une seconde chose, le *herz* (talisman). Notre demande d'une chose réelle a donc fait apparaître une autre chose réelle.

Mais, et c'est une autre remarque, le fait de trouver ce nouvel objet déclenche l'évocation d'un souvenir lié à un troisième objet de même nature. En effet, ce *herz* lui en rappelle un premier, trouvé en Kabylie et possédant toutes les caractéristiques de l'objet-sort telles qu'elles ont été énumérées plus haut : un mélange de matières hétéroclites, chacune marquée d'une valence négative (les chaussettes sont découpées, les matières animales sont des excréments, la pierre est amère, tout comme la plante) ; le tout est réuni dans une même enveloppe (une coquille) constituant ainsi un ensemble qui possède la faculté de déclencher le désordre. Cet objet constitue ce qu'on pourrait paradoxalement appeler un organisateur de désordre. De plus, sa configuration générale – une enveloppe, un contenu – évoque celle d'un œuf, mais inversé, car les œufs sont en général bien ovales et en ordre (le blanc y est bien séparé du jaune).

Dans le récit de cette séance, nous percevons l'articulation de différents registres de la réalité : réalité psychique contenue dans notre hypothèse de psychose puerpérale enkystée ; réalité délirante d'Iphigénie (« ma belle-sœur m'a empoisonnée ») ; puis proposition d'un objet réel, mi-objet de voyance, mi-objet contre-sort. C'est alors qu'intervient une série de phénomènes réels qui vont réorganiser la patiente : réalité hallucinatoire du rêve (la main sur la porte/sur la chaise), réalité du *s'hur* effectivement trouvé sur le seuil et confirmé par le mari, réalité de l'œuf enfin, effectivement sorti du sac durant l'entretien après l'évocation du rêve. L'articulation en mailles de ces différents registres de réalité constitue une texture qui va contenir les associations d'idées de notre patiente parcourant ses moments dépressifs depuis son mariage à l'âge de treize ans jusqu'au dernier accouchement, celui de Mohand, il y a trois mois.

Il faut encore vigoureusement souligner que les pensées délirantes persécutives n'ont pas du tout été interprétées. J'ajouterai que si nous avions pensé la pathologie d'Iphigénie en termes de délire, même si nous avions proposé l'œuf, nos paroles seraient restées sans conséquence. En effet, le symptôme présenté était une sorte d'appel à un contenant. Toute interprétation de contenu, en rendant encore plus manifeste l'absence de contenant, aurait inéluctablement conduit à un plus grand désordre. C'est le caractère culturellement codé et parfaitement homogène du discours délirant qui a attiré notre attention sur la demande pathétique d'un cadre où développer un processus élaboratif.

Enfin, nous percevons parfaitement dans le déroulement de ces séances deux ordres de phénomènes inconscients, les uns, processuels, sont bien connus. De nature affective, ils ne nous permettent cependant aucune prise, aucun levier d'influence, puisque le sujet ne dispose pas du minimum d'espace partagé avec nous où dérouler son processus élaboratif. Les autres, de nature purement logique, désignent une absence de forme qu'ils semblent appeler avec insistance. C'est le cas de la logique du *s'hur* explicitement présentée par Iphigénie. Bref, la patiente avait raison d'exiger une interprétation de type attaque de sorcellerie.

La transmission des contenants formels

Quoique les prémisses en aient été posées il y a longtemps déjà [9], les psychanalystes commencent à envisager sérieusement depuis deux décennies la problématique des contenants [10]. Cette problématique est développée dans

9. Certainement c'est une idée semblable qu'avait Freud lorsqu'il évoquait dans *L'interprétation des rêves* le « processus fonctionnel » de Silberer, c'est-à-dire une représentation dans le rêve de l'espace même de ce rêve.

10. D'abord au sujet de certains vécus de l'espace durant les séances ou à certains moments limites tels que l'endormissement ou encore à des moments d'angoisse intense, puis à propos du cadre psychanalytique et de sa construction. Dans un ordre à peu près chronologique, nous pouvons évoquer O. Isakover, Contribution à la psychopathologie des phénomènes associés à l'endormissement, 1938, *Nouvelle Revue de psychanalyse*, 5, 1972, 197-209 ; B. D. Lewin, « Le sommeil, la bouche et l'écran du rêve », 1949, *ibid.*, 214-223 ; P. Federn, *La Psychologie du Moi et les psychoses* (1952), Paris, 1979, PUF ; W. R. Bion, *Recherches sur les petits groupes* (1961), Paris, PUF, 1965 ; J. Bleger, Psychanalyse du cadre psychanalytique, 1966, *in* R. Kaës (ed.), *Crise, rupture et dépassement*, Paris, Dunod, 1979 ; D. Anzieu, *Le Moi-Peau*, Paris, Dunod. 1985 ; sans oublier les nombreuses considérations sur le *setting* psychanalytique et sur l'espace qui parcourent l'œuvre de Winnicott et de Masud Khan.

un article récent d'Anzieu [11]. Il part de la constatation que certains patients, soit du fait d'une pathologie limite, soit à certains moments particulièrement intenses de leur psychanalyse, nous font part de certaines images « obsédantes [12] » accompagnées de sensations (et quelquefois de formulations étranges telles que le *« Pôor (d) j'e – li »* du patient de Serge Leclaire [13]) que nous avons bien du mal à intégrer à nos habituelles représentations de l'appareil psychique. La définition de ce type de communication paraît très problématique si nous nous contentons des constructions théoriques dont nous disposons. D. Anzieu propose d'appeler ces images « signifiants formels ». Je ne suis pas d'accord avec le terme de « signifiant » sur lequel lui-même est d'ailleurs assez hésitant car, d'une part, ces formes, radicalement étrangères à l'univers linguistique, concernent la perception de l'espace, des sensations corporelles, des rythmes et des objets, et d'autre part, elles peuvent dans certains cas, quoique avec beaucoup d'efforts, être transmises par le langage comme, d'ailleurs, Anzieu en donne plusieurs exemples. Notre expérience ethnopsychiatrique nous conduits à contribuer à l'élucidation et au développement de ces notions puisque nous envisageons nos psychothérapies à la charnière des contenants et des contenus.

En effet, en travaillant avec des patients organisés selon d'autres logiques culturelles que la nôtre, nous sommes contraints de modifier constamment le cadre à partir duquel nous envisageons leur problématique. Par exemple, pour le cas d'Iphigénie, nous passons alternativement de

11. D. Anzieu, « Les signifiants formels et le Moi-Peau », in *Les Enveloppes psychiques*, Paris, Dunod, 1987.
12. Je reprends ici la formulation de Freud dans « Parallèles mythologiques à une représentation obsessionnelle plastique », 1916, qui, déjà, avait bien remarqué que les *images* obsédantes étaient d'une tout autre nature que les mots obsédants.
13. S. Leclaire, *Psychanalyser*, Paris, Le Seuil, 1968.

la théorie étiologique sorcière (logique du *s'hur*, de son attaque, de sa construction) à notre propre théorie psychodynamique (logique de la dépression et fonctionnement de la psychose puerpérale). De plus, un grand nombre des formes décrites par Anzieu évoquent incontestablement les mécanismes de la magie, tels que nous les observons en clinique ethnopsychiatrique. Parmi ces images qui, rappelons-le, sont évoquées par le patient sous la forme d'une phrase intransitive, nous pouvons énumérer, presque au hasard : « un axe vertical s'inverse », « un appui s'effondre » (dans le monde de la magie, c'est évidemment la représentation de la chute et toute l'importance de cette notion dans l'attaque par les esprits [14]) ; « un corps solide est traversé » (là, c'est le « maraboutage », sorte de bricolage sorcier qu'on retrouve par exemple dans les étiologies africaines d'attaques à distance à l'aide d'aiguilles enfoncées dans le foie) ; « un objet disparaît et reparaît » (se retrouve dans les techniques de voyance ou de maniement des sorts) ; « un gant se retourne » (formule qui pourrait presque résumer à elle seule toute la logique d'inversion à l'œuvre dans les rituels de possession [15]) ; « mon double me quitte ou me contrôle » (se retrouve dans l'utilisation des figurines magiques) ; « mon ombre m'accompagne » (multiples théories de l'ombre et du double dans les étiologies traditionnelles) ; « un objet qui s'approche me persécute » (correspond aux représentations classiques de l'attaque par un sorcier cannibale), etc. [16].

14. Les patients africains ne parlent d'ailleurs jamais de « possession » mais de « chutes » et de « danses ».

15. Sur le rapport entre la possession et l'inversion, *cf.* A. Zempleni, « La maladie et ses causes », in *Causes, origines et agents de la maladie chez les peuples sans écriture*, *L'Ethnographie*, LXXXI, 2-3, 1984, qui utilise d'ailleurs la même métaphore du gant retourné.

16. Ces différentes formes sont empruntées à Anzieu (*op. cit.* note 11, p. 16), dans la formulation même de l'auteur.

Un dernier argument qui me conduit à refuser le terme « signifiant » et l'assimilation de ces formes à l'univers linguistique, est que si nous cherchons à être précis, il ne s'agit pas de formes, mais de logiques de transformation des formes. Le sourire en est l'exemple le plus simple. Le déclencheur « sourire » n'est pas constitué de la forme « bouche échancrée » mais de la logique de transformation : « Une surface peut se transformer en cavité », « Des lèvres peuvent se transformer en bouche ouverte laissant apercevoir des dents ». C'est ce type de logique de transformation qui se retrouve dans les contenants formels proprement dits.

Pour reprendre cette notion de manière plus systématique, et à partir des observations cliniques fournies par la recherche clinique en ethnopsychiatrie, nous devons préférer le terme « contenant formel » à celui de « signifiant formel ».

Les caractéristiques des contenants formels peuvent être définies comme suit. D'abord, les contenants formels ressemblent davantage à des objets, des rythmes, des images qu'à des mots. Ensuite, ils constituent des contenants, c'est-à-dire qu'ils ne sont pas combinables, mais autorisent les combinaisons de phonèmes ou d'éléments plus complexes. Si l'on veut à tout prix les introduire dans l'univers linguistique, ces contenants se rapprocheraient davantage de lexiques ou de paradigmes que de « signifiants ». Ils sont encore perçus comme des modifications de la structure corporelle et sont donc essentiellement véhiculés par des mouvements corporels la plupart du temps imperceptibles à l'œil nu (rythmes, positions du corps, tics, mimiques, etc.). Exceptionnellement, dans des situations limites, ils peuvent être véhiculés par le langage mais de manière imprécise et toujours insatisfaisante. En outre, ces contenants formels constituent probablement la matière des premiers échanges entre la mère et le bébé. Par ailleurs, ils ne possèdent en eux-mêmes aucun sens mais sont à l'origine de la construction du sens. Des observations qui précèdent, nous pouvons même construire une conception de la genèse de la signification comme découlant d'une articulation entre un contenant formel et un couple (au moins) d'interlocuteurs qui habitent pour ainsi dire le même contenant formel. C'est à partir de la séance inaugurale de l'œuf que nous avons pu commencer à construire le sens de l'histoire d'Iphigénie ; à condition toutefois de ne jamais revenir sur les inductions ayant eu lieu lors de la première séance. C'est pourquoi, il est légitime de comparer cette première séance à une naissance ou à une initiation.

Au sujet de ce qu'il appelle « signifiants formels », G. Rosolato les décrit comme étant à l'origine de processus d'« identifications archaïques » : « Il y a donc bien là un terrain d'*identification* réciproque, proprement somatique et tactile [17]. » Plutôt que de parler d'identification, il serait plus pertinent de parler de *mimétisme* ou mieux encore, de *transmissions logiques*. Car comment comprendre sans ces précisions le fait que si l'on cligne les yeux devant un chat, il se met à son tour à cligner des yeux ? Doit-on parler d'identification entre un humain et un chat ? La notion psychanalytique n'aurait alors, à mon avis, plus de sens.

Cette transmission, assez complexe, se manifeste selon plusieurs configurations. Revenons un instant à l'exemple clinique précédent. La mère transmet corporellement à l'enfant une forme que l'on pourrait exprimer ainsi : une structure a perdu son enveloppe. Nous pouvons constater

---

17. G. Rosolato, *Éléments de l'interprétation*, Paris, Gallimard, 1985, p. 69 (c'est moi qui souligne).

cette notion dans le film vidéo de la séance, tant par l'agitation psychomotrice d'Iphigénie que par l'impossibilité où se trouve Mohand de rencontrer un appui stable contre le corps de sa mère. Mohand y réagit de manière mimétique et développe une excitation tout aussi frénétique que celle de sa mère. Certains bébés, au contraire, se figent dans une attitude inaffective (poupée de celluloïd). C'est comme si le corps de l'enfant avait répondu par une attitude qu'on pourrait caractériser comme une enveloppe vide, forme que la mère perçoit à son tour.

À la transmission d'un contenant formel, le récepteur peut répondre de plusieurs façons : de manière mimétique (le corps de l'enfant répète la forme transmise par le corps de la mère) ; de manière symétrique (le corps de l'enfant inverse l'induction formelle de la mère) ; de manière complémentaire (le corps de l'enfant vient combler le vide logique de la forme transmise par la mère) ; de manière analogique (le corps de l'enfant opère une comparaison entre la forme induite par le corps de la mère et une autre structure corporelle).

Enfin, ces contenants formels sont strictement logiques et non affectifs. Il est alors inutile de penser que la mère transmet un affect. Elle transmet un contenant qui aura pour fonction d'informer l'affect de l'enfant. Nous considérerons donc que la première communication mère-bébé est logique avant que d'être affective.

Dans notre pratique ethnopsychiatrique, nous avons été sensibilisés à cette notion de transmission des contenants formels par le fait que les thérapies traditionnelles usent abondamment de ce procédé, comme pour mimer la constitution du lien primaire avec l'objet, lien que nous venons de décrire. À cette fin, ces thérapies font appel à des procédures techniques que nous avons le plus grand mal à inscrire dans notre logique linguistique (danses, rythmes, objets divers – talismans, fétiches, supports de voyance –, sacrifices animaux). Toute tentative d'interpréter symboliquement ces procédures techniques démontre notre totale incompréhension des logiques thérapeutiques mises en œuvre. En effet, ces actes, ces objets, ces danses, ces animaux sacrifiés ont pour fonction de faire naître le symbole, ils ne sont pas générés par le fonctionnement symbolique.

Nous avons pu retrouver dans les thérapies traditionnelles quelques contenants formels également identifiables dans les interactions mère-bébé, par exemple l'inversion (dedans-dehors – écorce et noyau), l'ouverture/fermeture (le rire et l'angoisse), la perte des limites (je grossis à l'infini/je rapetisse jusqu'à devenir un point dans l'espace).

Il est bien évident que lorsque nous recevons un patient dont la pathologie est organisée par une telle demande de contenant formel, et que nous y répondons par l'écoute, notamment duelle, en attendant que se constitue un sens, nous nous installons au mieux dans un malentendu, au pire dans une interaction sado-masochiste se terminant souvent dans des passages à l'acte de part et d'autre. Car s'il est vrai que l'écoute peut être libre, flottante, analytique, c'est avant tout parce qu'elle est précédée par une série d'inductions formelles qui lui organisent un champ où se développer, tout comme les inductions formelles de la mère constituent un lit aux affects naissants de l'enfant. L'ethnopsychiatrie clinique nous indique combien ces inductions formelles inaugurales – par exemple, en psychanalyse, la prescription divan-fauteuil et l'énoncé de la règle fondamentale – sont étroitement imbriquées à la logique présentée par la pathologie du patient. Lorsqu'un patient me présente une névrose et que j'y réponds par l'induction formelle divan-fauteuil, je procède à une opération logique qui n'est pas de nature différente de celle du guérisseur qui, en réponse à la demande de son patient, lui offre un talisman constitué d'éléments hétérogènes et bénéfiques. Ce ne sont pas les contenus qui sont comparables, mais la prescription d'un contenant de même nature logique que la pathologie supposée, ou plus exactement qui va informer la logique de la pathologie du patient.

Pour l'exploration de nos propres inductions formelles, l'ethnopsychiatrie clinique nous fournit un champ de recherches irremplaçable car elle contraint le clinicien à imaginer des dispositifs techniques sans lesquels la relation psychothérapique est tout simplement impossible. C'est la première fois que la recherche en psychopathologie peut porter concrètement tant sur les contenants que sur les contenus psychiques.

Cependant un tel dispositif implique un changement radical de position épistémologique. Je n'observe plus, comme les anthropologues, les techniques thérapeutiques, je les manie, ou plus exactement j'en manipule certains éléments préalablement isolés afin de mettre en valeur leurs performances techniques. Je n'écoute plus, comme on me l'apprit naguère, un sujet *x* mais l'interaction entre les productions psychiques de *x* et mes propositions formelles. Je ne propose pas des interprétations valables *a priori* dans l'espace intersidéral du vrai, mais des propositions thérapeutiques longuement réfléchies, souvent à mi-distance des logiques culturelles de mon patient et des miennes.

Certes, pour opérer selon une telle logique, il est nécessaire de se doter de garde-fous. L'espace thérapeutique que nous avons mis au point est d'une complexité exaspérante. Mais son objectif est simple à formuler : il s'agit d'accueillir dans le même lieu les mondes à médiatiser et les médiateurs possibles de ces mondes. Nous travaillons par conséquent en groupe, pluri-ethnique et pluri-linguistique, ce groupe devant parvenir à manier tant la technique psychanalytique classique que le fonctionnement des langues, des logiques et des objets culturels des patients qu'on prétend prendre en charge.

La description d'un tel fonctionnement thérapeutique nécessite évidemment un long développement mais, tout comme l'œuf d'Iphigénie, ces premières remarques ont seulement pour but de déclencher le processus et non de parcourir la série de ses effets. Libre au lecteur de découvrir ensuite dans la charpente de son grenier ou dans quelque méandre de souvenir le vide de sens laissé un jour par un objet sans nom. Il se verra alors engagé, presque à son insu, dans l'aventureuse exploration du monde des choses dans un univers de mots.

Le sacrifice d'Iphigénie

Iphigénie, née entre deux séries de frères et de sœurs décédés, n'avait survécu que parce que sa mère avait accepté, sans doute pour dégoûter les esprits, de se nourrir durant une semaine dans l'écuelle des chiens. Iphigénie avait été offerte en mariage à l'âge de treize ans. Animal farouche, son mari mit quatre années avant de pouvoir l'approcher. Ensuite, on lui imposa l'émigration et l'adaptation simultanée à sa vie de femme et à la culture française. C'en était trop ! Le fin cristal s'est brisé et, par la brèche, c'est toute la Kabylie qui s'est engouffrée. Lorsqu'on voulut la soigner à l'occidentale, chaque acte thérapeutique (prescription de psychotropes, hospitalisation, proposition de psychothérapie) déclenchait une aggravation alarmante des symptômes. Nous l'avons reçue une fois par quinzaine durant deux années. Quelquefois, son mari l'accompagnait. Durant un mois d'été, ce fut sa mère, descendue des montagnes de Kabylie, en visite chez elle, qui assista aux séances. Son traitement se révéla un succès total. Au fur et à mesure, elle apprit le français alors qu'au début du traitement elle n'en parlait pas un mot après dix ans de séjour, et obtint un travail dans le domaine social où elle donna entière satisfaction. Après la fin du traitement, elle continua à fréquenter la PMI pour les soins de Mohand. S'il lui arrivait de demander des nouvelles du groupe thérapeutique, elle semblait garder une phobie de la salle de consultation, comme si la puissance du traitement s'était imprégnée dans l'espace.

Mais la plus grande leçon que j'ai tirée du travail entrepris avec Iphigénie a été le mode de vie de l'œuf. Car naturellement, l'œuf a poursuivi son existence après la séance. Qu'en faire ? Une omelette ? C'eût été faire bien peu de cas de l'investissement tant de la patiente que du groupe thérapeutique. Le jeter dans un égout ? Et si le sort qu'il contenait n'avait pas été déjoué ? Le soumettre à une procédure magique, l'exploser, le bénir, le mélanger à d'autres substances, le purifier, l'encenser ? Mais laquelle ? Comment choisir ? Et comment faire pour échapper à la condescendance et au sarcasme ? Restait la solution de le perdre par inadvertance.

Chapitre 4

De sable, de plomb et de cola

« Il m'est en effet arrivé, sans modifier leur personnalité, de sortir d'affaire des gens auxquels ne me liait aucune communauté de race, d'éducation, de position sociale ni de vues générales. »

S. FREUD *

Si je laissais errer ma plume, combien de récits dramatiques, d'intenses romans de l'existence ordinaire, chercheraient à venir s'articuler sur la feuille, comme ils le firent jadis aux décours de ma cure. Je sais ma perplexité devant l'étonnante vérité des petites nouvelles, de ces faits divers surgissant soudain du passé. J'ai connu l'insolite sentiment de nommer pour la première fois des impressions qui m'accompagnent pourtant depuis toujours dans mes rêves et, sans doute, dans chacun de mes gestes quotidiens. J'aime la psychanalyse. Je suis chaque jour ému de l'anxiété suscitée par sa pratique professionnelle. J'aime ce jeu paradoxal avec le futile, le contingent, le détail infime qui,

* « Les voies nouvelles de la thérapeutique psychanalytique » (1919), in *La Technique psychanalytique*, Paris, PUF, 1970, p. 138.

si l'on s'y astreint avec patience, avec méthode, dans le demi-éveil d'une conscience de l'entre-deux, laisse soudain apparaître au détour de la langue, comme le *djinn* de sa lampe à deux sous, les plus invraisemblables certitudes sur soi-même. Et je connais aussi, pour l'avoir éprouvée, la force des convictions enfantées sur le divan. Mais je ne peux adhérer aux théories que proclament habituellement les psychanalystes, mes frères, pour rendre compte de l'efficacité de leur méthode. Je ne parviens pas à *croire* à la magie de la prise de conscience, pas davantage à l'efficacité symbolique du verbe ou à je ne sais quelle vérité du sujet (fourmi humaine, ivre d'universel, ton arbitraire est bien un signe, celui de la barbarie). Je ne sais pas pourquoi le transfert psychanalytique se résoudrait – voire se dissoudrait –, alors que la relation thérapeutique avec un guérisseur traditionnel devrait être considérée *a priori* comme une suite de manipulations hypnotiques. Je ne perçois pas bien le bastion théorique, la place forte à partir de laquelle je pourrais exclure du champ de la rationalité les rituels de possession tels qu'ils se déroulent encore à travers toute l'Afrique [1]. Car j'apprécie en connaisseur les techniques de mes confrères, guérisseurs traditionnels. Je ne connais par exemple pas meilleure méthode – efficace à tous coups – pour déclencher les théâtres familiaux et les restructurations transgénérationnelles, que les accusations de sorcellerie. Et j'ai su apprécier, en homme du métier, cette subtile manière d'instaurer une relation thérapeutique professionnellement maniable qu'utilisent partout les devins lorsqu'ils interrogent les substances : sable,

---

1. Sur les rituels de possession africains et leur capacité thérapeutique, la bibliographie est énorme ; je renverrai seulement à la récente tentative de théorisation de Zempleni, « Des êtres sacrificiels », *in* Cartry (éd.), *Sous le masque de l'animal. Essais sur le sacrifice en Afrique noire*, Paris, PUF (Bibliothèque de l'École des Hautes Études en Sciences Religieuses, LXXXVIII), 1987.

cauris, noix de cola, boîtes à souris, lanières de cuir, plomb fondu, œufs, viscères des animaux de sacrifice... À mes yeux enfin, au-dessus de tous les autres, il est un prince des remèdes, l'opérateur thérapeutique par excellence : l'objet. Superbement ignorées de mes collègues psychanalystes, la construction, la prescription, la manipulation d'objets actifs contenant de mystérieux et subtils principes, certes pas plus visibles mais guère plus absurdes que notre fidèle libido [2], déroulent toujours, partout où elles ont lieu, leur implacable logique de contrainte sur le noyau. D'aucuns pousseront leur couplet « symbolique », « transitionnel », « fétichiste »... laissons-les dire ! Il n'en reste pas moins que les objets thérapeutiques sont des choses et non des mots et que c'est en tant que tels qu'ils sont actifs.

Avant d'ébaucher la discussion des modalités de l'efficacité thérapeutique des objets actifs et d'en donner une illustration clinique, il me faut d'abord définir quelques principes méthodologiques qui me semblent ici incontournables.

Méthode psychanalytique et méthode transconceptuelle

Comme Freud le précise lui-même, la psychanalyse est avant tout un « procédé » et une « méthode » [3] ; en tant

---

2. *Cf.* la remarque agacée de Stengers : « Car la blessure narcissique décrite par Freud n'atteint pas le chaman, le mystique ou le thaumaturge, mais l'homme occidental, l'homme blanc descendant de Descartes. N'est-il pas paradoxal alors que, quoique la technique freudienne ait déçu les espoirs de son fondateur, la psychanalyse confère à l'homme blanc le surcroît de pouvoir qui lui permet non plus seulement de ne rien savoir des pratiques de ceux-là, mais encore de les juger théoriquement ? N'est-il pas étrange que les ethnologues, justement parce que, professionnellement, ils doivent se méfier des jugements de l'homme blanc, craignent plus que tout les analystes, capables, leur semble-t-il, de ramener une transe rituelle à une crise hystérique ? » (« Boîtes noires scientifiques, boîtes noires professionnelles », in *La Psychanalyse, une science ?*, Paris, Les Belles Lettres, 1988, p. 197.)

3. « Psychanalyse est le nom : 1) d'un *procédé* d'investigation des processus

que telle, elle induit des attitudes et des comportements tant chez le psychanalyste que chez le patient. Toute explication des effets d'une méthode qui ne décrirait pas le plus minutieusement possible les comportements qu'induit la technique, la logique à laquelle elle contraint, les modalités de son travail ordinaire, est au mieux une idéologie professionnelle, au pire un simple instrument de publicité, voire de propagande. La description de la technique doit être faite selon les procédés ayant habituellement cours dans le monde ethnographique, c'est-à-dire en n'oubliant ni les personnes – toutes les personnes ! –, ni les êtres – surnaturels ou théoriques aussi ! –, ni les choses, ni les mots, ni les théories sous-jacentes lorsqu'elles peuvent être explicitées. Mais aussi du dedans et du dehors, comme un objet du monde sensible et comme une expérience de l'observateur. On doit se rendre à l'évidence, il n'existe à l'heure actuelle aucune description anthropologique de la technique psychanalytique car la cure psychanalytique n'admet pas de témoin [4]. Mais, me dira-t-on, c'est ainsi que cette technique est fonctionnelle. Naturellement ! Mais plutôt que de gloser sur la prétendue « éthique de la liberté » qu'impliquerait cette absence de témoin [5], il serait urgent d'imaginer des procédures de recherche sur les processus à l'œuvre dans la cure, si complexes soient-ils, tels que les mécanismes de

psychiques, qui autrement sont à peine accessibles ; 2) d'une *méthode* de traitement des troubles névrotiques, qui se fondent sur cette investigation ; 3) d'une série de conceptions psychologiques acquises par ce moyen et qui fusionnent progressivement en une discipline scientifique nouvelle. » (S. Freud, « Psychanalyse et théorie de la libido » (1923), in *Résultats, idées, problèmes*, II, Paris, PUF, 1985, p. 51 (c'est moi qui souligne).)

4. « Témoin » devant être compris à la fois dans le sens courant et dans celui de « preuve » scientifique tel que Stengers (*op. cit.*, note 3) en développe la notion.

5. Ce qui, d'ailleurs, est très discutable, dans un domaine où il s'agit de modifier le noyau d'une personne, c'est-à-dire, en dernière analyse, de l'influencer, par conséquent dans laquelle la présence d'un témoin serait plutôt une sécurité – ce qui semble être l'avis des praticiens et des clients des thérapies traditionnelles.

transfert ou les inductions microscopiques (par exemple, celles générées par la syntaxe du psychanalyste ou par le déclenchement inopiné de ses mouvements). Le programme de recherche serait aisé à établir – sinon à réaliser – et pourrait parfaitement respecter la déontologie psychanalytique.

Il s'agirait d'abord de repérer les grands mécanismes en jeu, de les inclure ensuite dans des techniques psychothérapiques acceptant des témoins [6], enfin de les analyser de manière systématique et, surtout, avec d'autres outils théoriques que les concepts psychanalytiques. Il me semble que ce serait rendre hommage à l'esprit de Freud – sinon à la prétendue « lettre » de ses traductions –, que d'utiliser la psychanalyse afin d'établir de nouvelles connaissances scientifiques, c'est-à-dire vérifiables, transmissibles et susceptibles de générer de nouvelles recherches.

Si la psychanalyse est bien une *méthode* et un *procédé*, nous savons pertinemment ce qu'elle vise : la modification de l'autre. Qu'elle prétende y parvenir en profondeur et non en surface, en agissant sur le noyau, voire la structure, et non sur les symptômes, en révélant le sujet à lui-même et non en le suggestionnant, par un surcroît de connaissance et non par l'assujettissement, ne change rien au problème. Personne n'a jamais pensé qu'une technique d'influence devait nécessairement être naïve ! Si véritablement la technique psychanalytique est efficace – et je sais qu'elle l'est –, nous devons en conclure que la psychanalyse est évidemment comparable aux autres tech-

6. C'est-à-dire dans des procédures psychothérapiques d'inspiration psychanalytique mais qui, se déroulant en groupe, incluraient *naturellement* des témoins. Il est vrai qu'il est très difficile de construire une véritable recherche clinique en psychanalyse, mais plutôt que d'abîmer définitivement des générations de chercheurs en les incitant à une mille et unième glose du même cas clinique de Freud, commençons d'abord à réfléchir sur le moyen d'établir des corpus indiscutables de séances psychothérapiques – et lorsque je dis « indiscutables », je pense « mot à mot », « image par image » et aussi « association d'idée par association d'idée ».

niques d'influence [7] et naturellement, parmi elles, aux techniques thérapeutiques traditionnelles. À mon sens, seule la démarche ethnopsychanalytique, par son alternance perpétuelle entre le code culturel du patient et celui de son thérapeute occidental, est susceptible de fournir les matériaux appropriés à la construction d'une telle méthodologie transconceptuelle. Les chercheurs en ethnopsychanalyse sont, par exemple, en mesure de fournir aujourd'hui un certain nombre de caractéristiques des techniques thérapeutiques traditionnelles – caractéristiques construites à partir de théories seulement logiques – et de discuter de leur existence et de leur éventuelle fonction dans d'autres techniques, comme la technique psychanalytique.

L'omniscience du sable

Une fois parvenu en classe terminale, un Bambara du Mali commence à souffrir de céphalées extrêmement douloureuses et rétives à tout traitement par antalgiques. Après diverses prises en charge infructueuses chez les médecins de Bamako, il se laisse convaincre de consulter les guérisseurs de la région environnante. Après plusieurs traitements qui se révèlent également infructueux, il accepte de se rendre chez un guérisseur dogon de Mopti. Le guérisseur interroge le sable et révèle au patient qu'une personne de son entourage l'a empoisonné voilà bien longtemps à l'aide de quelque substance magique. Il se souvient alors qu'un soir, il a trouvé, surnageant dans sa

7. Parmi lesquelles il faudrait ranger évidemment la propagande, la torture, l'initiation... bref, toute entreprise parvenant à modifier l'être, la nature du sujet. Pour ce qui concerne plus particulièrement la torture, *cf.* F. Sironi, « Approche ethnopsychiatrique des victimes de torture », *Nouvelle Revue d'ethnopsychiatrie*, 13, 1989, p. 67-87.

bouillie de mil, une noix de cola. Il soupçonne maintenant sa belle-mère, la seconde femme de son père, d'avoir « détruit sa tête » – c'est-à-dire sa puissance de travail – par manipulation sorcière.

Analysons de plus près cette séquence qui, malgré les apparences, n'est pas une procédure de diagnostic mais une véritable entreprise thérapeutique. Inutile de préciser qu'elle me semble d'une grande banalité, il s'agit du travail quotidien de quiconque fait métier de guérir.

Le patient présente une souffrance dont il ignore le sens.

Il fait l'expérience que ce sens ne peut être donné dans l'univers des événements ordinaires (consultation de médecine générale ou conseils de guérisseurs musulmans ordinaires : *mori*).

Il se laisse convaincre d'aller dans un autre lieu, extra-ordinaire (d'autant plus extraordinaire que ce patient ne parlant pas le dogon, il faut un interprète dogon-bambara pour que puisse se dérouler la consultation).

Mais le thérapeute n'accède pas non plus au lieu du sens de plain-pied. Il va interroger le sable, et surtout pas le patient !

Au décours de l'ensemble du processus, il se construit un sens partagé qui ne résidait naturellement pas dans le patient, mais qui ne réside pas non plus dans le thérapeute – puisqu'il lui a fallu interroger le sable – et encore moins dans le sable qui, sans la technique du thérapeute, serait bien sûr resté désespérément muet.

Enfin, l'ensemble du travail fournit au patient une représentation de son mal conforme aux pensées bambara selon lesquelles les co-épouses sont souvent jalouses de la réussite des enfants de leur rivale et cherchent à les détruire.

À la fin de la consultation chez le devin dogon, Djadjé dira : « Il a vu ! »

Cette technique a donc pour conséquence (et probablement pour finalité) d'expulser le patient hors du lieu du sens ordinaire et de l'installer dans un sens tout à la fois public et hors de l'ordinaire. Par ailleurs, le mal persiste aussi longtemps que le patient croit qu'il peut parvenir seul à la signification de son affliction. D'où l'on peut tirer une première conclusion : toute douleur est solitude dans la signification.

Reste cependant une question d'importance. Notre Bambara étant loin d'être crédule (lorsque nous l'avons connu, il terminait brillamment un troisième cycle à Paris), comment l'ensemble du processus a-t-il pu aboutir à cette modification radicale de son être, le faisant apparemment basculer d'un scepticisme rationaliste à une sorte de naïveté quelque peu superstitieuse ?

La première hypothèse qui s'impose, c'est que, parallèlement au raisonnement explicite concernant la nature et l'origine du mal, s'est déroulé un autre processus, non pas sémantique mais formel, de nature analogique, comparant l'ignorance douloureuse du patient, l'ignorance naturelle du guérisseur envers un inconnu et l'omniscience culturelle du sable. Un tel processus pourrait se formaliser de la manière suivante :

Ignorance. Le patient ignore la « cause » de son mal. Le guérisseur ignore tout du patient hormis son nom. Le sable ignore toutes les vérités qui sont inscrites en lui.

Technique. Mais le guérisseur sait une seule chose, interroger le sable ! À partir de l'énoncé sur le savoir-faire du guérisseur, toutes les propositions s'inversent.

Inversion. Le sable n'est plus désordre mais organisation [8], et donc le guérisseur sait tout, y compris ce que le patient ignore sur lui-même. Enfin, on s'attend désor-

8. Quiconque a pu voir opérer les lanceurs de cauris a certainement pu constater comment un amas de coquillages se transformait par une curieuse organisation perceptive (*gestalt* soudaine) en un schéma structural comprenant par exemple un cercle, des rayons, des points extérieurs et intérieurs, etc.

mais à ce que le patient sorte de sa douleur dépressive et surmonte son impuissance.

Si elle était vraie, cette hypothèse impliquerait un certain nombre de remarques en corollaires. Dans une telle technique thérapeutique, il est indispensable que nul, nulle part et jamais, n'ait été le dépositaire du sens. Une formule comme « c'est sur cette place du village que le 24 juillet 1895, fut révélé à un certain Abdoulaye Coulibaly le mystère de la technique de lecture du sable », est évidemment totalement impossible car ce serait situer le lieu du sens en une personne, en un temps et en un lieu [9]. Par ailleurs, si les affects du patient ne sont pas ignorés, si, manifestement, les guérisseurs sont aussi des sortes de psychologues révélant les secrets avec tact et un art consommé de la mise en scène, force est de constater que l'émotion n'est jamais sollicitée dans le dispositif même de l'entreprise thérapeutique, qu'elle survient de surcroît. Le guérisseur n'est pas un être libre, il ne peut faire que ce que lui impose son don ! En outre, une telle technique ne se soucie en aucune manière des élaborations auxquelles procédera ensuite le patient. On s'attend seulement à ce que l'impact du dispositif le conduise à se modifier dans le sens souhaité. Il sera néanmoins accompagné par toute une série de personnages relais, celui qui l'a conduit chez ce guérisseur, des amis, des confidents, des aînés, sa famille proche et même, sans doute, sa belle-mère. De plus, une telle technique modifie évidemment et même de manière très brutale l'ensemble des interactions familiales. Il va sans dire que cette modification contribue sans doute très activement à

9. « Crois-tu vraiment qu'il y aura un jour sur la maison, une plaque de marbre sur laquelle on pourra lire : « C'est dans cette maison que le 24 juillet 1895 le mystère du rêve fut révélé au Dr Sigmund Freud. » Lettre de Freud à Fliess du 12 juin 1900, in *La Naissance de la psychanalyse*, Paris, PUF, 1969, p. 286.

l'évolution du patient. Enfin, on n'exige du malade aucune conviction préalable, aucune adhésion explicite, on s'attend simplement à ce que la technique agisse de son propre fait, par elle-même.

On devrait conclure sous forme d'hypothèse que, parallèlement à l'expression des processus psychiques du patient, du thérapeute et des spectateurs de ce genre de consultations, se déroule une procédure formelle, de nature analogique, qui influence le patient par contrainte logique.

Cette hypothèse présenterait l'avantage d'expliquer plusieurs faits insolites. Avant même de découvrir et d'analyser de manière logique le fonctionnement de tels mécanismes thérapeutiques [10], on aurait dû réaliser de longue date qu'il était absurde de penser plus des trois quarts de l'humanité suffisamment crédules pour se soigner par l'entremise d'une « pensée prélogique » (Lévy-Bruhl), de mécanismes irrationnels et primaires, par le « plomb » d'une vulgaire « suggestion » (Freud [11]) ou en se laissant leurrer par un transfert intuitivement manipulé par des « mages » ou des « somnambules ». En psychopathologie, les symptômes peuvent être pensés comme des textes sans contexte, selon la formule des informaticiens contemporains. Le coup de force du thérapeute, parvenant à inscrire le texte du symptôme dans le contexte théorique du guérisseur, établissant de ce fait un lien obligatoire entre les deux interlocuteurs, suffit en règle

10. J. Contreras et J. Favret-Saada, « L'embrayeur de violence. Quelques mécanismes thérapeutiques du désorcellement » *in* Octave Mannoni (éd.), *Le Moi et l'autre*, Paris, Albin-Michel, 1986, proposent une analyse différente mais tout aussi rationnelle de mécanismes thérapeutiques apparemment irrationnels.

11. « Tout porte aussi à croire que, vu l'application massive de notre thérapeutique, nous serons obligés de mêler à l'or pur de l'analyse une quantité considérable du *plomb* de la suggestion directe. » (C'est moi qui souligne), S. Freud, « Les voies nouvelles de la thérapeutique psychanalytique » (1919), in *La Technique psychanalytique*, Paris, PUF, 1970, p. 141.

générale à améliorer notablement la souffrance du patient, tant dans les sociétés traditionnelles qu'en Occident.

Une telle hypothèse permettrait d'accorder toute l'importance qu'elles méritent aux remarques de Mauss sur le *mana* (1902-1903) qui, reprenant les théories indigènes mélanésiennes, insiste longuement sur le fait que, dans l'utilisation d'objets *manas*, il ne s'agit ni d'une façon de parler, ni d'une pensée prétendument symbolique, ni d'une activité intuitive nécessitant des interprétations psychologiques. D'après les Mélanésiens, le *mana* serait une force séparée, agissant par la vertu d'une énergie propre.

« En résumé, le *mana* est d'abord une action d'un certain genre, c'est-à-dire l'action spirituelle à distance qui se produit entre des êtres sympathiques. C'est également une sorte d'éther, impondérable, communicable, et qui se répand de lui-même. Le *mana* est en outre un milieu ou, plus exactement, fonctionne dans un milieu qui est *mana*. C'est une espèce de monde interne et spécial, où tout se passe comme si le *mana* seul y était en jeu [12]. »

Ce type de force, qui se rencontre dans de très nombreuses aires culturelles [13], ne relève donc ni d'une efficacité symbolique, ni d'une efficacité psychologique. Mon hypothèse, supposant que l'efficacité découlerait d'une sorte de contrainte logique, permettrait d'expliquer de quelle manière des objets, des actions rituelles, des dis-

---

12. M. Mauss et H. Hubert, « Esquisse d'une théorie générale de la magie » (1902), *in* M. Mauss, *Sociologie et anthropologie*, Paris, PUF, 1950, p. 105 (c'est moi qui souligne).

13. « À l'inverse de ce que l'on croyait en 1902, les conceptions de type *mana* sont si fréquentes et si répandues qu'il convient de se demander si nous ne sommes pas en présence d'une forme de pensée universelle et permanente qui, loin de caractériser certaines civilisations, ou prétendus " stades archaïques " ou mi-archaïques de l'esprit humain, serait fonction d'une certaine situation de l'esprit en présence des choses, devant nous apparaître chaque fois que cette situation est donnée. » (C. Lévi-Strauss, « Introduction à l'œuvre de Marcel Mauss », *in* M. Mauss, *Sociologie et anthropologie*, Paris, PUF, 1950, p. XLIII.)

positions thérapeutiques singulières agiraient par leur seule force intrinsèque – ou, si l'on veut, par leur *mana.* Si la démonstration s'avérait convaincante, on serait alors au plus près des théories indigènes qui ont souvent su analyser leurs mécanismes de la manière la plus précise même si elles ont dû sauvegarder le mystère indispensable à l'obtention de l'effet thérapeutique [14].

Dans l'analyse qui suivra, je ferai en sorte de respecter les termes de l'analyse de Mauss qui me semble parfaite en ses principes, et je tenterai de l'étendre à toute technique thérapeutique. Je montrerai, premièrement, en quoi une technique contient une force spécifique qui contraint le patient au changement (j'ajouterai seulement que cette force est de nature logique), deuxièmement qu'elle est avant tout une action et, de ce fait, relève de la pragmatique et non de l'herméneutique, et troisièmement qu'elle crée un milieu dans lequel c'est exclusivement l'action qui est efficace.

Ethnopsychanalyse des objets

Ainsi donc, notre sceptique Bambara s'est-il vu impliqué dans une procédure qui l'a conduit d'un état de solitude dans lequel le sens était privé, douloureux et ordinaire (« j'avais mal à la tête parce que j'avais trop travaillé pour mes examens ») à la conviction d'être inclus dans un sens aussi partagé qu'extraordinaire (empoisonnement magique par la seconde épouse du père). Bien que les théories étiologiques traditionnelles soient toujours extraordinaires, surnaturelles ou magiques, patients et théra-

---

14. Comme c'est le cas pour les théories maghrébines du *s'hur* ou les théories malinké du *boli* (Y. Cissé, « Les nains et l'origine des boli de chasse chez les Malinké », *Systèmes de pensée en Afrique noire*, 8, 1985, p. 13-24.)

peutes sont souvent parfaitement rationnels et plutôt sceptiques, en tout cas très rarement crédules. Si l'ensemble de la procédure thérapeutique conduit le patient à ce qui pourrait sembler croyance naïve au profane, après analyse, elle se révèle être avant tout une brutale et radicale modification du contexte du symptôme, l'aboutissement d'une manipulation thérapeutique parfaitement cohérente, et un glissement du cadre de référence de l'univers des pensées à celui des objets.

Avant de poursuivre, je dois venir m'inscrire en faux contre la théorie de Freud selon laquelle la magie serait une tentative de modifier le monde par la seule pensée et serait de ce fait comparable à ce qu'il appelait la toute-puissance de la pensée propre aux névrosés obsessionnels [15]. Les névrosés sont esclaves de la pensée, les magiciens sont des virtuoses de la technique, la différence est de taille ! En effet, si la pensée possède cette curieuse caractéristique de se modifier, évoluant dans un continuel mouvement kaléidoscopique, de ne jamais retenir ses formulations d'un instant mais de les entrechoquer, d'en décomposer les éléments le long de chaînes de sens et de chaînes de sons, de les recomposer, en les associant à de nouvelles pensées ou à des perceptions, l'objet en revanche est extérieur et immuable. Ainsi avons-nous bien deux univers parfaitement séparés, celui de la pensée, interne, organisé par un temps linéaire, traversé par de perpétuels mouvements d'élaboration, et celui des objets, externe, intemporel et dont la nature ne peut être modifiée que par d'autres objets. Ces deux univers sont parfaitement hétérogènes. Le premier, le monde intérieur, est accessible de manière immédiate mais, perpétuellement en mouvement, il n'est pas fiable alors que le second, le monde des

15. S. Freud, *Totem et tabou* (1912), Paris, Payot, 1968.

choses, nécessite une acuité de perception et une élaboration conceptuelle grâce auxquelles il devient parfaitement fiable. Les thérapies utilisant des objets actifs tentent de transférer à la pensée la fiabilité propre à l'univers des objets (il est donc injuste, voire insultant – de qualifier avec condescendance l'activité des praticiens traditionnels de magique).

Cependant, les objets de notre univers quotidien sont infiltrés de pensée, ils sont nommés et, généralement, ils possèdent une place dans plusieurs classifications croisées. De plus, on en repère assez précisément la fonction. Par exemple, cet objet s'appelle « lampe » ; il appartient à la classe des « objets qui éclairent » comprenant aussi le soleil, les bougies, les phares, etc. ; il appartient aussi à la classe des « objets fragiles », à celle des « objets de forme circulaire », etc. Il sert à s'éclairer lorsque la lumière du jour est insuffisante. Mon chat a aussi pris l'habitude de se coucher le plus près possible de cet objet lorsque le froid rend insuffisante la chaleur des radiateurs. Si le magicien veut opérer avec succès le transfert des caractéristiques des objets à l'univers des pensées, il lui faut trouver un objet vierge de souillure conceptuelle, il lui faut un objet-objet, un objet sans nom (un « truc » ou un « machin », selon l'excellente remarque de Lévi-Strauss [16]), auquel il est impossible d'attribuer une fonction et une place dans un système classificatoire, à l'exception d'une seule classe, celle des *objets actifs*.

Les systèmes qui ont résolu cette énigme utilisent des objets composites (comme les plats cuisinés ou les objets d'industrie mais dont on ne peut percevoir la fonction), associant des éléments provenant d'univers hétérogènes (monde animal, végétal, minéral). Ces éléments sont soit

16. 1950.

sans fonction dans la culture considérée (cailloux, excréments, mauvaises herbes, peaux de batraciens), soit utilisés dans des fonctions anticulturelles (lettres de l'alphabet considérées comme des choses et non comme des signes) et qui, en tout cas et c'est crucial, sont contenus dans une même enveloppe. D'un certain point de vue, ces objets sont des « anti-objets » puisqu'ils possèdent une sorte de valence négative, d'un autre côté, ils doivent être considérés comme des objets-objets, des objets parfaits puisque systématiquement privés de tout ce qui pourrait provenir du monde de la pensée. Enfin, et ce n'est pas là le moindre paradoxe, des mots, des phrases ou des graphismes peuvent être des objets parfaits s'ils possèdent ces caractéristiques. C'est le cas des mots magiques, des formules ésotériques, des écritures composées de manière formelle (carré magique – *Jedwel* [17]), des écritures protectrices, etc.

Considérons maintenant l'ambiance, ce que Mauss appelait le milieu dans lequel peut se manifester l'efficacité propre à l'objet. Il est très difficile de décrire correctement l'ambiance d'un dispositif thérapeutique car comment choisir avant analyse les éléments signifiants ? C'est pourquoi, je commencerai par rechercher les notions dans un dispositif que nous connaissons bien – la psychanalyse – et les réutiliserai pour l'analyse de dispositifs moins connus. Je vais donc d'abord tenter une description, en termes formels, de l'ambiance psychanalytique, puis je considérerai les éléments formels que j'aurai isolés dans une technique thérapeutique maghrébine, enfin dans un cadre métissé, comme peut l'être celui de la consultation d'ethnopsychanalyse.

---

17. Pour la description des carrés magiques, *cf.* l'ancienne mais très belle monographie de E. Doutté, *Magie et religion dans l'Afrique du Nord* (1908), Paris, Maisonneuve et Geuthner, 1984.

Le modèle du cadre thérapeutique en psychanalyse

Je ne tiendrai aucun compte des théorisations psychanalytiques de l'efficacité (abréaction, prise de conscience, élaboration du transfert, travail du signifiant, ...), je partirai seulement du constat suivant : dans l'espace même de la séance, il existe une analogie formelle qu'on peut repérer à trois niveaux.

Je prétends montrer que le dispositif psychanalytique, par sa seule organisation, déclenche des processus régis par *l'analogie*[18], processus démarrant à l'insu des deux protagonistes et induits par la seule situation. Je ne m'attarderai que sur l'un de ces mécanismes, sans doute le plus facile à décrire. C'est un système de comparaison terme à terme : le patient s'installe sur un divan, son psychanalyste derrière lui. Il s'agit d'un dispositif spatial, parfaitement artificiel, expulsant le patient hors du monde ordinaire et lui imposant un vécu singulier. Le psychanalyste se livre donc indubitablement à ce qu'on appelle une induction (faire faire). Dans le même temps, l'activité psychanalytique se réfère à une théorie dans laquelle le matériel brut – le discours associatif du patient – n'est compréhensible qu'à la lumière de mécanismes inconscients situés métaphoriquement « dessous » (psychologie des profondeurs) ou « derrière » (théorie de l'intentionnalité inconsciente)[19]. Ainsi, la vérité inconsciente sus-

---

18. J.-P. Caverni, A. Nguyen-Xuan, J. M. Hoc, G. Politzer, « Raisonnements formels et raisonnements en situation », *in* J. F. Richard, Cl. Bonnet, R. Ghiglione, *Traité de psychologie cognitive*, t. 2, Paris, Dunod, 1990.

19. La construction d'un tel dispositif a sans aucun doute été en partie inspirée par le mythe de la caverne dans *La République* de Platon.

ceptible d'être dévoilée par l'interprétation est-elle au discours du patient ce que, dans l'espace, la position du fauteuil est à celle du divan.

C'est une évidence, mais d'une importance considérable. Une inférence analogique s'est glissée dans le dispositif psychanalytique qui, tout en prétendant permettre le déroulement du discours associatif – « Vous vous étendrez sur le sofa et me rapporterez toutes les idées, images, sensations qui parviennent à votre conscience, sans choix ni réticence », ou bien, « Parfois on parle plus aisément lorsqu'on est étendu » – impose en réalité une induction de raisonnement analogique *en acte*. Cette induction est d'autant plus active que les interprétations de transfert reprendront ensuite le même type d'analogie : « La haine que vous me manifestez aujourd'hui par vos absences et votre silence est en tous points comparable à celle que vous ressentiez à l'âge de cinq ans en trépignant devant votre père et qui s'est terminée par cette hospitalisation pour appendicectomie. »

Regroupons maintenant ces données dans un tableau :

Dispositif spatial	Dispositif théorique	Dispositif émotionnel
a. Position du divan b. Position du fauteuil	A. Discours du patient B. Interprétation	α. Émois transférentiels β. Émois infantiles

Il apparaît clairement que le seul déroulement de l'activité psychanalytique présuppose l'existence concomitante d'un processus de comparaison logique tel que a est à b ce que A est à B, ce que α est à β (a : b ∴ A : B ∴ α : β). Deux conséquences immédiates résultent de cette première observation. D'abord, le transfert est un mécanisme toujours induit, il n'est jamais spontané. L'émoi transférentiel (la haine dans l'exemple précédent) est produit par un dispositif comparable à l'objet actif des thérapies traditionnelles puisqu'il initie une nouvelle matrice de comparaisons. Ensuite, les analogies qui apparaissent dans nombre d'interprétations psychanalytiques (si ce n'est toutes) n'acquièrent une force de conviction que parce qu'elles sont énoncées à l'intérieur d'un espace clos, comparable au milieu *mana* de Mauss, structuré autour d'analogies formelles.

Nous pouvons supposer qu'un tel mécanisme logique, organisant une cascade d'analogies formelles, puis propositionnelles, redondantes entre elles, possède deux fonctions.

Une fonction de médiation : l'effet de vérité de l'interprétation psychanalytique s'étaie, peut-être même s'explique par la redondance du même raisonnement par analogie d'abord en acte, puis en propositions interprétatives à plusieurs niveaux du dispositif. L'effet thérapeutique s'expliquerait alors par l'organisation de relations entre des univers disjoints, logiquement hétérogènes, mises en place deux à deux : univers spatial/univers théorique, univers théorique/univers émotionnel et donc univers spatial/univers émotionnel. Par exemple, la comparaison entre l'intérêt de telle patiente pour mes chaussettes et sa curiosité d'enfant lorsque son père s'enfermait dans la salle de bains ne possède une force de conviction que parce qu'elle parle sur le divan, placé devant et que je commente sa parole du fauteuil, situé derrière elle (d'où, d'ailleurs, elle a pu entrevoir mes chaussettes).

Cependant l'univers spatial diffère radicalement de l'univers émotionnel car, dans le vécu du patient, le premier est un contenant et le second est nécessairement composé de contenus. On comprend alors pourquoi l'univers théorique vient occuper une position médiane. D'une certaine manière, comme le monde des émotions, il est peuplé de contenus (les concepts et les modalités habituelles de raisonnement au sein d'une théorie donnée), mais par ailleurs, comme l'univers spatial, il est un contenant (passant du texte à la texture, on dit par exemple d'un thérapeute qu'il *est* freudien, comme on dirait d'un Malien qu'il *est* Bambara). Être « freudien » serait donc une nature et non pas seulement une conviction. L'induction analogique du dispositif parvient donc à rendre comparables des éléments-contenant et des éléments-contenu par l'effet d'un système général d'analogies (A : B ∴ C : D) et d'une médiation intercalant un univers théorique entre l'univers spatial et l'univers émotionnel, totalement hétérogènes entre eux. Il ressort de l'ensemble d'un tel dispositif que la conviction acquise lors d'une interprétation psychanalytique est sensiblement différente de celle acquise par simple raisonnement et laisse toujours planer derrière elle un halo de mystère puisqu'elle fait intervenir des modèles logiques inconscients (non pas au sens psychanalytique du terme, mais dans le sens où l'on dit que les structures grammaticales d'une langue sont inconscientes).

Le problème de l'interprétation psychanalytique n'est pas tant sa vérité (historique [20] ou psychodynamique) que sa force de conviction, sa capacité à opérer des changements sur le noyau. En cela, quoique moins directement efficace, elle est tout de même comparable aux objets actifs. Aucune interprétation psychanalytique n'opère en dehors d'un dispositif technique propre car, sans ce dernier, le raisonnement analogique ne pourrait se mettre en action. Il en résulte que, comme l'avait signalé Freud dès le début de son œuvre, la technique psychanalytique est avant tout *un art de l'interprétation.*

---

20. *Les Constructions en analyse* (Freud, 1925).

Une fonction thérapeutique : par l'effet du dispositif et des processus qui se déploient en son sein, s'établit chez le patient un système de liaisons entre des univers hétérogènes et logiquement incompatibles. La fonction thérapeutique du subterfuge technique [21] proviendrait du fait que si l'on considère qu'un symptôme est un texte sans contexte, la mise en relation d'un contenant et d'un contenu déclenche, par une nouvelle comparaison, l'attribution du texte à un contexte (« Je sais maintenant d'où proviennent mes colères inexpliquées : d'une révolte jamais exprimée contre mon père qui est venue gonfler mon appendice jusqu'à nécessiter une intervention chirurgicale »).

L'analyse des processus logiques contenus dans le dispositif psychanalytique que j'amorce ici est le seul type d'analyse qui pourra un jour rendre compte de son effet thérapeutique en évitant les affirmations péremptoires et idéologiques concernant une matière invisible et seulement imputée (la psyché). D'autre part – et c'est précisément ce qui nous intéresse en ethnopsychiatrie – elle est la seule qui rende le dispositif psychanalytique comparable à des dispositifs thérapeutiques apparemment très éloignés de lui comme, par exemple, les rituels de possession, les accusations de sorcellerie, ou l'utilisation des objets actifs. Une telle théorie, une fois démontrée, permettrait aussi d'importer tout ou fragments des éléments techniques utilisés dans les thérapies traditionnelles.

Je peux maintenant formuler ma seconde hypothèse. L'efficacité thérapeutique d'une psychothérapie, telle que l'atteste l'analyse formelle du dispositif psychanalytique, découlerait de sa capacité à produire des analogies et des

---

21. Bien entendu, je m'inspire ici des travaux de Lévi-Strauss sur la structure et la fonction des mythes (*Anthropologie structurale*, Paris, Plon, 1958).

médiations par l'intermédiaire d'une redondance entre contenants et contenus.

Le modèle du plomb fondu tunisien

Une technique thérapeutique, très courante au Maghreb, et tout particulièrement en Tunisie, me permettra d'éprouver cette hypothèse avant de poursuivre le raisonnement.

Un jeune homme tunisien de vingt-deux ans, jeune marié, est victime d'un épisode confusionnel dans le métro parisien. Il est conduit à l'infirmerie psychiatrique et hospitalisé en placement volontaire. Il reçoit un traitement de neuroleptiques qui reste totalement sans effet. Le psychiatre prévient son père resté à Tunis et décide finalement son rapatriement. Arrivé au pays, la famille va consulter un guérisseur spécialiste de la technique du *khfif*.

Dans une petite casserole, le guérisseur fait fondre des morceaux de plomb provenant de débris de vieux tuyaux. Lorsque le plomb est devenu liquide, le guérisseur le verse d'un geste brusque dans un récipient plein d'eau. On entend le sifflement de la vapeur d'eau qui s'échappe et l'on voit le métal se figer dans une forme particulière, souvent assez complexe. Le guérisseur prend le fragment de plomb saisi, le tourne dans sa main, le montre à la famille alentour et formule une proposition du type : « Une femme proche de la famille l'a ensorcelé (*s'hur*). » En montrant une singularité dans la forme du fragment de métal, il peut ajouter une remarque du type : « On distingue ici son long nez crochu ! » L'assistance observe les fragments aux découpes insolites. Les femmes rivalisent de suppositions et ruminent en secret de vieilles rancœurs. Le guérisseur ramasse maintenant les scories restées au fond de la bassine d'eau et les remet dans sa casserole qu'il chauffe à nouveau sur le petit réchaud à gaz. Après un second saisissement du plomb, il peut énoncer une formule encore plus précise : « Cette femme s'appelle 'Aïcha ! » À la fin du traitement, qui peut comporter plusieurs séances qui se déroulent selon la même technique, le guérisseur confie les objets de plomb à la famille du malade.

Dans le cas qui nous intéresse, le jeune homme vomit une matière noirâtre dès la seconde séance et la famille reconnut en 'Aïcha une cousine éloignée du père qui avait proposé sans succès sa fille en mariage. La famille détruisit les figurines de plomb, accomplit quelques sacrifices et les choses rentrèrent dans l'ordre. L'année suivante, le jeune couple fêta la naissance d'une petite fille.

Nous trouvons dans le dispositif du plomb fondu un fonctionnement semblable à celui du sable du guérisseur dogon, mais ici, le guérisseur fournit au malade l'objet de la voyance qui devient par la magie de sa technique l'objet même du délit sorcier. Peut-on expliquer cette transformation à partir des propositions théoriques énoncées plus haut ?

Il semble que cette technique tourne autour de l'opposition entre associations interminables d'idées et saisissement d'une découverte dans une sorte d'*eurêka* jubilatoire. Nous pouvons à nouveau dégager les mêmes séquences.

L'ignorance, d'abord. Le patient, en état de confusion, ne peut expliquer son délire qui, généralement, est de type paranoïde, non systématisé, multipliant indéfiniment les interprétations chaotiques.

Certes, tout comme lui, son épouse pense à une attaque

sorcière mais ne possède aucune piste pour identifier l'agresseur.

Les proches (père, mère, sœurs, belles-sœurs) ont à l'esprit des hypothèses plus précises mais ne peuvent décider entre toutes celles qui hantent de manière lancinante leurs pensées.

La technique, ensuite. Le guérisseur sait interroger le plomb.

La matière passe de l'état liquide, informe, à une forme solide, tangible, après un sifflement saisissant.

L'inversion enfin. L'interprétation se fixe dans l'esprit des membres de la famille.

On peut agir sur l'objet de voyance comme s'il s'agissait de l'objet sorcier.

Le malade restitue une matière noirâtre, visible et liquide comme l'était le plomb avant d'avoir été saisi.

L'ensemble du processus se nomme *khfif*, ce qui veut dire « léger » alors que tout le monde connaît la sensation de poids évoquée par le plomb. Ce qui pourrait s'expliquer de deux façons. Premièrement, il existe un mécanisme d'inversion propre à la procédure thérapeutique ; cette inversion est manifeste dans le nom qu'on attribue à la technique qui inverse la sensation de poids (d'ailleurs en Tunisie, on nomme la médecine traditionnelle *ra'ouani*, c'est-à-dire « médecine à l'envers »). Deuxièmement, les figurines de plomb saisi sont beaucoup plus légères que ce à quoi l'on pourrait s'attendre, connaissant leur matière ; le mot *khfif* (léger) renverrait donc à la sensation éprouvée au contact des figurines, faites de plomb « léger ».

Bien que la technique du *khfif* présente des subtilités infinies, le raisonnement analogique sur lequel elle s'organise est aisément perceptible. Les interprétations spontanées du malade et de sa famille sont à la découverte du sorcier ce que le plomb fondu est aux figurines issues de la bassine d'eau. Mais un troisième univers est corrélé à ces deux univers techniques : celui du choix de la mariée. En effet, au sein d'une communauté, les possibilités de mariages acceptables, c'est-à-dire d'alliances entre familles, sont multiples. Lorsque le choix est accompli, il fige le système d'échange dans une nouvelle position qui sera à son tour bouleversée par un nouveau mariage.

Regroupons maintenant ces données dans un tableau :

Dispositif physique	Dispositif psychique	Systèmes d'alliances
a. Plomb fondu b. Plomb saisi	A. Ronde des interprétations B. Découverte du sorcier	α. Mariages possibles β. Mariage choisi

Et tout comme pour le modèle psychanalytique, on peut énoncer que a est à b ce que A est à B, ce que a est à b (a : b\A : B\α : β).

Deux remarques s'imposent. La première, c'est qu'il apparaît à l'évidence que, malgré leurs contenus et leur inspiration radicalement différents, le *khfif* et la psychanalyse entreprennent de corréler deux à deux des univers totalement hétérogènes, l'univers physique (spatial) pour la psychanalyse, concret (plomb) pour le *khfif*, l'univers culturel (théorique) pour la psychanalyse, sorcier dans le cas du *khfif* et l'univers psychique.

La seconde, c'est qu'il n'y a aucune naïveté à voir dans le plomb la réalité physique de l'attaque sorcière car l'objet est situé à l'articulation même des univers. On devrait alors décrire ainsi le sentiment des participants à cette psychothérapie : les univers hétérogènes se sont bien articulés entre eux, mais cette sensation quasiment physique, véritable orage sémantique, perception immédiate et non élaborée d'une modification structurale, ne peut pas être évoquée par des contenus. Les participants ne peuvent exprimer la réalité logique de la modification des relations entre les univers que par la réalité extraordinaire de la perception effective de la sorcière dans les figurines de plomb.

Le modèle de la consultation d'ethnopsychanalyse

Examinons maintenant comment le dispositif utilisé dans une consultation d'ethnopsychanalyse pourrait présenter des caractéristiques formelles comparables.

Voyons d'abord le dispositif spatial. Dans une pièce assez grande, une vingtaine de chaises sont disposées en cercle. Lorsque le patient, le plus souvent accompagné d'une partie de sa famille et des intervenants sociaux ou thérapeutiques de son choix, est introduit dans le cabinet, les cothérapeutes sont déjà installés. Ce sont tous des médiations vivantes, puisque d'origines culturelles diverses, et susceptibles de manier les langues et les systèmes d'interprétation traditionnels [22], ils sont néanmoins diplômés de l'université française (psychiatres, psychologues, éducateurs, quelquefois – mais rarement – anthropologues). Ils sont aussi répartis en cercle dans la pièce, semblant travailler de concert, mais leur installation dans un espace commun et le fait qu'aucune place ne se distingue d'une autre fait ressortir vivement qu'ils partagent tous une caractéristique commune, celle de se

22. À l'heure actuelle, on y parle l'allemand, l'anglais, l'arabe dans ses différents dialectes (Algérie, Égypte, Maroc, Soudan, Tunisie), le bambara (Mali), le bamiléké (Cameroun), le baoulé (Côte-d'Ivoire), le berbère (Maroc), le dassa (Bénin), l'espagnol, l'éwé (Togo), le fon, le goun (Bénin), le grec, l'hébreu, le hongrois, l'italien, le kabyle (Algérie), le lari, le lingala (Congo), le malinké (Guinée, Mali), le mina (Togo), le peul (Guinée, Mali, Sénégal), le portugais, le songhaï (Bénin, Niger), le soninké (Mali, Sénégal), le turc, le wolof (Sénégal), le yoruba (Bénin).

rattacher chacun à un autre cercle, celui-là métaphorique, leur groupe culturel d'appartenance (bamiléké, baoulé, fon, kabyle).

Le déroulement des séances maintenant. Si la séance psychanalytique, ainsi que les diverses psychothérapies d'inspiration psychanalytique, est centrée sur le discours du patient, en ethnopsychiatrie, la séance s'organise autour du discours sur le patient. Nous commençons par laisser parler les accompagnants puis, s'ils le désirent, les membres de la famille. Très souvent nos questions portent sur les paroles des autres à propos de la maladie du patient (– « Qu'a-t-on dit chez vous d'une telle maladie ? », – « Avez-vous prévenu votre père que vous étiez malade ? », – « Qu'a pensé le cheikh que vous êtes allé consulter ? – « Vous savez bien qu'ils disent tous la même chose : qu'on m'a fait manger une saleté. ») Quelquefois, les cothérapeutes évoquent des discours imaginaires qu'auraient pu tenir des guérisseurs de leur propre aire culturelle (« Chez nous, on dirait qu'il faut " fixer le jumeau " », à quoi le malade répond souvent : « Une telle idée existe aussi un peu chez moi, mais on ne l'exprime pas de cette manière. »)

On use couramment de proverbes ou de dictons issus le plus souvent de la culture d'origine du patient, mais pas exclusivement : – « Il existe un proverbe bambara qui dit qu'un couteau ne peut pas se couper lui-même » [allusion à l'inceste]. Bref, sans que cela ne résulte d'une consigne explicite, l'ensemble de la séance tend à décoller le fond de la forme, le contexte du texte, le contenant du contenu. Lorsque, en fin de séance, le thérapeute principal fait une proposition thérapeutique, cette fois directement au patient (– « Si j'étais vous, je demanderais à mon frère de m'envoyer un *herz* de Kabylie »), ce patient ne peut pas discerner, dans un premier temps, si, comme lors des interventions précédentes, il s'agit à nouveau de décoller le contenant du contenu ou si le thérapeute occupe maintenant le contexte de son texte.

L'inférence analogique, enfin. Le déroulement technique de la séance est donc redondant avec le dispositif spatial. Ils sont tous deux inscrits dans une procédure de détachement du contenant des énoncés. De plus, le dispositif contient un énoncé implicite paradoxal : ce qui réunit tous ces thérapeutes dans le même cercle, c'est qu'ils appartiennent chacun à un autre cercle. Ces deux propositions, en actes, incitent le patient à quasiment matérialiser le fait qu'il ne parle pas comme un humain universel mais comme un Soninké du Mali, originaire du village de Kharta, dans la région de Khayes. De plus, la formulation thérapeutique principale vient alors attribuer un sens *commun* acceptable. Avant la thérapie, le malade souffrait d'une maladie située dans un monde ordinaire, mais dont le sens, quoique caché, lui était en principe accessible ; alors qu'après il acquiert la conviction que le sens de son mal, même s'il ne le détient pas, est situé hors de lui, dans un lieu non ordinaire (monde des *djinnas*, monde des esprits de la brousse), et qu'il ne peut pas y accéder par ses seuls moyens. Par l'effet de l'inférence analogique, le patient est alors sorti de son isolement pathologique et réintroduit dans un processus de médiation avec d'autres humains, situés, comme lui, chacun dans son cercle culturel.

À ce jour, l'ethnopsychiatrie est la seule psychothérapie qui obtienne régulièrement des résultats thérapeutiques profonds et durables chez les migrants. J'explique ce fait de la manière suivante. Les migrants sont contraints d'opérer un clivage entre deux référentiels culturels. Au début de l'immigration, le clivage se révèle opérant, mais bientôt, les enfants s'installant dans les significations de la culture d'accueil, le processus de clivage se raidit chez les parents et les contraint à un véritable clivage du moi, au sens où l'entendait Freud [23]. Un tel clivage se manifeste sur le plan cognitif par l'impossibilité d'établir des médiations entre deux univers référentiels. Lorsque éclate la souffrance psychopathologique, le patient, en l'absence de code d'expression de sa maladie assumant texte et contexte, se trouve dans l'impossibilité d'exprimer ses deuils et ses conflits internes. Il est clair qu'une entreprise entièrement organisée, dans son dispositif comme dans ses manières de faire, autour de l'identification des cercles d'appartenance et de leurs médiations ne peut que s'avérer adaptée.

Cependant, bien qu'ayant révélé son efficacité thérapeutique dans la prise en charge des migrants, l'ethnopsychiatrie, par sa complexité technique, a permis de récolter du matériel clinique fiable [24], de décrire avec précision et de penser des mécanismes thérapeutiques de nature formelle comme jamais auparavant. Ce qui démontre, une fois de plus, que ce sont les problèmes situés aux marges qui font le plus avancer une discipline, à condition qu'ils soient l'occasion d'une complexification de la pensée et non d'une exclusion (d'un refoulement) d'une classe de faits.

Je peux maintenant formuler ma troisième hypothèse que j'illustrerai ensuite par une observation. L'objet actif, à condition qu'il soit construit de manière conforme, contient un certain nombre de caractéristiques intrinsèques qui déclenchent trois types de processus logiques : analogie, médiations, inversion. Cependant, l'objet ne peut intervenir efficacement que s'il reprend les caractéristiques inscrites dans le dispositif concret de la séance. Par

23. Freud, 1938.
24. Admettant des témoins par définition puisque se déroulant en groupe, l'ethnopsychiatrie permet de constituer des corpus cliniques, souvent vidéographiques, véritablement complets, mot à mot et image par image.

exemple, Djadjé comparera nécessairement sa perplexité devant le sable à l'ignorance de la langue dogon, la mère d'Abdallah comparera son *eurêka* lorsqu'elle aura pensé à la cousine de son mari au sifflement de la vapeur d'eau, etc.

À cette condition, l'objet déclenche – ou plus précisément contribue à déclencher – le décollement du contenu et autorise l'expulsion du sujet hors de l'univers ordinaire. Bref, il instaure ce qu'en psychanalyse on a coutume d'appeler « transfert » et rend ce processus professionnellement maniable.

Cola rouge et cola blanc

Une famille soninké du Mali est conduite à notre consultation d'ethnopsychanalyse à cause d'une situation psychique et sociale catastrophique. Le couple a sept enfants. L'aînée, Bintou, âgée de douze ans, est restée au Mali. Les six autres enfants, âgés de neuf ans à cinq mois, vivent avec les parents dans une seule pièce d'une quinzaine de mètres carrés. La mère, Téné, à nouveau enceinte, délire depuis plusieurs années et ne parvient à s'occuper ni des enfants ni du ménage. Elle ne prépare pas les repas, ne lave pas le linge qu'elle laisse s'amonceler en énormes piles puantes. Elle erre dans les rues avec son plus jeune bébé et dilapide les maigres ressources du ménage en achetant des billets de loterie et de loto. Elle explique à qui veut l'entendre qu'elle converse sans arrêt avec son *djinna* qui lui a expliqué qu'un enfant lui naîtrait et lui apporterait la fortune. Le mari semble fasciné par sa femme et confirme ses paroles. Lui aussi est persuadé que le *djinna* de sa femme a prédit leur avenir proche. À chaque naissance, ils sont certains d'obtenir enfin la fortune promise mais restent toujours déçus. Les quatre enfants scolarisés sont totalement mutiques hors de la maison. Leur état physique est alarmant et les divers intervenants sociaux craignent à juste raison pour leur développement.

On le devine, les cliniciens occidentaux restent totalement démunis devant cette situation et ne savent par quel bout prendre le problème. Vont-ils proposer une psychanalyse aux deux parents et une psychothérapie d'inspiration psychanalytique à chacun des enfants ? L'accepteraient-ils et, d'ailleurs, où trouver les professionnels compétents ? À moins qu'ils ne décident d'hospitaliser la mère et de placer les sept enfants à l'Aide sociale à l'enfance (ASE). C'est souvent la solution retenue, bien que ruineuse à tous égards ! Elle impliquerait la déstructuration d'une famille ayant déjà du mal à trouver sa cohérence.

Lors du premier entretien, Téné, volubile, parle sans arrêt de son *djinna.* Ses propos semblent si incohérents que l'interprète soninké ne parvient pas à nous les restituer. Elle nous apprend que son *djinna*, de sexe mâle, entretenait des relations sexuelles avec le *djinna* de son père, évidemment femelle. Je demande ce qu'est devenu le *djinna* de son père depuis la mort de ce dernier. Elle dit qu'elle l'ignore, qu'il est peut-être allé accompagner un autre humain. Au sein du groupe circulaire, j'énonce une première interprétation : « Tout a commencé au Mali, à la naissance de Bintou, la fille aînée. » Interloquée, Téné me regarde, l'air désemparé, puis confirme. Je propose un second rendez-vous mais exige qu'ils m'apportent alors dix noix de cola blanc et dix noix de cola rouge. Curieusement, ils semblent soulagés par ma demande. Ils nous quittent en promettant de nous apporter, à la prochaine consultation, les noix demandées.

En sortant, Téné apprend à l'assistante sociale qui l'accompagne qu'elle converse aussi avec mon propre *djinna* depuis fort longtemps mais qu'elle ignorait que ce fût le mien : – « Tobie Nathan, je le connais ! Ça fait des mois que son *djinna* me parle dans les oreilles ! »

Visiblement, Téné ne parvient pas à s'installer dans une matrice de signification extérieure. Elle détient à elle seule texte et contexte. Par conséquent, elle ne peut qu'errer dans un univers de gens et de mots mêlés. Lorsque je propose une interprétation culturellement conforme à sa pathologie, elle est tentée de m'attribuer la médiation vers le lieu du sens. Mais cette timide tentative avorte dès la fin de la consultation.

La seconde consultation se déroule deux mois plus tard. Les intervenants sociaux expliquent d'abord qu'ils ont perçu une légère amélioration dans le comportement de Téné qui semble en effet moins agitée. Le mari et la femme échangent avec le groupe thérapeutique de nombreuses salutations. Tout de suite, ils me présentent les noix de cola rouges et blanches mélangées dans le même sachet de nylon transparent. Tout en parlant, j'ouvre le sachet, coupe une noix rouge en deux et commence à la croquer. Au bout de quelques minutes, je confie le paquet à un cothérapeute d'origine africaine. Il installe sur le sol, au centre du groupe, un linge blanc. Il lance une poignée de cola. Il en dispose quatre, puis en coupe une en deux, ramasse le tout, lance à nouveau les noix, et ainsi de suite une demi-douzaine de fois. Lorsqu'il est satisfait du résultat, il se retire de l'espace central et rejoint sa place sur le cercle. Je reste longtemps à regarder les noix réparties sur le sol, interrogeant du regard la disposition des noix de cola que je crois être due au hasard. Soudain, du chaos initial, je vois surgir un cercle de neuf noix alternant une rouge, deux blanches, deux rouges, une blanche. Un cola blanc est au milieu du cercle, deux autres, un blanc et un rouge, hors du cercle.

Dans le groupe, plus personne ne regarde les patients. L'attention s'est d'abord concentrée sur les mouvements de mains du lanceur de cola puis sur la disposition des noix sur le sol. Après plusieurs minutes de contemplation, j'énonce : « Il s'agit d'une histoire de jumeaux ! »

Téné demande : « Veux-tu dire que dans mon ventre, là, je porte un couple de jumeaux ? »

Je répète : « Non ! À l'origine, il s'agit d'une histoire de jumeaux ! »

Téné demande encore : « Ma voisine vient d'accoucher de deux jumeaux. Peut-être est-ce ceux-là que tu viens de voir ? »

Je répète la même proposition. Alors, Téné raconte enfin que lors de sa première grossesse, son mari se trouvait en France. Toute jeune, seulement âgée de dix-sept ans, elle vivait avec ses beaux-parents dans le village de son mari. Souffrant de contractions, elle a consulté un *modi* [25] qui lui prédit qu'elle aurait d'abord un couple de jumeaux, puis un garçon. Il lui est né une fille, Bintou, puis à nouveau une fille. Elle évoque les difficultés de la fin de sa grossesse où elle a failli perdre l'enfant, sa terreur loin de sa famille, son retour en camion sur les pistes cahoteuses vers le village de ses parents où elle tenait à revenir accoucher. Pour la première fois, on ressent une émotion authentique chez Téné.

J'énonce alors ma proposition terminale : « Dans le ventre de Téné, il y avait un couple de jumeaux. Le garçon s'est échappé durant la grossesse. C'est lui qui erre et rôde autour de la famille. Il faut le fixer afin que tout le monde retrouve le calme. »

25. Guérisseur traditionnel musulman.

Que cette interprétation reprenne les sensations et les symptômes évoqués tout au long des consultations (errance de Téné, multiplication des grossesses, errance des enfants) n'est pas le plus important en l'occurrence. La réelle modification réside en ceci, que Téné ne dispose plus seule du sens de sa souffrance, qu'elle admet maintenant que le sens se trouve dans un lieu extraordinaire auquel on n'accède pas seul, et certainement pas de manière immédiate. Autrement dit, elle se sépare de son *djinna* et attend du dispositif thérapeutique l'effet de vérité.

Quant aux redondances formelles, elles apparaissent clairement.

L'objet (les colas) institue le lieu du sens et lui confère une réalité externe, dans le monde des objets.

La souffrance dépressive de Téné (mort du père, absence du mari et de la mère lors du premier accouchement) est évoquée par la perte du jumeau mythique.

L'alliance thérapeutique – l'association du texte de l'un et du contexte de l'autre – est signifiée à plusieurs niveaux du processus : dans la disposition spatiale, dans la complémentarité de ma parole et des manipulations de mon cothérapeute africain, dans la complémentarité entre l'évocation de la souffrance individuelle et la réalité matérielle des objets, enfin dans la complémentarité métaphorique des jumeaux.

Inutile de rappeler que mon interprétation terminale reprend une cosmogonie africaine très répandue, qui existe aussi, naturellement, chez les Soninkés, selon laquelle le monde s'est peuplé à partir d'un couple de jumeaux primordiaux.

Par l'intermédiaire des univers complémentaires, nous avons bien institué des corrélations formelles entre l'univers des sensations de Téné, l'univers physique (noix de cola) et l'univers culturel (récit reprenant le mythe des jumeaux primordiaux). En cela, malgré les apparences, nous avons pratiqué une véritable psychothérapie scientifique.

Les noix de cola sont-elles ici un symbole ? Que non ! Bien plus et surtout bien autre chose. Mon énoncé sur les jumeaux est-il symbolique ? Certes non ! Mais il parvient à déclencher le fonctionnement de chaînes symboliques.

Chapitre 5

Éléments de l'influence thérapeutique

Le récit

Tout au long des observations et des analyses, nous avons rencontré des propositions énoncées sous forme de récit.

Madame Visnelda, la guérisseuse réunionnaise, nous a expliqué : « Cet enfant a été *saisi* (effrayé) durant l'accident, alors qu'il était dans le ventre de sa mère. Depuis, il reste figé dans la position même où il a été surpris. »

Au mari de Marie-Madeleine, terrifié de se sentir découvert, elle racontera : – « Celui qui vous a emprunté l'argent aura voulu vous brouiller la tête pour que vous ne vous en souveniez plus. Il aura mis une saleté sur le pas de la porte et c'est votre femme, en balayant la cour, qui aura marché dessus. »

Lorsque je souhaite restituer une étiologie au malade, j'utilise à mon tour le même type de récit. À la patiente antillaise : – « Ce n'est pas vous qui avez été attaquée par un sort, mais votre mère, et c'est sur vous que c'est tombé ! »

De même le guérisseur dogon de Mopti explique-t-il à Djadjé qu'une personne de son entourage l'a empoisonné voilà bien longtemps à l'aide d'une substance destructrice.

Enfin, au cours de la prise en charge de la famille soninké, je restitue un récit qui parvient presque à prendre l'allure d'un conte : « Dans le ventre de Téné, il y avait un couple de jumeaux. Le garçon s'est échappé durant la grossesse. C'est lui qui erre et rôde autour de la famille. »

Le récit est un objet singulier qui transcende le discours. S'il est véhiculé par la langue, il n'est absolument pas réductible à elle. Lorsque je raconte une histoire à quelqu'un, c'est à la modification de son état que je perçois que l'histoire a été reçue, à une sorte d'*eurêka* qu'il ressent et que, généralement, il manifeste. Dans le cas des histoires drôles, par exemple, une grande partie des éléments du récit peut être perdue, reste une forme qui en permet la reconstitution d'un semblable à une autre occasion. C'est pourquoi, on retrouve les mêmes histoires drôles avec des variantes minimes d'un bout à l'autre de la planète. Le récit peut donc voyager au travers des langues sans en être altéré. Lévi-Strauss avait d'ailleurs déjà noté (1958) que le récit était la forme de discours qui survivait le mieux à la traduction [1]. Sa résistance aux distorsions en fait une structure permanente de la psyché et les récits imprimés dans l'enfance sont probablement à l'origine de nombre de structurations ultérieures. Dans toutes les procédures d'influence thérapeutique que je connais, j'ai retrouvé des récits culturellement structurés, surtout palpables dans l'énoncé des étiologies. De plus, comme on l'a vu dans la description de la technique de Madame Visnelda, l'histoire personnelle du guérisseur

1. C. Lévi-Strauss, 1958.

constitue souvent l'un des récits de référence. Racontée selon des formes manifestement codées, elle fonctionne comme une sorte de matrice mythique et constitue le contenant tant de la pathologie des patients que de la thérapeutique qui leur sera appliquée [2].

On commence à comprendre l'importance du récit dans les procédures d'influence thérapeutique. Énoncé ou implicite, c'est un objet d'origine externe (le guérisseur ou l'entourage du malade) ; peu sensible aux distorsions et aux élaborations intérieures, il organise des structures dans l'appareil psychique de celui qui le reçoit, et de ce fait, il impose des réorganisations en cascades. C'est pourquoi un thérapeute expérimenté comme Milton Erikson utilisait volontiers des récits issus de sa vie personnelle qu'il racontait à ses patients [3].

Du point de vue de la construction formelle, la causalité est un ressort essentiel de tout récit, la linéarité chronologique du récit étant souvent pilotée par des matrices de causalité. Cependant, nous avons tendance à comprendre ces matrices selon les modèles qui nous ont été enseignés lors de notre formation scientifique. Dans nos disciplines, nous ne savons pas distinguer les matrices de causalité dont la fonction est de générer des récits et donc de produire du sens, de la causalité scientifique, censée expliquer l'organisation de faits récoltés de manière neutre. C'est dans la prise en charge des patients migrants

2. C'est surtout le travail biographique d'E. Jones qui a inauguré la transformation de la vie de Freud en matrice mythique de même nature que les récits des vocations des guérisseurs. Quant au prétendu « retour à Freud » dans la France psychanalytique des années 1960, il ne faisait que signer l'installation véritable de la psychanalyse dans la culture occidentale, la transformant par là même en une sorte de « thérapie traditionnelle » pour occidentaux déculturés.

3. M. H. Erickson, J. Lodéon et R. van Dyck, « Histoires d'Erickson », *Génitif*, VII. 1, 1986, et J. A. Malarewicz et J. Godin, *Milton Erickson... de l'hypnose clinique à la psychothérapie stratégique*, Paris, ESF, 1986.

que cette confusion est la plus perceptible, surtout lorsqu'on a une formation psychanalytique.

Une interprétation psychodynamique, même adressée à un patient occidental, telle que, par exemple, « Vous continuez à entretenir avec votre père mort la même relation secrète que vous aviez avec lui de son vivant » renvoie à une théorisation qui se donne l'allure d'une construction scientifique – « structure dépressive », « fixation à la sexualité orale », « deuil pathologique » – et masque le fait essentiel que, dans l'interaction thérapeutique, une telle proposition de type causal (même non formulée) n'a pour seule fonction que de générer des récits, peut-être même des récits fantastiques : « les morts reviennent... », « votre père est revenu vous visiter... ».

Il semble que les thérapies traditionnelles, en préservant les matrices mythiques, en les isolant des explications causales, aient isolé la fonction de fabrication des récits, l'aient rendue autonome de toute théorisation et peut-être de ce fait beaucoup plus féconde.

Après avoir expliqué à une mère peule du Sénégal ayant épousé un Malinké du Mali en quoi consistait la maladie génétique (Laurens-Moon) ayant atteint deux de ses quatre enfants, son mode de transmission et la logique scientifique organisant la pensée médicale qui en rend compte, j'ai eu pour réponse : – « Je comprends bien tes explications. Dis-moi seulement pourquoi c'est l'aîné des garçons et l'aînée des filles qui ont été atteints. Moi, je reste persuadée qu'on en veut à mes aînés. »

De même, dans son fonctionnement clinique, Madame Visnelda peut-elle entreprendre de chasser les esprits ou de combattre les sorciers adverses (prêtres *malbars*, sorciers *zarabes* ou *comoriens*), alors qu'elle avait d'abord clairement identifié une possession diabolique reconnaissable à l'enflure caractéristique du dos de sa main. Autrement dit, la causalité déclenchée par les dispositifs thérapeutiques traditionnels n'est pas soumise aux règles de cohérence de la pensée scientifique mais aux règles de fabrication des récits.

On l'a vu, la véritable pensée des guérisseurs, comme probablement celle des psychothérapeutes occidentaux, est enfouie au cœur de leur pratique et non dans leurs théories, qu'on devrait *toujours* considérer comme des trompe-l'œil. Cette pensée se manifeste naturellement au travers de toutes les activités du guérisseur, ses paroles, ses actes, mais aussi l'installation de son dispositif. Les thérapeutes de toute obédience agissent, même s'ils ne prétendent que penser, écouter, prier, servir Dieu, etc. Le premier de leurs actes est l'aménagement de l'espace thérapeutique. Madame Visnelda travaillait dans la grande salle d'un dancing qui, le samedi et le dimanche, reprenait sa fonction première. Il n'existait pas de séparation physique entre la salle d'attente et le cabinet. Dans un coin de l'immense salle rectangulaire, elle savait s'isoler avec le patient par un chuchotement intime, mais elle savait aussi, élevant la voix, faire participer la foule des clients en attente, les prendre à témoin, solliciter leur aide pour maîtriser une crise de possession qu'elle avait elle-même déclenchée (« Y a-t-il des hommes forts parmi vous qui pourraient m'aider à maîtriser ce démon ? » criait-elle volontiers en plein travail avec une patiente).

Marie, une autre guérisseuse de l'île, recevait ses patients par dizaines dans un garage d'une vingtaine de mètres carrés qu'elle avait baptisé « chapelle ». Elle déclenchait les transes par des jets en pleine figure de seaux d'eau froide. Après leur transe, les malades allaient prendre une douche et revenaient, habillés de frais, prêter main-forte à la guérisseuse dans sa consultation des patients suivants. Julien, un prêtre tamul de l'île de La Réunion, avait installé son cabinet de consultation dans une toute petite bâtisse contiguë au temple. Outre son petit tambour chamanique, la pièce était encombrée de dizaines de petits objets évocateurs. Diara, un thérapeute malien de la région de Bamako, avait aménagé une case, dans sa concession, où trônait une statuette le représentant en chasseur, armé d'un javelot, d'un arc et d'un carquois. Et l'on pourrait multiplier les descriptions à l'infini. Toujours est-il qu'à partir du moment où un patient accepte la proposition d'un guérisseur, il s'inscrit dans une logique imprimant l'agencement même de l'espace thérapeutique.

Cet espace thérapeutique possède toujours la caractéristique de contenir une matérialisation d'un univers second et la marque visible des médiations avec cet univers autre. Une guérisseuse antillaise de la région parisienne a ainsi installé dans la pièce, au fond du couloir de son trois-pièces HLM, une chapelle avec une statuette de saint, des bougies, de l'encens, des rideaux, des tableaux. Lorsqu'un patient s'adresse à elle, elle le conduit dans sa chapelle, s'endort et laisse le saint parler par sa bouche. Nous avons donc bien l'installation de l'univers second (le saint), sa matérialisation (la chapelle), la médiation (le somnambulisme de la thérapeute). La pensée thérapeutique – qui pourrait s'exprimer ainsi : « Il existe un univers second, non ordinaire, et je suis le seul médiateur capable de te relier à cet univers – n'est ni explicitée ni peut-être même consciente. C'est pourtant là que réside la pensée thérapeutique, dans les actes et non dans les énoncés culturellement conformes du type « Il existe des gens qui font le bien et d'autres qui font le mal », laissant sous-entendre, comme s'il n'était pas possible de le penser par soi-même, qu'on a été victime d'un ensorcellement ou d'un envoûtement.

Cependant, si la construction de l'univers second se

limitait à l'aménagement de l'espace thérapeutique, elle ne suffirait pas à déclencher le processus thérapeutique proprement dit, c'est-à-dire l'expulsion du malade hors de l'univers ordinaire. Il faut aussi que d'autres inductions viennent redoubler, dans d'autres secteurs, indépendants du premier, la même pensée thérapeutique.

Tous les thérapeutes manipulent le corps, souvent celui des malades, mais très fréquemment aussi le leur, celui de leurs assistants et aussi celui des animaux de sacrifice. Cette manipulation du corps n'est évidemment pas naïve. Généralement, elle vient redoubler la logique inscrite dans l'aménagement de l'espace. Ainsi, Madame Visnelda transforme-t-elle le corps inerte et déprimé de Marie-Madeleine en corps suspect d'abriter un être surnaturel qu'il s'agira d'identifier. Pour ce faire, elle le massera, l'irritera en projetant du sel dans ses yeux, déclenchera des mécanismes d'expulsion (éternuements, dégorgements). Bref, elle se livrera à une véritable vectorisation du corps – corps qui devient alors le signe manifeste d'une topique imaginaire : il existe un dedans du corps que les démons souhaitent investir. L'univers extraordinaire induit par l'aménagement de l'espace vient donc se redoubler dans cette topique imaginaire déclenchée par la vectorisation active du corps.

Les opérateurs thérapeutiques

J'appelle « opérateurs thérapeutiques » des procédures logiques induites par le thérapeute et agissant comme de véritables contraintes (à penser, à agir, à ordonner) sur le malade. Au cours de nos descriptions, nous en avons rencontré trois : l'inversion, la médiation, l'analogie. Je commencerai par le plus facile à décrire, l'inversion.

Les démons, parfois manipulés par des personnes malintentionnées, entrent dans le corps pur de personnes innocentes ou naïves. Guérir le patient consiste naturellement à les en faire sortir. Personne, évidemment, n'est assez naïf – sauf peut-être certains ethnologues – pour croire que les démons obéissent aux ordres donnés par les thérapeutes, fussent-ils investis de toutes sortes de pouvoirs extraordinaires. L'art du thérapeute consiste en réalité, après avoir inscrit la pathologie du patient dans la logique de sa topique imaginaire (Marie-Madeleine n'est pas déprimée, elle est investie – pénétrée – par un démon), à démontrer, c'est-à-dire à rendre manifeste, voire même palpable, un mécanisme d'inversion, contraignant le patient à inverser à son tour la logique pathologique. Autrement dit, le thérapeute agit en deux temps suivant ces deux principes : premièrement, c'est la théorie des démons qui organisera la topique imaginaire, règle de notre jeu thérapeutique ici et maintenant ; deuxièmement, je démontre concrètement l'existence du mécanisme d'inversion. Au patient d'en conclure que « si les démons entrent, ils peuvent aussi sortir ».

Les guérisseurs traditionnels que j'ai vu travailler ne s'occupent en aucune façon de la vie des malades. Ils ne leur posent pas de questions, ne s'informent pas sur leurs pratiques sexuelles, sur leur enfance, sur les relations avec leurs parents. Leur procédure thérapeutique consiste, à partir d'une absence de contenu, d'un véritable vide dans la réalité sensible, à utiliser un leurre (la théorie des démons) pour déclencher le fonctionnement d'un opérateur thérapeutique qui s'impose ensuite au malade. Nous avons longuement vu comment Madame Visnelda faisait apparaître les mécanismes d'inversion sur le corps même de la malade. Dans l'exemple du *khfif* tunisien, on inverse la volonté de cacher, qu'on impute à l'ensorceleur, par l'apparition de figures signifiantes (figurines de plomb), comme dans l'utilisation du sable par le thérapeute dogon ou de l'œuf et des noix de cola par notre groupe thérapeutique.

À partir de ces observations, on peut déduire certaines caractéristiques des opérateurs thérapeutiques.

Ils sont contagieux, s'emparant de tous les contenus inscrits dans l'espace du dispositif. Si Madame Visnelda est réellement parvenue à inscrire la pathologie de Marie-Madeleine dans sa topique de l'investissement des espaces internes, lorsqu'elle déclenche le mécanisme d'inversion, la pathologie s'inverse à son tour (passage de la dépression au dynamisme).

Ils peuvent agir de proche en proche, par contagions successives, depuis le thérapeute qui les a déclenchés jusqu'à leur destinataire en passant par un voisin, un parent, un objet, etc.

Second opérateur, un peu plus difficile à formaliser : la médiation. Curieusement, un très grand nombre de théories thérapeutiques se réfèrent à l'idée que certains contenus de pensée se seraient autonomisés et poursuivraient leur activité sans lien avec le reste de la personne. Telle femme kabyle passe tous ses rêves en compagnie d'un être surnaturel avec qui elle entretient des relations sexuelles intenses ; tel Bambara du Mali exhale une odeur nauséabonde de ses narines depuis un certain jour où il a rencontré une femme-*djinna* en brousse ; tel Guyanais est pris de panique à la moindre occasion depuis la nuit qu'il a passée avec une Haïtienne qui a, il en est certain, subtilisé son maillot de corps pour se livrer à des exercices de sorcellerie. Dans tous ces cas, une partie de la personne – sa vie onirique, un pan entier de ses sensations, ses sentiments violents – est isolée et poursuit son existence pour son propre compte.

Mais ne nous y trompons pas ! Ce qu'on observe alors est le résultat d'un premier travail thérapeutique. Un guérisseur a probablement délimité les espaces (monde des humains/monde des *djinns*, monde des innocents/monde des sorciers) et induit l'idée de la nécessité d'une médiation entre ces espaces. Plus même, la plupart du temps, le guérisseur a démontré qu'il était le seul à pouvoir incarner cette médiation. Il a fallu qu'il démontre sa capacité à entrer en transe (dormeuses antillaises), de communiquer avec les sorciers (de les voir). Mais attention ! Pour qu'une telle médiation imaginaire soit crédible, il faut qu'une médiation réelle soit venue s'inscrire dans l'espace même de la séance. Ainsi, l'ambiance du *khfif* tunisien opère-t-elle, comme je l'ai montré plus haut, une médiation entre l'univers culturel (désignation du sorcier) et l'univers social (choix d'une épouse) par l'existence d'un processus similaire se déroulant dans un troisième espace intermédiaire, celui de la fusion et du saisissement du plomb.

Reconstitué, le raisonnement pourrait être le suivant.

Qu'a de nécessaire le choix de Salima comme épouse ? J'aurais aussi bien pu choisir Amina ou Ilham !

Qui est le sorcier ? Ce peut être 'Aïcha ou Fatima ou Nefissa. Ces deux interrogations sont marquées par le même type d'incertitude. Mais une troisième incertitude vient s'intercaler, qui, elle, reçoit une réponse satisfaisante.

La figurine de plomb, en se figeant, présente réellement le même nez crochu que celui d''Aïcha. La figurine de plomb et l'effet d'*eurêka* qui accompagne son apparition sont venus médiatiser les deux univers préalablement délimités (les mariages, la sorcellerie). Cette médiation réelle une fois établie, il devient parfaitement acceptable qu'une personne soit capable de l'assumer. Cette personne devient, par la force des choses, un médiateur autorisé, un guérisseur.

Cet exemple nous permet de déduire une nouvelle caractéristique des opérateurs thérapeutiques. Ils sont toujours mis en actes dans des univers techniquement manipulables. L'art du guérisseur n'est certes pas d'agir sur l'humeur dépressive d'Abdallah, mais d'opérer une médiation dans un monde manipulable (le plomb fondu) en s'attendant à ce que cette médiation, par contagions successives, parvienne jusqu'à Abdallah qui, l'appliquant à ses propres contenus, va sortir de son état dépressif.

Le troisième opérateur mentionné, l'analogie, est un raisonnement, ce n'est pas un état de la nature mais un mouvement intérieur de la pensée. On ne constate pas une analogie, on la déclenche. Par exemple, si j'écris au tableau la matrice suivante :

2 *a*	4 *b*
3 *c*	? *d*

par quel signe pourrait-on remplacer le point d'interrogation ? Je suppose que le lecteur pense au chiffre 6. S'il choisit d'inscrire ce chiffre, il démontre qu'il vient de se livrer à deux opérations.

Il a pensé que la case *d* était à la case *c* ce que la case *b* était à la case *a ;* il a pensé que pour passer de *a* à *b*, il fallait multiplier par 2.

Il en a donc conclu qu'il devait inscrire le chiffre 6 (= 3 × 2) dans la case *d* [4].

4. Il existe bien sûr deux autres solutions, tout aussi valables : le chiffre 5 (= 3 + 2) ou le chiffre 9 (= 3^2) qui sont deux autres perceptions de la seconde opération.

La première opération à laquelle s'est livré le sujet est un raisonnement analogique du type a : b ∴ c : d ; la seconde est la reconnaissance d'une loi de composition appelée multiplication. Dans la première opération, le sujet est actif, il applique un raisonnement sur des objets abstraits (des chiffres) alors que dans la seconde, son activité consiste à percevoir et à reconnaître. Si, après l'épreuve, on l'interroge, il répondra en appliquant à nouveau le raisonnement analogique. Il dira par exemple : « J'ai remarqué que 4 était le double de 2 et j'ai supposé qu'il fallait faire la même opération dans les cases inférieures. » S'il reconnaît la loi de la multiplication, il ne reconnaît pas le raisonnement analogique qu'il a mis en œuvre et qu'il ne peut expliciter. Les psychologues d'inspiration cognitiviste pensent que ce type de raisonnement, destiné à s'exprimer en situation, est probablement à l'origine des mécanismes de la créativité [5].

Dans les systèmes thérapeutiques, l'analogie occupe une place tout à fait particulière. Elle est induite par le dispositif, reprise par les propositions du thérapeute (interprétations, prescriptions, fabrications), constamment rappelée par certaines formes rhétoriques (métaphores, aphorismes, proverbes) [6]. Tout se passe comme si l'on imbibait le sujet de processus analogiques pour déclencher en lui un raisonnement analogique propre qu'il considérera alors comme spontané. L'apparition de ce raisonnement sera naturellement accompagnée d'un sentiment d'*eurêka*.

De l'utilisation généralisée du raisonnement analogique par les thérapeutes de toute obédience, nous pouvons

---

5. J. P. Caverni, A. Nguyen-Xuan, J. M. Hoc, G. Politzer, « Raisonnements formels et raisonnements en situation », *in* J.-F. Richard, 1990.

6. Par exemple, la majorité des interprétations de Freud sont formellement des analogies.

déduire une nouvelle caractéristique des opérateurs thérapeutiques. Ils tendent à déclencher des processus non explicitables – tels que le raisonnement analogique – qui poursuivent leurs effets longtemps après l'induction première, et cela même en l'absence du thérapeute.

Par exemple, le raisonnement analogique peut être déclenché par une parole à condition qu'elle soit correctement fabriquée. Si je dis – « Les hommes sont des animaux, eux aussi ont besoin d'assouvir leur pulsion sexuelle » –, je me livre à une comparaison du monde humain et du monde animal ; mais en aucun cas je n'induis un raisonnement analogique tel celui représenté par la matrice numérique de tout à l'heure. En revanche, si je dis – « La main ne peut pas traverser la barrière du pied » (énoncé thérapeutique que nous avons réellement proposé à une famille soninké lors de la prise en charge de leur enfant autiste), ou « Si l'on avait des yeux sur les fesses, comment ferait-on pour voir ? » –, je déclenche nécessairement une série de raisonnements analogiques qui, en règle générale, n'aboutissent pas à une comparaison simple (de la main et du pied ; quel type de barrière sépare la main du pied, à quel type de barrière pourrais-je la comparer ? Quelle opposition irréductible sépare la main du pied ?) Ce type d'énoncés est bien connu des guérisseurs yorubas qui les nomment « paroles à l'envers » ou encore « paroles-goussets », car un gousset peut être retourné comme un gant, il restera néanmoins toujours un gousset, c'est-à-dire qu'il continuera toujours à contenir les inductions de raisonnement analogique déclenchées au départ [7].

7. Hounkpatin et Nathan, 1991.

Nourrir les morts

Pour démontrer que de telles prémisses constituent l'armature d'une théorie cohérente susceptible d'engendrer de véritables recherches sur les dispositifs psychothérapiques, je demanderai seulement d'admettre le postulat que toute psychothérapie est une entreprise cohérente et rationnelle, même si la rationalité dont elle relève est complexe, inhabituelle, et souvent habilement dissimulée pour des motifs faciles à deviner.

Madame Odian, Mina du Togo, nous est adressée à cause de son refus systématique de toutes les propositions des intervenants sociaux. Elle critique violemment les méthodes du foyer où l'on a placé Fortunée, sa fille aînée. Visiblement très affectée, elle n'accepte que difficilement les entretiens de soutien proposés par la psychologue du foyer où l'on a placé ses deux autres enfants. C'est une belle femme, aux traits fins, à la démarche élégante, toujours vêtue de couleurs claires (jaune ou blanc). Nous comprendrons plus tard que ces couleurs, qu'elle porte avec bonheur, sont le signe de son affiliation à une secte d'origine asiatique. De plus, cette femme est une énigme pour les cliniciens qui n'arrivent à inscrire son comportement dans aucune trame. Tantôt, elle arbore un large sourire évoquant la reconnaissance et le désir de coopérer, tantôt elle entre dans de violentes colères aussi imprévisibles qu'apparemment injustifiées. Fortunée, âgée de treize ans, est épileptique, analphabète et considérée comme débile. Après un premier contact, nous la recevrons une dizaine de fois, toujours à sa demande, tâchant d'établir, dans une même démarche, un lien thérapeutique avec elle et un lien entre elle et les services sociaux.

Âgée environ de trente-cinq ans, elle montrait au début des entretiens beaucoup de réticences à évoquer sa famille. Sa mère, brutalement décédée après s'être séparée de son père, ne s'est pas beaucoup occupée d'elle. La mort de sa mère ayant paru suspecte, par peur de la sorcellerie, on a éloigné la fille en l'envoyant à Lomé. Mariée à dix-neuf ans, elle est immédiatement tombée enceinte. L'accouchement a été problématique et le bébé a très vite présenté des convulsions. Les médecins lui ont administré du valium qui, d'après Madame Odian, a déclenché un coma de six mois. Ainsi Fortunée a-t-elle débuté « entre la vie et la mort ». Devant cette série de malheurs, maintenant certaine d'être victime du même sort qui avait emporté sa mère, Madame Odian rentra quelques années au village où elle se fit soigner par les guérisseurs. Elle eut deux autres enfants d'un second mari. Quelque temps plus tard, sa sœur, installée en région parisienne et à la tête d'un commerce florissant lui proposa de venir la rejoindre. Elle immigra, s'installa dans la propriété de sa sœur, elle-même mère d'un petit garçon de dix ans, et entreprit de l'aider dans son commerce. Très vite, elle fit venir ses enfants et commença une nouvelle vie. Il ne se passa pas six mois que la sœur, seulement âgée de trente-huit ans, décéda à son tour des suites d'une intervention chirurgicale. C'est alors que Madame Odian perdit tout, son travail, son logement, occupé d'office par son frère, et par voie de conséquence la garde de ses enfants. Entre-temps, elle avait aussi hérité de la garde du fils de sa sœur qui, très vite après le décès de sa mère, commença à son tour de présenter d'étranges symptômes de mort apparente.

Pour illustrer le fonctionnement des opérateurs thérapeutiques et la recherche qu'on est susceptible de mener à partir de telles prémisses, je donnerai quelques séquences de la dernière séance à laquelle assistaient aussi la fille aînée, Fortunée, les deux autres enfants ainsi que le neveu de Madame Odian.

Dans un premier temps, Madame Odian évoque une nouvelle fois la mort de sa sœur, des suites d'une opération abdominale.

Elle dit ensuite que, depuis la mort de sa sœur, sa fille Fortunée a peur, de plus en plus peur... – « Elle a peur de la mort » dit-elle. – « C'est normal, moi quand j'avais son âge, j'avais peur aussi, peur des morts ; on a l'idée qu'on va les voir, on a peur de sortir de la maison. » Durant ce discours, la fille écoute sa mère parler de sa peur, ébahie.

Puis Madame Odian dit : – « J'ai fait un rêve. Un monsieur qui parlait français [probablement un rêve de transfert] et ma sœur, vivante dans le rêve, rentraient dans ma maison. Le monsieur me dit : – " Je vais t'ajouter sa force. " Et moi, je regrettais amèrement que ma sœur me donne sa force, car cela signifiait qu'elle était morte. »

Madame Odian évoque ensuite la maladie de son neveu, le fils de sa sœur décédée. Une fois, elle est restée toute une nuit à son chevet. « Il n'arrivait pas à se tenir debout, il n'avait plus de force. » C'est justement durant cette nuit qu'elle a fait le rêve de la « transmission de force ».

C'est à ce moment que je dis : – « Souvenez-vous, Fortunée aussi, on a pensé qu'elle allait mourir quand elle était bébé, quelques jours après sa naissance ; c'est pourquoi elle n'aime pas la mort. »

Le cothérapeute béninois, d'origine yoruba, qui déjà par le passé a souvent rappelé à Madame Odian ses obligations rituelles et son appartenance culturelle, dit alors : – « Quand quelqu'un dort trop longtemps (comme Fortunée lors de son épisode comateux, par exemple), on dit chez nous qu'il cherche quelque part celui dont il est la réincarnation. »

Ma cothérapeute togolaise, qui parle le mina et l'ewé, dit maintenant : – « De toute façon, chez nous, on doit nourrir les morts ! »

Madame Odian se met à sourire. Elle proclame presque solennellement qu'elle souhaite installer dans son petit appartement de la région parisienne un autel pour les morts ; elle pourra ainsi les honorer et les nourrir. « Les morts, il faut les nourrir, dit-elle, on laisse de la nourriture pour eux et ils la mangent. Si, après, on goûte à cette nourriture, ce qu'on mange est fade ; les morts ont enlevé le goût. Ce qui reste, ce n'est pas de la nourriture ; [s'adressant à une cothérapeute] si tu veux maigrir, mange ce qu'ils ont laissé ! » (elle rit).

Elle revient une dernière fois au décès de sa sœur : « Ma sœur, elle, ne croyait pas à toutes ces traditions, elle a eu des douleurs abdominales, elle est morte des suites d'une opération chirurgicale. »

Cette séance appelle quelques commentaires. Au début, Madame Odian évoque une angoisse non maîtrisable, associée à la mort de sa sœur et aussi, on peut le supposer, à la mort de sa propre mère et aux maladies de sa fille et de son neveu. Mais très vite, c'est elle qui nous indique le monde second, techniquement manipulable, dans lequel il sera possible de déclencher des opérateurs thérapeutiques : le monde des morts. Elle parle de Fortunée, de sa peur de la mort et évoque sa propre peur de rencontrer les morts, lorsqu'elle était enfant. Le groupe thérapeutique perçoit alors, peut-être inconsciemment, qu'une première médiation vient d'être établie entre ces irréductibles opposés que sont la vie et la mort [8]. La vie ne serait donc

8. Lévi-Strauss, 1958.

pas totalement séparée de la mort puisque les morts reviennent quelquefois, peut-être pour attirer les vivants et c'est pourquoi ils font peur. Cette première médiation, on pourrait la formuler : *les morts transmettent la mort.*

Puis dans le rêve, Madame Odian rencontre sa sœur morte et entend un homme dire qu'il va lui « transmettre sa force ». Nous comprenons naturellement qu'ici sont évoqués les problèmes d'héritage et de culpabilité des survivants [9]. Mais nous poursuivons l'analyse du processus de médiation et remarquons qu'il vient de s'établir une nouvelle médiation entre la vie et la mort : les morts ne sont pas radicalement séparés des vivants, ils peuvent leur transmettre de la vitalité, de la force. Notre formule se complète par celle-ci : *quelqu'un (le thérapeute ? un sorcier ?) peut transmettre au survivant la force du mort.*

Ensuite, Madame Odian revient à cette notion de force, redoublant cette dernière formule et l'inscrivant dans la réalité de la maladie de son neveu. Là aussi, nous aurions pu orienter notre écoute vers l'éclaircissement des sentiments de culpabilité de Madame Odian, toujours prête à « profiter » de la mort d'un proche, à s'approprier sa force. Mais la séquence suivante montre qu'en professionnels, nous avons voulu approfondir et déclencher le processus de médiation.

C'est pourquoi la première intervention thérapeutique – mon rappel du pronostic défavorable concernant Fortunée bébé – surajoute à cet ancrage de la médiation dans le monde réel de la maladie du neveu, l'évocation de la maladie de Fortunée, tout en reprenant le sentiment de peur évoqué par sa mère.

L'intervention thérapeutique suivante, celle du théra-

---

9. D'autant que ce rêve ressemble beaucoup à un rêve analysé par Freud dans son article sur « la négation ».

peute béninois – « Quand quelqu'un dort trop longtemps, on dit chez nous qu'il cherche quelque part celui dont il est la réincarnation ») – déclenche deux opérations fondamentales : un processus d'inversion et un accomplissement de la médiation, la rendant de ce fait réellement active. En effet, sous-entendant qu'un comateux est en suspens car il n'a pas reçu la part de vitalité que transmettent les morts, cette intervention peut donner lieu à une troisième formule : *les morts transmettent la vie.*

C'est alors que la cothérapeute togolaise évoque la nourriture qu'on donne aux morts, ce qui, probablement, leur transmet la force, mais une force particulière, leur force de morts, ou plutôt d'ancêtres. Ce qu'on peut maintenant exprimer dans cette quatrième formule : *les vivants transmettent la force aux morts.*

La boucle de la médiation ayant été bouclée, c'est la patiente elle-même qui évoquera le rôle de la coutume et du respect de ses rites traditionnels, confirmant les propositions précédentes des cothérapeutes africains. On peut représenter son discours par cette cinquième formule : *entre les vivants et les morts, il existe un monde intermédiaire, celui des rituels et de la tradition.*

Cette proposition qui clôt la séquence thérapeutique, et exprime clairement le mécanisme de médiation, modifie profondément l'humeur de Madame Odian : elle est maintenant détendue, gaie, elle plaisante. De plus, elle ne se revendique plus des identités de pacotille comme naguère (assistée des services sociaux français, militante d'une secte asiatique) et se reconnaît comme une Mina à part entière. Naturellement, on pourrait penser qu'on a inversé la culpabilité originaire dans une sorte d'élan narcissique jubilatoire (« Tu n'as pas tué ta sœur pour en tirer profit, c'est toi qui la nourris pour lui donner la force de devenir ancêtre »). Mais la proposition suivante

– « Ma sœur, elle, ne croyait pas à toutes ces traditions ... » – montre bien que Madame Odian s'est approprié le processus de médiation et qu'elle peut maintenant le faire fonctionner pour son propre compte.

Maintenant, essayons de comprendre le développement de cette séance. Dans mon raisonnement, je suis allé du discours à des macrostructures [10] construites à partir du développement du discours (les cinq formules). J'ai constaté que ces macrostructures se situaient toutes dans le monde second, proposé par la patiente dès le début et immédiatement adopté par le groupe thérapeutique. On pourrait désigner ce monde second extraordinaire comme celui des relations entre les vivants et les morts. L'opérateur thérapeutique médiation dont je viens d'analyser le fonctionnement n'a été déclenché que dans le monde second. À la fin de la séance, Madame Odian s'en saisit pour traiter l'angoisse ordinaire de son monde ordinaire (« Ma sœur, elle, ne croyait pas à toutes ces traditions, elle a eu des douleurs abdominales, elle est morte des suites d'une opération chirurgicale »). Naturellement, l'ensemble de la procédure contient une induction analogique laissant supposer que les mécanismes déclenchés dans le monde second peuvent aussi avoir cours dans le monde ordinaire.

L'essentiel du travail thérapeutique de cette séance a été de déclencher l'opérateur médiation. Néanmoins, le moment décisif – l'intervention du cothérapeute béninois – s'est structuré autour d'une inversion : les morts ne font pas que donner la mort (revenants), ils transmettent aussi de la vitalité aux vivants (réincarnation). Et on a vu que l'ensemble de la procédure présupposait une inférence analogique. Ce qui m'incite à penser que les opé-

10. A. Blanchet, *op. cit.*

rateurs thérapeutiques se combinent souvent entre eux (médiation, inversion, analogie), même si la cohérence d'une séquence est assurée par un seul opérateur.

Résumons maintenant dans un tableau l'ensemble des informations obtenues durant cette séance.

	MORT	VIE
MORT	Les morts transmettent la mort (aux vivants, revenants)	Les morts transmettent la vie (la force aux vivants)
VIE	Les vivants transmettent la mort (par ex. par sorcellerie)	Les vivants transmettent la vie (aux morts, en les nourrissant)

Tableau de la médiation entre le monde des vivants et le monde des morts

L'opérateur thérapeutique médiation est parfaitement visible au fait que toutes les cases d'un tableau à double entrée peuvent être remplies par les propositions des macrostructures. La case 3, à l'intersection de la ligne « vie » et de la colonne « mort », pose un problème. Elle n'a pas été explicitement évoquée durant la séance, mais seulement dans les précédentes (mort de la mère de Madame Odian par sorcellerie) et par la lourde atmosphère entourant la patiente. C'est à la présence structurale de cette case qu'on perçoit la stratégie thérapeutique du groupe d'ethnopsychanalyse. Nous refusons d'entrer dans les soupçons de sorcellerie pesant sur Madame Odian, éventuellement dans leurs prolongements autour de la culpabilité et choisissons délibérément les trois autres cases du tableau. Dans cette perspective, il est clair que notre stratégie est de parvenir à déclencher la médiation et, en aucun cas, d'entrer dans les arcanes du fonctionnement psychique inconscient de notre patiente.

Je signalerai pour conclure qu'aucun travail de recherche de ce type n'est possible si l'on ne dispose du corpus complet de la séance, comprenant le discours mot à mot, éventuellement les « images » (vidéo), ainsi que les reconstructions après la séance des pensées des thérapeutes à l'origine de leurs formulations. Si l'on parvient à généraliser ce type d'analyse, peut-être arrivera-t-on un jour à une conception de la psychothérapie où le flou de l'intuition, de l'empathie, de la pensée symbolique, voire la brume de formulations en poèmes de petits matins de beuverie, céderont la place à des concepts susceptibles de renforcer l'esprit et non de castrer toute velléité de penser.

Deuxième partie

Modifier son cadre de pensée

Chapitre 1

La contrainte à l'humanité

Je me retrouve dans un aéroport, disons Novossibirsk. Autour de moi, les voyageurs grouillent, parlant des langues qui me sont incompréhensibles. Mon univers, celui qui m'est directement accessible, immédiatement compréhensible, est réduit à ma seule psyché. Heureusement, je vis en compagnie de quelques souvenirs. Je m'imagine dialoguant avec quelque ami resté au pays, avec ma compagne, des collègues ; je me vois intégrant cette expérience à mon cours à l'université, à mon prochain article... quoi d'autre encore ? Je le sais, mes fantômes, mes chers absents, sont les gardiens de mes enceintes. Je monte dans l'avion. Un voyageur de commerce prend place à mes côtés. Il s'adresse à moi en français. Je sursaute... Cet espace restreint où je m'étais réfugié, ce cocon où je comptais voyager seul doit s'étirer jusqu'à nous contenir tous deux. Bientôt, cet homme m'explique qu'il a longtemps vécu au Liban et que c'est pour cette raison qu'il manie si parfaitement la langue française. Moi-même suis né en Égypte. Nous échangeons alors quelques mots d'arabe, des impressions de voyage, commençons à évoquer certains mets du Proche-Orient. Il a franchi un cercle supplémentaire, encore plus près du noyau. Je pense : « Ce doit être un espion du KGB ! »

Cet exemple, à peine imaginaire, montre avec évidence que la langue constitue une frontière à la fois souple et hermétique, délimitant dans l'univers de tout locuteur un dedans et un dehors – ceux qui l'entendent et ceux qui restent sourds (idiots ? barbares ?). De même, à l'intérieur de la langue, l'accent, les expressions idiomatiques, les argots, les créoles, les langues d'initiés, procèdent à leur tour au même jeu d'inclusion et d'exclusion, organisant au sein du groupe une multitude d'espaces qui s'excluent, s'entrecroisent ou se chevauchent. On est donc nécessairement amené à penser que, du point de vue de ses utilisateurs, la langue est un système culturel qui enveloppe le groupe social, tout en contribuant à l'identifier à la manière d'une marque sur le corps : incrustée, solidaire de sa nature et néanmoins contingente puisque arbitraire. Elle permet au groupe d'exhiber, d'affirmer une identité face aux étrangers ; elle permet aux semblables de se reconnaître et de se sentir inclus dans une même entité.

On le sait, la langue est le bien le plus spécifique d'un groupe social et contient son âme, sa dynamique, sa créativité. De la même manière, pour un individu, sa langue maternelle est le lieu d'où diffuse son sentiment d'identité. Réfléchissons un instant sur quelques caractéristiques des langues.

Ce sont des systèmes à la logique implacable, des organisations combinatoires jonglant avec des différences entre des parties élémentaires (phonèmes, monèmes, morphèmes...). Elles n'admettent qu'une fantaisie minime dans la prononciation, l'utilisation des règles de syntaxe et l'interprétation sémantique.

Ce sont des systèmes contraignants ; ne pas se soumettre à leur logique conduit à la plus profonde des solitudes, celle de la sauvagerie (je ne choisis pas de parler, je parle ! Je ne choisis pas la langue dans laquelle je commence à parler, je ne peux parler que celle que j'entends). Si je refuse l'illusion contractuelle associant une langue à un univers, je n'ai d'autre choix que l'autisme.

Les langues se constituent par le choix de procédures dans un répertoire de possibles. Elles décident, par exemple, de la façon de désigner le locuteur, l'interlocuteur, le tiers (par des formes verbales ou l'existence de préfixes, de suffixes ou de pronoms). De ce fait, elles se prononcent – et de façon procédurale – sur la nature de l'identité. De même décident-elles de la façon de dénombrer, d'identifier la partie élémentaire, c'est-à-dire l'essence de l'un et du multiple (la partie élémentaire en système décimal est un, elle est naturellement deux en base deux comme en nahuatl, par exemple [1]). De telles procédures, assimilées dès le plus jeune âge, constamment renforcées tout au long de la vie, deviennent pour ceux qui pratiquent une langue donnée, la vérité incontestable, l'être même des choses. Je parle donc le monde avant de le connaître. Platon avait peut-être raison en disant qu'on ne faisait que re-connaître les objets du monde sensible.

Nous pouvons donc dire qu'une langue est un système culturel fabriquant la nature du monde. Cette nature paraît d'autant plus évidente qu'elle a imprégné les locuteurs depuis le premier éveil de leur raison. Et lorsqu'ils commencent à réfléchir, voilà déjà plus de quinze ans que les *a priori* qui pourraient paraître contingents sont tatoués en lettres de feu au verso de leur psyché.

---

1. Pury-Toumi, 1992.

Enfin, une langue est strictement caractéristique d'un groupe humain. Sitôt qu'il se scinde, apparaît une langue nouvelle qui se distancie de la première, d'abord dans l'espace, plus encore dans le temps.

Toutes ces remarques sont des constats d'évidence. Or, voilà quelque temps déjà, nous avons remarqué que dans la consultation d'ethnopsychiatrie, destinée à accueillir des patients originaires de cultures autres et à leur offrir des psychothérapies spécifiques, nous rencontrions un nombre anormalement élevé de cas d'autisme infantile précoce, c'est-à-dire d'enfants qui ne s'inscrivaient pas dans une langue, donc dans une culture [2]. Est-ce possible ? Le travail approfondi avec plusieurs jeunes patients et leur famille, notamment la psychothérapie de sept d'entre eux [3], m'a conduit à un certain nombre d'hypothèses concernant la logique du fonctionnement autistique en rapport avec la migration et la perte par une famille de son environnement culturel. Travail clinique qui m'a entraîné à modifier totalement ma pensée des systèmes culturels tels qu'ils agissent au cœur du fonctionnement psychique.

2. On a beaucoup parlé un temps des enfants sauvages – enfants-loups, enfants-ours, enfants-gazelles – et de la ressemblance de leur comportement avec celui des autistes infantiles précoces. Si les enfants sauvages ressemblent tant à des autistes, c'est simplement parce qu'il s'agit d'une même réalité, dans les deux cas, il s'agit d'enfants non inscrits dans une culture.

3. Il s'agit naturellement de psychothérapies de type ethnopsychanalytique. Sur les sept jeunes patients pris en charge, quatre sont parvenus à parler. Deux jumeaux d'ethnie mandjac, originaires de Casamance, étaient trop âgés pour faire le moindre progrès ; quant au septième, un enfant d'origine kabyle âgé de huit ans – en fait le premier patient dont on se soit occupé selon cette méthode –, il me semble aujourd'hui que nos connaissances en ce domaine étaient trop limitées pour obtenir une modification de son état.

Le silence des âmes errantes

Freddy est un garçon âgé de cinq ans, très noir de peau, aux yeux brillants et au regard si mobile, qu'il refuse obstinément de fixer un être ou un objet. Sur son visage, aucun signe d'émotion ; ses gestes qu'on pourrait interpréter comme des amorces de communication ou des invitations à jouer sont immédiatement interrompus et détournés vers une activité rythmique et stéréotypée. Les sons qui s'échappent de sa bouche et qu'on croirait être des mots sont expliqués par les parents comme des répétitions écholaliques de séquences saisies au hasard d'une chanson. Freddy explose littéralement dans la salle de consultation, s'approche d'un thérapeute qui interprète ses avances comme une tentative d'entrer en relation avec lui, mais très vite se détourne, essaie avec un second, va s'étendre par terre sous un fauteuil en regardant bouger ses mains, sort à nouveau du bureau de consultation, et ainsi de suite. Il refuse tout contact physique avec un adulte, d'ailleurs sa mère ne s'y risque pas et se tient à distance de lui, renfermée, triste. De temps à autre, comme le font nombre d'autistes, il ira s'emparer de la main de l'un des thérapeutes pour prendre un objet ou pour ouvrir la porte. Son père, assis à l'autre bout de la salle, malheureux de nous présenter un enfant si malade, s'enferme dans une honte digne.

Les parents sont tous deux originaires du Cameroun ; lui est protestant, elle catholique. Elle est Bassa ; lui, Bassa par son père, Dwala par sa mère.

Monsieur D. : – « On nous considère plus comme des Dwala que comme des Bassa, même mon père se considère comme un Dwala. Mais je ne porte pas de nom dwala.

Mon premier nom est celui de mon père, le second signifie en bassa « esprit de la brousse ». Quant à Freddy, son premier nom est celui de mon père, et le second, le mien.

T.N. : – « Chez les Dwala, ne donne-t-on pas un nom correspondant à un événement survenu durant la grossesse ?

Monsieur D. : – « Il a mon nom et celui de mon père, c'est tout !

T.N. : – « Et aucun nom qui lui appartienne en propre ?

Monsieur D. : – « Lorsqu'il a passé quelques mois au pays, on l'appelait Samori. C'est le nom d'un grand guerrier de l'ancien temps, mais nous n'utilisons pas ce nom à la maison. »

Monsieur et Madame D. se sont mariés jeunes, lui était âgé de dix-neuf ans, elle de seize. Ils s'aimaient beaucoup, probablement plus qu'il n'est de coutume dans un mariage traditionnel, mais la famille de l'épouse n'appréciait guère ce prétendant pas vraiment bassa, car, dans la tradition, les Bassa sont strictement endogames. Je demande alors si des problèmes se sont posés au sujet de la dot. Monsieur D. saisit immédiatement la balle au bond :

Monsieur D. : – « J'ai bien sûr pensé que là pouvait résider l'origine des problèmes. On m'a d'ailleurs fait comprendre que si l'on ne donne pas la dot selon la coutume, les enfants peuvent tomber malades. J'en ai apporté une partie à la famille réunie, mais ils m'ont alors donné toute une liste. J'ai promis que je ferai tout ce qu'il y a à faire, mais seulement petit à petit. Je n'ai pas encore pu tout donner. C'est pourquoi nous sommes mariés à l'Église et à la mairie, mais pas encore selon la coutume bassa.

Madame D. : – « Bien sûr, ce n'est pas comme ça que le mariage aurait dû se dérouler, il aurait fallu consulter les familles avant. Mais on n'avait pas assez d'argent, on s'est dit qu'on se marierait et qu'on ferait la dot après. Je ne sais pas si cela a un rapport avec mon fils. Le fait est que mon mari n'a pas fait ce qu'il fallait !

Monsieur D. : – « C'est vrai ! D'habitude on ne fait pas comme ça et ma belle-famille n'a pas apprécié. Mais il fallait qu'on se marie rapidement. Je leur ai expliqué notre situation ; ils n'ont pas apprécié. »

Il semble évident que le jeune couple a voulu, par une grossesse, contraindre les deux familles à accepter le mariage. Mais il existe chez les Bassa une coutume très particulière concernant l'enfant né hors mariage. Je la leur rappelle :

T.N. : – « Mais ne dit-on pas chez les Bassa que l'enfant né hors du mariage n'appartient pas au mari, mais au père de la femme ?

Madame D. : – « Oui, mais pour Freddy, ce n'est pas le cas, car mon père ne le réclame pas. Regardez ! Le père de mon mari l'a réclamé à sa propre fille. Elle ne le lui a pas donné et pourtant l'enfant n'est pas tombé malade ! »

Nous parlons maintenant de la grossesse. Au début, la mère vomissait beaucoup, elle était tout le temps malade. Au cinquième mois, elle s'est sentie mieux et a commencé à percevoir les mouvements de son bébé. En fin de grossesse, cependant, le couple a rencontré beaucoup de difficultés. Monsieur D. a perdu son travail, ils ont dû quitter leur logement et ont habité quelque temps dans une chambre d'hôtel sans chauffage. C'était au mois de janvier et l'enfant devait naître en mars. Alors, ils sont allés chez un cousin. Ils se sentaient abandonnés de tous et de tout. La mère a allaité Freddy jusqu'à cinq mois, c'était un enfant très gros et elle n'arrivait pas à le porter. Très vite, ils se sont rendu compte qu'il avait des problèmes et l'ont envoyé au pays pour que les parents soumettent l'enfant à un traitement traditionnel. Freddy est resté six mois chez son grand-père maternel. Mais, lorsqu'il a atteint l'âge de trois ans, son père est allé le rechercher, interrompant le travail commencé par les guérisseurs.

Madame D. : – « Des fois il se met à parler ou à rigoler tout seul, comme ça. Quand il est revenu d'Afrique, il ne voulait pas que je le touche, il ne supportait que son père. Puis, un soir, j'étais couchée et il a commencé à me toucher les pieds puis à se coucher sur mon dos. Il ne m'a jamais appelée maman : des fois, j'ai l'impression qu'il prononce mon prénom, mais je crois que c'est une illusion. »

Freddy entre alors dans le bureau qu'il avait quitté une fois de plus et s'écrie : – « Ça ! ». Nous avons l'impression qu'il cherche à nous mimer un souvenir. Nous faisons part de notre impression à la mère qui nous répond :

Madame D. : – « Des souvenirs ? Je ne sais pas ... Quand il est rentré d'Afrique, j'ai été surprise, car j'étais si contente de le revoir, mais il semblait avoir quelque chose à me reprocher... Est-ce de l'avoir abandonné ? »

Nous leur posons maintenant des questions sur la nature du traitement traditionnel reçu au pays. D'abord, ils prétendent n'en rien connaître. Nous les encourageons. J'explique au groupe de cothérapeutes :

T.N. : – « Il faut comprendre que chez les Dwala, quand un enfant est très malade, on le pose loin comme si on l'abandonnait.

Monsieur D. : – « Pour qu'il se débrouille à revenir tout seul. Oui, je sais qu'il y a beaucoup de façons de traiter ce type de maladies [4]. Par exemple, on vous dépose

4. Il fait sans doute allusion aux possessions par les esprits de la brousse...

quelque part, en brousse, et il faut rentrer. Il y avait une jeune fille comme ça : elle partait très loin, sans s'en rendre compte, personne ne savait où elle allait. Un jour, on est allé l'abandonner au fond de la forêt.

T.N. : – « L'idée semble être : " Si tu es un esprit, retourne avec eux, si tu es un humain revient avec nous. " Lorsque l'enfant revient, alors c'est comme un deuxième accouchement...

Madame D. : – « Cela n'existe pas chez les Bassa.

T.N. : – « C'est vrai ! [À Monsieur D.] Vous parliez de l'esprit de la rivière ?

Monsieur D. : – « Oui, il peut sortir de la rivière et venir vers vous. Les Dwala l'appellent *Djangou.*

T.N. : – « Et ça peut effrayer un enfant ?

Monsieur D. : – « Cela peut entrer en lui, et la nuit ils sont ensemble, ils se causent et vous à côté vous ne comprenez rien à ce qu'ils se disent alors qu'ils sont en pleine conversation. »

Si l'interprétation par la capture par un esprit de la rivière est spontanément familière à un Dwala, c'est une théorie qui ne semble absolument pas convenir à la vraie Bassa qu'est la mère. En revanche, pour une Bassa, il serait bien étonnant que la mère n'ait pas pensé à la nature magique de Freddy. Nous lui posons la question :

T.N. : – « Comment nomme-t-on déjà chez les Bassa ces enfants qui ne sont pas comme les autres, qui, très tôt se comportent de manière bizarre, refusant à la fois de grandir et se comportant néanmoins comme des adultes ?

Madame D. : – « Vous voulez parler des enfants *M'bet Singa* [Marche sur un fil [5]]. Oui, naturellement, j'ai pensé que Freddy pouvait être un enfant comme ça, d'autant

5. « L'enfant ancêtre », *Nouvelle Revue d'ethnopsychiatrie*, 4, 1985.

que j'ai moi-même eu un frère *M'bet Singa* qui est décédé à l'âge de quinze ans.

T.N. (je commente pour le groupe) : – « *Marche sur un fil*, c'est-à-dire qu'il s'agit d'un enfant en suspens, entre la vie et la mort ; entre les humains et les êtres surnaturels, n'est-ce pas ? [À la mère] Peut-être faites-vous des rêves concernant Freddy ?

Madame D. : – « Peut-être, mais je ne m'en souviens pas...

Monsieur D. : – « Moi, j'ai toujours fait des cauchemars, même bien avant la naissance de Freddy. J'en fais encore, d'ailleurs. Dans ces cauchemars, on me suit et on veut me tuer, ou bien je tombe dans un trou et je crie. Mais je sais d'où cela provient. Mon père était très brutal et me battait par surprise ; il m'est resté de mon enfance une sorte de peur permanente qui réapparaît dans mes rêves. »

C'est alors que l'un des cothérapeutes signale que « tomber dans un trou » était précisément le jeu de Freddy, dans le jardin, devant le centre de PMI : il se jetait dans un trou creusé dans le sol en marmonnant ses bribes de chansons écholaliques.

Il est clair que les parents sont doublement fragilisés. D'abord, naturellement, de constater l'état extrêmement alarmant de leur seul enfant, mais aussi d'être en porte-à-faux par rapport à l'ensemble des représentations culturelles dans lesquelles ils ont tous deux grandi. En effet, leur mariage ne s'est pas déroulé correctement, car cette alliance comportait plusieurs violations de tabou : non-respect de la règle d'endogamie des Bassa, ayant lui-même entraîné le non-respect du rituel de dot et, par conséquent, n'étant pas mariés selon la coutume, l'appartenance incertaine de l'enfant né hors mariage. Il n'est donc pas étonnant que, dans un tel contexte, Freddy ait été nommé de façon très inhabituelle tant par rapport à la tradition bassa que par rapport à la tradition dwala. Il devient maintenant possible de penser que n'étant ni Bassa ni Dwala, Freddy ne peut pas constituer une clôture fonctionnelle de son univers psychique. Il nous reste bien sûr à chercher la raison pour laquelle des jeunes gens se coupent ainsi des représentations qui les portaient jusqu'alors. Mais après avoir constaté cette perte de fonctionnalité de l'univers culturel et considérant que la fonction psychologique de la culture est d'éviter perplexité et frayeur, il nous est apparu tout à fait naturel de proposer à ce couple une interprétation de la maladie de Freddy en termes d'effroi. C'est pourquoi, à la fin de la première séance, je leur dis :

T.N. : – « Moi, je pense que Freddy est très effrayé, je dirais même qu'il souffre d'une maladie de la frayeur. Peut-être est-ce de quelque chose de pas humain qu'il a peur, mais il s'agit indubitablement d'une maladie de la frayeur. »

Dans un second temps, après le départ de la famille, nous reprenons la discussion du cas avec le groupe et essayons d'évaluer un pronostic. Parmi les éléments inquiétants, nous notons l'aspect machinique très organisé de la pathologie de Freddy, en particulier ses jeux typiquement mécaniques et solitaires. De plus, même s'il semble manifester des élans de tendresse envers certains adultes, pour lui, la sensualité est plus instrumentale que perçue, ne pouvant par conséquent pas se révéler source de plaisir ou de tension. Si pour nous le contact est érotique, pour lui, il semble métallique, ce qui, on l'imagine, peut engendrer d'infinis malentendus dans son rapport avec les adultes. Nous repérons ce type de malentendu dans les brèves séquences écholaliques. Lors d'une première écoute, on pourrait presque croire que l'enfant parle, mais très rapidement, on constate qu'il est traversé par des phrases ou des rythmes externes. L'une d'entre elles nous étonne tout particulièrement : à plusieurs reprises, Freddy a chantonné « Mé – ri – nos, Mé – ri – nos ». Lorsque nous interrogeons la mère, elle nous répond laconiquement qu'il s'agit d'une publicité pour des matelas qu'il a regardée à la télévision.

Parmi les éléments positifs, en revanche, nous notons la présence des représentations culturelles de la maladie chez les parents. Nous n'avons eu aucun mal à parcourir avec eux la liste des étiologies traditionnelles bassas et dwalas. Ainsi, la maladie serait-elle due à une série de transgressions de tabous. La famille de Madame D. aurait détruit l'esprit de l'enfant afin de signifier aux parents que Freddy appartenait à son grand-père maternel et non à son père. Par peur d'être eux-mêmes châtiés pour leurs transgressions, les parents auraient entravé le rituel thérapeutique entamé au Cameroun, etc. Reste à savoir que faire, en clinique, de telles données anthropologiques. Un petit détour théorique est maintenant nécessaire pour comprendre le déroulement des séances suivantes.

Culture et humanité

Essayons d'expliciter plus encore ce que, à partir de notre expérience clinique, nous pouvons dire de la fonction de la culture dans la construction et dans l'homéostasie [6] de l'appareil psychique.

Le dictionnaire Robert définit l'espèce biologique comme « l'ensemble de tous les individus d'aspect semblable,

6. L'homéostasie est la tendance des organismes à la stabilité de différentes composantes physiologiques (température, composition du sang, etc.) ou à son rétablissement en cas de modification.

ayant en commun des caractères qui les distinguent au sein d'un même genre et capables d'engendrer des individus féconds ». Un chien n'est pas de la même espèce qu'un chat, mais il est de la même espèce qu'un loup.

La culture est un système psycho-sociologique, non biologique mais fonctionnellement très comparable à une espèce biologique. L'existence de tels systèmes semble intimement liée à l'espèce humaine (on ne connaît pas d'hommes sans culture, *a fortiori* sans langue) bien que la forme de ces systèmes soit contingente et que leur nombre (on connaît plus de trois mille langues mortes et vivantes) révèle la capacité des humains à s'adapter à des environnements physiques et sociaux extrêmement variés.

Partant du fait que les cultures, tout comme les langues, sont extraordinairement diverses, les biologistes, les économistes et même les psychologues ont eu l'habitude de considérer la culture comme une sorte de singularité qui, certes spécifie un groupe social donné en lui conférant sa coloration propre, mais toujours comme un système extérieur à la nature des humains.

Lorsque nous avons commencé notre consultation d'ethnopsychiatrie à l'hôpital Avicenne de Bobigny, nous sommes partis de l'interrogation suivante : en matière de psychopathologie, peut-on, comme en médecine, partir d'un *a priori* universaliste, considérer que, au moins du point de vue de leur fonctionnement psychique, tous les humains sont identiques ? Ou bien doit-on considérer les différences de langue, de coutumes, de croyances comme faisant partie de l'être même des personnes et penser notre discipline en conséquence ? Après plus de quinze ans de travail clinique intensif et de recherches systématiques, nous sommes parvenus à cette conclusion, que la culture est le système qui non seulement rend cohérent l'espace social, mais aussi, et surtout, le système intérieur des individus qui leur permet de clôturer leur espace psychique, c'est dire son importance clinique !

Pour comprendre l'importance psychologique des fonctionnements culturels, la langue est probablement l'exemple le plus accessible. En effet, les langues sont si complexes, si riches, si logiques, si contraignantes, qu'on pourrait presque y réduire l'ensemble du système culturel. Cependant, si l'on veut respecter les faits, on devrait y adjoindre au moins quatre autres systèmes qui contribuent à l'élaboration du monde de la personne :

Les théories comportant les énoncés sur la nature de la personne, et plus particulièrement du bébé. Par exemple, chez les Yoruba (du Bénin et du Nigeria), dès qu'un enfant naît, on interroge le *Fa* (le grand Destin) : Qui l'a envoyé dans ce monde ? À qui ressemble-t-il ? Qui est-il ? De quels fragments du passé familial est-il chargé ? Arrive-t-il pour le bien de la famille ? Lorsque le *Fa* s'est prononcé sur l'identité de l'ancêtre incarné, ce dernier devient le *joto* de l'enfant et lui donne l'un de ses noms. Le nouveau-né fait alors l'objet d'investigations dans plusieurs registres : l'environnement (durant la grossesse, on interroge les rêves de la mère et des parents proches), l'apparence physique (à sa naissance, il est attentivement examiné durant trois jours afin de déterminer la transmission des différents traits), le caractère (dès ses premières réactions, on essaie de saisir ses principaux traits de caractère). Alors seulement seront attribués les quatre noms de l'enfant qui condenseront les circonstances matérielles, psychiques et sociales qui ont présidé à sa naissance, bref, ses coordonnées. Le premier nom – *Oruto amontorunwa* – est celui que l'enfant a rapporté de l'au-delà : la plupart du temps il explicite les circonstances de l'accouchement. Le second – *Oruko abibo* – décrit les singularités familiales au moment de la grossesse. Le troisième – *Oriki* – les caractères propres, physiques et psychiques qu'on reconnaît à l'enfant ou qu'on lui souhaite. Le quatrième, enfin, reprend l'origine de la lignée familiale. S'il arrive que le groupe se trompe dans l'imposition du nom, ou donne un nom incomplet ou inadéquat, l'enfant peut alors tomber malade ou manifester par des attitudes caractérielles et des comportements agressifs son inadaptation, contraignant sa famille à reprendre tout le processus de dénomination [7] ;

– Les théories comportant les énoncés sur la nature des morts (ombres, fantômes, esprits, âmes, etc.) ;

– Les procédures culturelles de modification des êtres (rites de naissance, d'initiation, de transformation des morts en ancêtres...) ;

– Les théories comportant les énoncés étiologiques concernant la nature du mal et les procédures de rétablissement de l'ordre du monde. Au Maghreb : théories sur l'écologie des *djinns* et rituels de possession. Au Congo : théories sur la nature de la sorcellerie meurtrière – kindoki – et moyens d'annuler ses effets. En Amérique du Sud : théories sur les errances de l'âme et sur les façons de la restituer au malade.

Ces systèmes (langue, nature de la personne, nature des morts, nature du mal), souvent articulés entre eux, la plupart du temps – mais pas toujours – redondants entre eux, constituent le noyau de la culture, à la fois

---

7. L. Hounkpatin, « Voyage à travers le panthéon des dieux Orisas et Vodun : rites de possession et techniques thérapeutiques », *Nouvelle Revue d'ethnopsychiatrie*, 13, 1990, p. 243-248 ; G. Devereux, « L'image de l'enfant dans deux tribus : Mohave et Sedang » (1968), *Nouvelle Revue d'ethnopsychiatrie*, 4, 1985, p. 109-119 ; D. Bonnet, « La procréation, la femme et le génie », *Cahiers de l'ORSTOM* (série Sciences humaines), XVIII, 1982, p. 423-431 ; Nathan et M. R. Moro, « Enfants de djinné. Évaluation ethnopsychanalytique des interactions précoces », *in* S. Lébovici, Ph. Mazet, J.-P. Visier (éds), *Évaluation des interactions précoces*, Paris, ESHEL, 1989, p. 307-340.

étanche et lieu des échanges avec les cultures voisines (« On dit chez nous que les djinns vivent dans les maisons anciennes, les canalisations d'eau, les bains maures. » – « Chez nous, au contraire, on pense que des génies habitent les rivières, les fleuves, les sources. » – « Chez nous, il existe des esprits de la forêt qui vivent dans les arbres. », etc.).

Un exemple simple : je parle le français. *A priori*, toute personne parlant cette langue est susceptible de communiquer et d'échanger avec moi, et pas seulement ma mère, mon père, les membres de ma famille ou de mon groupe d'amis. Mais pour qu'il en soit ainsi, il faut d'abord que le français ne puisse être facilement perverti par le premier locuteur venu. Ainsi, pouvons-nous dire que la langue d'un sujet n'est un système d'échange généralisé, et non pas un code privé, que pour autant qu'il est cohérent, à peu près clos et surtout hermétique à une autre langue. Ainsi, pour parler, ne suffit-il pas d'être un petit d'homme, il faut en plus être un Boshiman, un Yoruba, un Bambara, un Soninké, un Ewundou, un Bamileke. Il ne suffit pas d'appartenir à une espèce biologique, il faut en plus être membre d'un groupe culturel qui, tout comme les espèces biologiques, possède un mode spécifique de clôture et, de ce fait-même, d'échange avec les autres groupes. Autrement dit, la langue n'est un système d'échange généralisé, c'est-à-dire compréhensible par quiconque même s'il n'est en rien apparenté au locuteur, que pour autant qu'il est limité au groupe qui le pratique et qu'il clôture. Pour que le bambara soit une langue véritable, il faut encore que la langue bambara soit opaque à la langue soninké, peule ou wolof. Entrer dans un échange généralisé est donc conditionné par l'appartenance à un groupe fermé. Et l'acquisition de la langue est probablement le premier processus par lequel une culture s'empare de l'un de ses membres et l'affilie.

Il découle de cette série de définitions que fabriquer un petit homme n'est en aucun cas réductible à une opération biologique. Il s'agit toujours d'une opération culturelle complexe permettant de produire non pas un petit d'homme mais bien un petit Soninké, Bambara, ou Wolof... Les cultures prévoient généralement une série de systèmes d'affiliation complexes, parcourant la vie entière des personnes, scandant les moments décisifs de leur existence tels que la naissance, l'initiation pubertaire, le mariage, la naissance du premier enfant, le décès des parents, la mort... C'est pourquoi, dans toute culture, le système d'affiliation n'est jamais superposable à une filiation de type biologique.

On peut en conclure qu'une culture est constituée par l'ensemble de tous les individus culturellement semblables, ayant en commun des caractères qui les distinguent d'autres êtres humains, eux aussi membres d'une culture et capables d'engendrer des individus culturellement semblables.

Considérons maintenant quelle fonction occupe la culture dans les mécanismes psychiques. Une culture est une organisation transportable de l'univers permettant à chaque membre d'une société donnée de percevoir le monde sur le mode de l'évidence, comme naturel, comme allant de soi. Quoique d'origine externe à l'individu, cette structure permet avant tout de se mouvoir, de penser, d'aimer et de travailler en évitant frayeur et perplexité. Il existe toujours un mot pour nommer les objets, les expériences perçues, il existe toujours une pensée capable de rendre compte des désordres et des douleurs.

Dans le développement psychologique d'une personne, nous constatons l'existence d'un même mécanisme paradoxal : l'ouverture au monde – donc la capacité à communiquer – est subordonnée à la fermeture du monde intérieur, dont le premier indice visible est la capacité à dire « Non ! » [8]. Nous ne serons donc pas étonnés de constater une similitude de fonctionnement entre le système culturel et l'appareil psychique, un même type d'articulation du singulier et de l'universel. J'illustrerai la similitude des mécanismes dans deux domaines.

Au risque de se désintégrer, la société ne peut pas appréhender la réalité sans l'aide de ce filtre qu'est la culture ; à une tout autre échelle, l'individu fonctionne de manière semblable. Il se construit un filtre codant et organisant la réalité sensible, ce que Freud a commencé à explorer de manière systématique et qu'il a appelé « appareil psychique ». En effet, le fonctionnement psychique d'un sujet donné classifie et ordonne les perceptions, les sensations, les pensées – bref, les faits psychiques – par un travail de transcription, de codage et de comparaisons comparable à celui qu'opère la culture pour la société. Pour utiliser une métaphore facile à saisir et applicable aux deux systèmes : les yeux du poisson voient dans l'eau, ils ne voient pas l'eau. Étant donné la réalité biologique des yeux du poisson, l'eau est précisément ce filtre qui rend le monde perceptible, c'est-à-dire ordonné. Si ce n'était pas le cas, toute perception agirait pour l'appareil psychique comme un véritable traumatisme destructurant et rendant inopérant l'ensemble de l'édifice [9].

---

8. R. A Spitz, *Le Non et le oui. Genèse de la communication humaine*, 1957, Paris, PUF, et *De la naissance à la parole. La première année de la vie*, 1965, Paris, PUF, 1968. On devrait également tenir compte de l'existence d'un mode de clôture des espaces sociaux comme préambule à toute clôture du monde individuel.

9. Ferenczi, le seul de tous les psychanalystes à avoir véritablement approfondi la notion de traumatisme, était tout proche d'une telle pensée lorsqu'il écrivait : « Le refoulement du soi, la destruction de soi, est la condition préalable de la

Voyons un exemple dans plusieurs registres. Perception : un inconnu crache par terre en passant devant moi ; il est totalement intolérable de penser que cet homme est organisé par des désirs, des pensées, des sensations auxquels je n'ai aucun accès. Filtre psychique : cet homme, peut-être inconsciemment, veut marquer sa désapprobation envers ma personne. Filtre culturel : cet homme est un sorcier cannibale, sa salive est imprégnée d'une part de destruction qu'il veut déposer sur mon passage. Heureusement que j'aperçois son manège ; je saurai éviter de piétiner la portion souillée du trottoir.

Nous pouvons donner une précision supplémentaire sur les modalités de fonctionnement de ces deux systèmes. Culture et Psyché recourent essentiellement à une logique associative, ils semblent en effet posséder l'étonnante finalité de ne jamais laisser un de leurs éléments isolé. Pour ce faire, ils établissent sans cesse entre tous les éléments des connexions logiques quelquefois surprenantes car fondées sur la comparaison (analogies ou oppositions, sémantiques, sonores ou formelles), sur des mécanismes spécifiques de regroupements d'éléments (condensation, déplacement [10]), sur des constructions d'équations complexes liant logiquement les éléments hétérogènes [11] et sans doute sur d'autres processus qu'il appartiendra aux chercheurs de formaliser.

Voyons à nouveau un exemple dans plusieurs registres. Perception : je constate que mon épouse me trompe [12].

---

perception objective. Quelle est la motivation d'une telle abnégation ? Uniquement l'expérience qu'ainsi le soi sera aidé d'une autre façon, bien meilleure. Je disparais pour un moment, je n'existe pas, mais à la place les choses existent en dehors de moi... La mémoire est donc une collection de cicatrices de chocs dans le Moi. » (*Journal clinique*, p. 168.)

10. S. Freud, *L'Interprétation des rêves* (1899), Paris, PUF, 1967.

11. C. Lévi-Strauss, *La Pensée sauvage*, Paris, Plon, 1962 et *Mythologiques*, 4 tomes, Paris, Plon, p. 1964-1971.

12. « Le roi entra sans bruit, se faisant un plaisir de surprendre par son retour

Système associatif d'origine culturelle : je sais que certaines femmes, possédées par un esprit, peut-être même mariées dans l'autre monde, ne peuvent accéder aux règles de cohabitation des humains. Ce fait devient maintenant culturellement perceptible.

Système associatif d'origine psychologique : mon épouse me trompe, comme ma sœur s'est autorisée à aimer un étranger, comme ma mère avait même un commerce sexuel avec cet étranger... mon père...

S'il est évident que le rôle primordial de la culture est d'assurer l'existence du groupe en tant que tel, donc sa clôture – la frontière en étant la langue – et de substituer partout « l'organisation au hasard [13] », l'appareil psychique assure la même fonction pour l'individu, la frontière en étant ce que Freud appelait le pare-excitation. En toute logique, nous devons conclure que culture et psyché sont homologues, fonctionnellement redondantes (maintenir l'identité du système qu'elles préservent, à la fois sa délimitation et ses échanges avec d'autres systèmes qu'elles entreprennent de définir comme semblables) et les seuls systèmes dynamiques susceptibles de gérer le lien avec l'autre.

De nos jours, on a curieusement tendance à oublier une ancienne distinction des classiques de l'anthropologie : la culture est constituée de tout ce qui caractérise spécifiquement un peuple, qui ne pourrait en aucune manière lui être emprunté par un autre peuple – donc avant tout, sa langue –, la civilisation de ce qui, dans

---

une épouse dont il se croyait tendrement aimé. Mais quelle fut sa surprise lorsqu'à la clarté des flambeaux, qui ne s'éteignaient jamais la nuit dans les appartements des princes et des princesses, il aperçut un homme dans ses bras ! Il demeura immobile durant quelques moments, ne sachant s'il devait croire ce qu'il voyait. » *(Les Mille et Une Nuits.)*

13. C. Lévi-Strauss, *Les Structures élémentaires de la parenté* (1949), Paris, Mouton, 1967, p. 37.

une culture, est susceptible d'être exporté, comme les innovations techniques. Tout être humain est inscrit dans une culture, mais il n'est pas nécessaire d'être membre d'une grande civilisation pour être humain. Un Inuit est incontestablement un être humain, tout comme un Américain du Nord contemporain, sans nécessairement être inscrit dans une civilisation dominante. Si les civilisations sont des fédérations de cultures, elles ne peuvent en aucun cas assurer l'homéostasie psychique de la personne. De plus, les civilisations apparaissent, se développent et meurent alors que les cultures sont *stricto sensu* immortelles. Pour faire disparaître une culture, il faut exterminer tous ses membres, y compris les vieillards, les femmes et les nourrissons. Généralement, les civilisations permettent aux cultures de survivre en leur sein et de poursuivre leur évolution. Lorsqu'une civilisation disparaît, l'une des cultures peut prendre le relais et tenter une nouvelle fédération originale, une nouvelle civilisation. Si l'on tient compte de cette dernière série de remarques, on doit dire que ce qu'on appelle « culture française » est davantage une civilisation qu'une culture au sens propre.

Tout humain a un psychisme, mais tout humain habite une culture et une langue, est inscrit dans des règles d'alliance et de filiation, etc. Il existe par conséquent dans chaque individu deux systèmes redondants, ayant une structure homologue : l'un d'origine interne – l'appareil psychique –, l'autre d'origine externe : la culture. La coexistence de ces deux systèmes a des conséquences logiques considérables.

Je peux maintenant formuler une première proposition théorique : c'est par la perpétuelle comparaison entre deux systèmes homologiques, l'un de nature interne, l'autre d'origine externe, que le sujet peut à la fois assurer sa clôture et, dans un même mouvement, penser qu'il existe d'autres sujets, clos comme lui, et avec lesquels il est donc possible de communiquer [14].

Le système de parenté, nous le savons, repose sur une dichotomie de base. Un tel système implique en effet la conception d'un monde divisé en deux groupes, un groupe bon et un groupe mauvais, selon des critères définis par Lévi-Strauss : « Un groupe " bon ", c'est celui auquel, sans discuter, on accorde l'hospitalité, celui pour lequel on se dépouille des biens les plus précieux ; tandis que le groupe " mauvais " est celui dont on attend et auquel on promet, à la première occasion, la souffrance ou la mort. Avec l'un on se bat, avec l'autre, on échange [15]. » Le travail clinique avec les enfants autistes nous a appris que la première organisation perceptible lorsqu'ils acceptent de sortir de leur monde clos est elle aussi de type dichotomique. Il semble que l'appareil psychique ait besoin, pour dérouler sa logique, tout au moins au début, de recourir au clivage du bon et du mauvais. C'est à cette seule condition qu'il peut fonctionner selon la logique de l'échange.

Ma seconde proposition théorique consiste donc en ceci : pour se développer, l'appareil psychique d'un sujet a besoin d'une organisation affective dichotomique, d'une organisation culturelle dichotomique et d'un système d'interconnexions – lui-même probablement dichotomique – entre ces deux organisations dichotomiques.

Après ces considérations générales, je peux développer mon hypothèse principale que j'énoncerai ainsi : si l'au-

---

14. D. Stern, *The Interpersonal World of the Infant*, New York, Basic Books, 1985, et « Les interactions affectives », *in* S. Lebovici et F. Weil Halpern (eds.), *Psychopathologie du bébé*, Paris, PUF-INSERM, 1989, p. 199-214.
15. C. Lévi-Strauss, *Les Structures élémentaires de la parenté*, *op. cit.*, note 13, p. 71.

tiste infantile précoce ne parvient pas à s'approprier le système d'échange généralisé qu'est la langue, c'est que, pour des raisons qu'il s'agit d'éclaircir dans chaque cas, il a été contraint d'assurer seul la clôture de son fonctionnement psychique et non par comparaison terme à terme avec l'organisation culturelle, autrement dit, veiller à la pérennité de son identité par ses seuls moyens. De manière plus brutale, cette proposition pourrait se formuler ainsi : un autiste est un enfant d'humain qui, faute d'inscription dans une culture, n'a pu accéder à l'humanité.

De ce fait, l'appareil psychique de l'enfant autiste ne possède aucune possibilité logique de se comparer à un autre système nanti d'une clôture, et donc de s'« accorder » (selon la métaphore musicale de Stern [16]). Les cliniciens ont remarqué depuis longtemps que ce type d'enfants refusait tout lien impliquant une complémentarité entre deux êtres. Kanner notait qu'entre le quatrième et le huitième mois déjà, on remarquait chez eux l'absence de mouvements anticipateurs avant d'être pris dans les bras ainsi que l'absence d'ajustement au corps qui les porte. Il me paraît maintenant évident que l'autiste est perpétuellement absorbé par un travail de clôture et que la plupart de ses symptômes pathognomoniques sont compréhensibles de ce point de vue : activités répétitives ayant pour but la perception des limites du corps – sensations labyrinthiques (balancements), sensations tactiles violentes (heurts de la tête, morsures de la main), travail perpétuel de comparaison entre les différents registres de sensation (toucher un objet, puis le renifler, le goûter, l'écouter, etc.), jeux perpétuels avec les portes,

16. En anglais : « attunement ».

les serrures, les clés, jeux de délimitation de contenus et de contenants (liquides, sable), etc.

Si la comparaison entre culture et psyché joue bien ce rôle primordial dans la clôture du sujet, le degré de fonctionnalité de la culture au sein d'une famille doit par conséquent être l'élément clé dans la genèse d'un certain nombre de cas d'autisme infantile précoce.

Ces remarques anthropologiques sur l'autisme n'ont à ma connaissance jamais été développées dans la littérature psychopathologique. Je reste cependant persuadé que l'autisme de l'un des enfants constitue une réaction relativement fréquente à l'émigration d'une famille. Mais c'est surtout la possibilité de modifier la pathologie de l'enfant par l'abord ethnopsychanalytique qui me convainc de plus en plus de la fécondité d'une telle hypothèse.

La surprise inéluctable

Au cours de la première séance, nous avons parcouru avec les parents de Freddy une série d'hypothèses étiologiques traditionnelles, entourant la famille de représentations culturelles comme un psychothérapeute d'enfant dispose ses jouets dans son cabinet de consultation. Quinze jours plus tard, à la seconde séance, la mère est visiblement déprimée et se tient prostrée dans un coin de la pièce. Le père, toujours sur sa réserve, attend anxieux notre invitation à parler. Ils commencent par nous faire part de leur découragement devant l'absence de progrès de Freddy. Durant ces quinze jours, ils sont allés visiter plusieurs hôpitaux de jour et ont constaté l'état peu encourageant des autres enfants. Alors qu'ils s'installent dans un fatalisme triste, Freddy commence à enfiler de grosses perles en matière plastique. Je lui propose de considérer que chaque perle représente une syllabe : « Fre ... ddy ... D... » Il se pique au jeu et échange des syllabes avec moi tandis que les parents restent dans un long silence. Au bout de quelques minutes, la mère prend l'initiative du récit.

Madame D. : – « La dernière fois, vous nous avez parlé de frayeur au sujet de Freddy. En sortant d'ici, immédiatement j'ai pensé à un événement ; mais je ne sais pas si c'est à cela que vous faisiez allusion. Un samedi matin – Freddy devait avoir à peu près un an et ne savait pas encore marcher – je passais l'aspirateur... [Madame D. manifeste ici un fort sentiment d'angoisse.] J'avais ouvert la fenêtre pour aérer la pièce, et j'avais assis Freddy sur le fauteuil qui se trouvait sous la fenêtre. Nous habitions alors au cinquième étage. Je passais donc l'aspirateur puis, en me retournant, qu'est-ce que je vois ? Freddy, grimpé je ne sais comment, se tenant à quatre pattes sur le mince parapet, à l'extérieur de la fenêtre, dos au vide ; et il me regardait. C'est peu dire que j'ai été effrayée : je dois dire plutôt que je suis restée pétrifiée ! Cet instant a duré des heures. Je me suis dit : « Si je lui montre ma peur, il aura peur à son tour, fera un faux mouvement, et tombera dans le vide. » J'ai fait un effort sur moi-même pour paraître impassible. Il me regardait toujours en souriant. Je me suis avancée très lentement puis, quand je suis parvenue jusqu'à lui, je l'ai saisi par le bras et l'ai lancé sur le fauteuil. Alors, pour vous répondre, je ne sais pas s'il a eu peur, mais moi, j'ai eu très peur.

Monsieur D. : – « Moi aussi, j'ai eu très peur, quand je suis rentré et que ma femme m'a raconté l'histoire, j'ai tremblé de peur. Depuis, je fais constamment des rêves de chute.

T.N. : – « Vous savez, pendant que vous racontiez cet événement, nous n'avons pas seulement eu peur que

Freddy tombe : il est tombé ! Nous avons senti sa chute dans nos corps, nous l'avons presque « vu » tomber ! Nous avons tous été pris de vertige, comme s'il tombait là, devant nous. »

Durant le temps du récit, Freddy, d'abord assis devant les perles de plastique, se lasse bientôt et s'en va vers le lavabo organisant un jeu avec des verres et de l'eau, ne cessant d'explorer les limites entre contenant et contenu. Soudain, il se plante devant sa mère en se touchant le sexe. La mère demande :

Madame D. : – « Tu veux faire pipi, Freddy ? » et le voici qui répond sans sourciller :

Freddy : – « Oui, maman ! »

Nous sommes tous saisis d'entendre Freddy s'exprimer.

Monsieur D. : – « C'est la première fois que Freddy parle ! Je veux dire, qu'il parle vraiment ! »

Tandis qu'une cothérapeute conduit Freddy aux toilettes, sa mère, très émue, poursuit son récit :

Madame D. : – « Je me demande comment j'aurais pu expliquer à ma famille la mort de Freddy. Certainement qu'ils auraient argumenté pour m'expliquer combien les malheurs que je subissais étaient la conséquence des fautes que j'avais commises. »

Freddy surgit à nouveau dans le cabinet de consultation et se met à chanter à tue-tête : « Mé – ri – nos, Mé – ri – nos. » L'un des cothérapeutes se souvient soudain que dans cette publicité un jeune homme, après avoir fait plusieurs cabrioles, se jette par la fenêtre. Naturellement, nous remarquons que dans sa chanson, Freddy avait gardé le souvenir de la peur qu'il n'avait pu voir que dans les yeux de sa mère et, plus tard, rétrospectivement, dans ceux de son père.

Après le récit détaillé de ce souvenir, les parents, soulagés, reprennent, mais maintenant de manière de plus en plus personnelle, et en les approfondissant, l'évocation des représentations culturelles. D'abord, la mère qui raconte la mort de son jeune frère auquel elle avait déjà fait allusion lors de la première séance :

Madame D. : – « J'ai eu un petit frère qui est né juste après moi. Comme je vous l'ai dit, il était un peu particulier, il avait des dons de voyance. Chez nous, on dit de ces enfants qu'ils ont « quatre-z-yeux » ou « qu'ils voient loin ». Lorsqu'il rêvait quelque chose, ça arrivait toujours. D'ailleurs, les gens avaient peur de lui, surtout les ennemis de la famille ! Un jour, il avait la jaunisse et un vieux venait au village le soigner avec des herbes. Mais mon frère a dit : « Je ne dois pas prendre ces médicaments, le vieux me veut du mal ; si je les bois ce soir, demain je ne me réveillerai pas. » Ma mère a pensé qu'il racontait des histoires pour ne pas prendre ses médicaments. Elle l'a obligé à les prendre ; le lendemain, il était mort, comme il l'avait prédit. Il avait dix ans et moi onze.

T.N. : – « Vous étiez très attachée à lui, n'est-ce pas ?

Madame D. : – « Nous étions toujours ensemble. Lorsqu'il est mort, je ne parvenais pas à me consoler. On m'a emmenée de force parce que je ne voulais pas quitter son cadavre. Je n'arrêtais pas de pleurer. On m'a interdit d'assister à l'enterrement.

T.N. : – « Sans doute a-t-on eu peur qu'il vous emmène avec lui ?

Madame D. : – « Sans doute ! Quand j'ai eu Freddy, j'ai pensé que c'était mon frère qui revenait. »

Quant au père, il associe à cette séquence un récit traumatique d'une autre nature. Alors qu'il évoque une nouvelle fois la sévérité incompréhensible de son père, il raconte :

Monsieur D. : – « Oh, c'est presque un cauchemar ! J'étais alors interne dans un collège religieux à plus de deux cents kilomètres du village. Il m'arrivait de rentrer le week-end à la maison. Le dimanche soir, j'ai demandé à ma mère un peu d'argent pour reprendre le car. Elle m'a dit qu'elle n'avait pas d'argent et qu'il fallait en demander à mon père. Je savais qu'il ne me le donnerait pas. J'ai alors dit que je ne pouvais pas retourner au collège et je suis resté à la maison. Quand il est rentré, vers quatorze heures, j'étais tranquillement assis dans le fauteuil à bascule. Il est passé devant moi sans rien dire. Il a fait doucement le tour, puis est revenu par-derrière, armé d'un bâton. J'ai ressenti par surprise un terrible coup qui me déchirait l'épaule. Je suis tombé du fauteuil, mais je me suis relevé et l'ai affronté. C'est alors lui qui est tombé.

Un cothérapeute africain : – « Un père qui tombe devant son fils, c'est comme si le monde s'écroulait. En Afrique, il n'y a qu'une solution : appeler les vieux afin que le père soit considéré à son tour comme un enfant par des plus âgés que lui... afin de rétablir l'ordre du monde. »

Durant ce temps, Freddy parcourt ses jeux autistiques habituels. Après l'exploration des contenants et des liquides, il s'intéresse maintenant aux portes et aux clés. Bientôt, il structure un jeu avec une cothérapeute. Il sort de la pièce et une fois dehors frappe à la porte. La cothérapeute répond : « Entrez ! » Il entre. Le groupe semble penser qu'il réagit seulement au son d'une voix, sans comprendre le sens du mot. Il ressort et frappe à nouveau : une fois, le cothérapeute ne répond pas ; une seconde fois – « Entrez ! » dit-elle – et il entre. C'est maintenant elle qui sort et frappe à son tour. Il répond d'une voix claire, presque grave, la voix d'un grand garçon : « Entrez ! » Mais il semble étonné d'entendre une voix aussi claire surgir si près de lui et se retourne, explorant l'espace à la recherche de la source sonore.

L'ensemble du groupe éprouve maintenant un sentiment de soulagement joyeux.

D'abord quelques commentaires immédiats. Si nous avions perçu dès la première séance combien dans cette famille le cadre culturel était peu fonctionnel, nous ne savions avancer aucune raison pour expliquer le peu de crédit apparent attaché aux représentations traditionnelles. Cependant, nous avons immédiatement signifié cette absence de soutien, normalement assuré par les représentations culturelles, dans notre formulation sur la frayeur. Apparemment, le message a été fort bien reçu puisque dès la seconde séance, l'ensemble de la famille s'était structuré autour du signifiant « chute ».

Freddy avait failli tomber ; plus même, dans l'esprit de chacun des parents – comme d'ailleurs durant la séance dans celui des cothérapeutes –, il était réellement tombé !

La famille de chacun des parents les avait laissés tomber, non seulement comme ils le croyaient d'abord à cause de la transgression des tabous, mais déjà bien avant cela. Pour la mère, cette chute se situe au moment où sa propre mère s'était faite l'alliée objective des sorciers qui avaient empoisonné le petit frère devin et Madame D. faillit alors suivre son frère dans la tombe ; pour le père, lorsque son propre père l'avait agressé injustement – et par surprise – occasionnant d'abord la chute du fils puis, bien plus grave encore, celle du père.

Il existe une étrange ressemblance entre l'interprétation traditionnelle *M'bet singa* (« marche sur un fil ») et l'événement de la chute de Freddy dans le vide. Si véritablement Freddy est un enfant « marche sur un fil », il n'est pas étonnant qu'il ne soit pas réellement tombé. Son sauvetage miraculeux confirme sans doute dans l'esprit des parents l'interprétation culturelle et appelle par là même la présence du groupe familial et des guérisseurs qui en sont les véhicules naturels. Cette ressemblance s'est révélée profitable à Freddy, en permettant à sa famille de se restructurer après une seule séance autour des représentations culturelles.

Enfin, la notion de chute est étroitement articulée avec celle de frayeur, c'est même l'un des points théoriques auxquels l'ethnopsychiatrie clinique nous a conduits de manière certaine. Les représentations d'origine culturelle, les étiologies traditionnelles du malheur et de la maladie, tissées en systèmes, portent le sujet, y compris corporellement. Si, soit du fait de la migration, soit d'un violent traumatisme, soit encore d'une marginalisation précoce, les systèmes étiologiques viennent à n'être plus fonctionnels, le sujet ne peut que tomber ou être effrayé. Dans la frayeur, l'âme n'est plus portée ; dans la chute, c'est le corps !

Freddy, né en France entre deux errances, pas vraiment Bassa, à peine un peu Dwala, fils de parents flottants, n'apercevant même pas le fil sur lequel il pourrait funambuler *(M'bet Singa)*, ne peut que « marcher en l'air ». Contraint à se construire lui-même la clôture de son univers interne, ne pouvant s'appuyer sur aucun système de représentations, mal nommé, bref, trop lourd pour être porté, Freddy ne pouvait que tomber... ou être effrayé, ce qui, comme je viens de le dire, est psychiquement la même chose.

Sachant tout cela, que dire maintenant de la nature du traumatisme subi par l'enfant ? Comme tout traumatisme chez un très jeune enfant, il a été vécu dans les yeux des parents ; comme tout traumatisme, son étiologie est la perte d'une enveloppe, et les affects qui l'accompagnent sont un mélange de frayeur et de surprise. Mais ayant compris la logique de la perte du cadre culturel, nous saisissons la nécessité d'un tel traumatisme.

Ainsi, pouvons-nous dire qu'il s'agit paradoxalement d'une surprise inéluctable.

Toutes ces considérations m'ont conduit à réfuter une fois pour toutes la thèse de Freud, largement partagée par la communauté psychanalytique, d'après laquelle le respect d'un (ou à la rigueur de deux) tabou autoriserait l'accès à l'humanité. Je pense que la fine articulation de deux séries d'organisations dichotomiques – l'une d'origine interne, l'autre externe – contraint le sujet à l'humanisation, par le double effet d'une obligation logique d'une part, d'une construction de frontière fonctionnelle d'autre part. Ceux qui n'accèdent pas à une telle organisation sont condamnés à ne faire appel qu'à des systèmes internes pour assurer leur frontière et se voient par là même refuser l'accès aux modes habituels de communication et d'échange.

Dans le groupe thérapeutique, nous avons tous été saisis par le dénouement spectaculaire de la seconde séance. Après le départ de la famille, une étrange excitation s'était emparée de chacun de nous. Nous plaisantions en élevant la voix plus que de coutume. En même temps, je percevais un sentiment de danger. Je pensais : « Que va-t-il se passer maintenant ? Comment ce couple va-t-il résoudre ce problème de filiation, tout de même assez complexe. Traditionnellement, les Bassa sont patrilinéaires, les Dwala matrilinéaires. C'est-à-dire que dans le premier cas, l'enfant appartient de droit à la lignée paternelle, généralement représentée par l'aîné des frères du père ; dans le second, à la lignée maternelle, représentée par l'aîné des frères de la mère. Mais de tels systèmes ne peuvent fonctionner qu'entre deux Bassa ou deux Dwala. Que se passe-t-il lorsque mari et femme n'appartiennent pas à la même ethnie ? D'ailleurs, quelle est l'appartenance réelle du père de Freddy, patrilinéaire par son père, matrilinéaire par sa mère ? Il se définit lui-même comme Dwala, comme sa mère. Serait-ce par la mère que se définit l'appartenance au groupe ? Quelle serait alors l'appartenance de Freddy ? Bassa comme sa mère ? Mais seulement selon le père... Ce problème, laissé en suspens tout au long des deux années de prise en charge par le Centre médico-psycho-pédagogique (CMPP), va sans doute réapparaître avec toute son acuité après le coup d'éclat de Freddy.

À la troisième séance, Monsieur et Madame D. entrèrent d'abord, souriant tous deux. Freddy reconnut l'espace et se dirigea sans hésiter vers la boîte à jouets.

Mme D. – « Freddy a fait de gros progrès. À de très nombreuses reprises, il a répondu de manière adaptée. Plusieurs fois, il a répondu à son père « Oui, papa ! ».

Monsieur D. : – « Plusieurs fois, alors que je le chatouillais en jouant, il m'a dit : « Arrête, arrête papa ! ».

Madame D. : – « Et Jean-Michel a fait un rêve dans lequel Freddy a failli se noyer. Tu racontes, Jean-Michel ?

Monsieur D. – « Oui... J'ai rêvé... Enfin... C'était un quai au bord de l'eau – peut-être un lac ? – et il y avait une passerelle en forme de U qui partait du quai et y revenait. D'un côté, il y avait des garde-fous pour empêcher de tomber dans l'eau et de l'autre il n'y en avait pas. Freddy échappe à ma surveillance et s'en va en courant du côté qui n'avait pas de garde-fous. Lorsque je m'en aperçois, dans le rêve, je suis très effrayé. Je cours à sa poursuite. Mais c'est trop tard, je suis très loin et j'imagine que Freddy va se noyer. C'est alors que je me réveille. »

Et le père nous tendit une feuille de papier sur laquelle il avait dessiné le schéma de son rêve :

La première interprétation du rêve fut proposée par la cothérapeute qui, dans le groupe, était la plus attachée à la pensée psychanalytique.

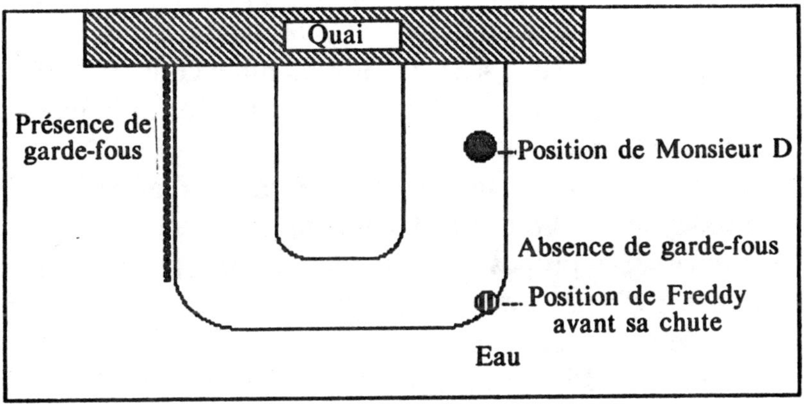

Rêve de Monsieur D.

Première cothérapeute : – « Je suis impressionnée par le fait que le rêve reprenne notre discussion à l'endroit même où nous l'avions interrompue la séance dernière. Nous avions vu – que dis-je – senti dans nos corps la chute de Freddy et maintenant le rêve nous montre cette chute. Plus même, Jean-Michel a ressenti dans son rêve la chute avec une telle réalité qu'il a pensé qu'il fallait nous dessiner la scène pour nous la faire partager mieux encore. Je pense donc que ce rêve est une sorte de message adressé au groupe que nous formons ici disant quelque chose comme « Je suis des vôtres ; j'ai bien partagé votre émotion à la dernière séance, et aujourd'hui je vous la restitue ».

Le deuxième cothérapeute : – « D'autant que Jean-Michel nous avait dit la dernière fois combien il souffrait de ses cauchemars. Aujourd'hui, il peut nous en faire partager un, et de manière très concrète. »

Pendant ce temps, Freddy jouait au Lego avec une autre cothérapeute. Tout en assemblant les briques pour fabriquer une maison, il chantait à tue-tête des couplets de chansons en lingala [17]. À un moment, il prit un personnage féminin et le fit passer au travers d'une fenêtre en Lego. Je pensai : « Si Freddy commence à se décider à aller du côté de son père, il doit craindre la colère de sa mère. » J'intervins :

T.N. : – « La maman va tomber par la fenêtre. »

Freddy leva un regard vers moi où je perçus une amorce de sourire. Je proposai alors une seconde interprétation du rêve reprenant des éléments culturels dwalas. Mais j'y accédai progressivement.

T.N. : – « Bien des choses des Dwala se déroulent autour de l'eau, n'est-ce pas ? »

Monsieur D. : – « C'est vrai, nous vivons beaucoup autour de l'eau, c'est très important pour nous. »

Le troisième cothérapeute (d'origine congolaise) : – « Peut-être y a-t-il aussi dans ce rêve les souvenirs de moments de jeu dans l'eau avec des amis, lorsque Jean-Michel était adolescent ?

Monsieur D. : – « J'aimais beaucoup plonger lorsque j'étais jeune, dans la rivière, au marigot. Les adultes me l'interdisaient. C'était dangereux à cause des *Motou oussou* [sorciers]. Mais moi, j'y allais quand même, et lorsque mon père l'apprenait, il me battait.

T.N. : – « Je crois que ce rêve est l'indication de ce qu'il faut faire pour Freddy. Si la passerelle est en forme de U, c'est pour indiquer qu'on y va et qu'on en revient. Si Freddy est un vrai Dwala, alors il faut aller le mettre au milieu de la rivière, le proposer au génie de la rivière. Sans doute, les parents, restés sur la rive, s'effrayeront-ils du fait que le génie de la rivière puisse s'approprier Freddy. Mais le U de la passerelle du rêve montre à mon

17. Langue véhiculaire du Congo et du Zaïre de la même famille que le bassa.

avis que Freddy reviendra. Pour moi, le rêve est une mise en scène du rituel dwala des *enfants de l'eau.* »

Monsieur D. fut visiblement très étonné par cette interprétation de son rêve. Il resta songeur un long moment. Pendant ce temps, Freddy recommençait ses jeux d'eau, de contenant et de contenu avec la cothérapeute. Un quatrième cothérapeute, un Béninois d'origine yoruba intervint alors pour renforcer mon interprétation du rêve.

Le quatrième cothérapeute : – « Je ne sais pas comment ça se passe chez les Dwala, mais chez moi, lorsqu'on reconnaît qu'un enfant est un *enfant de l'eau* et qu'on souhaite le récupérer dans le monde des humains, on remplit une pirogue d'offrandes et on va la déposer au milieu de la rivière. Si Freddy est *un enfant de l'eau*, il faut offrir ce qu'il demande au génie de l'eau ! »

Après la séance, nous eûmes une longue discussion sur le coup de force qui venait de s'opérer sous nos yeux. Certains cothérapeutes me reprochèrent même d'avoir aidé Monsieur D. à s'approprier l'enfant, à l'inscrire de force dans sa propre lignée, et cela en contradiction avec les principes matrilinéaires de son ethnie dwala. Je reconnus que si Freddy allait sans doute très rapidement bénéficier de notre travail thérapeutique, Jean-Michel rencontrera vraisemblablement quelques problèmes avec sa belle famille. Mais je justifiai l'aide que j'avais apportée au père par deux arguments. Le premier, c'est qu'un peu à la manière de Salomon, à l'aide du rêve de Monsieur D., nous avions tranché. À la question « Freddy appartient-il à son père ou à sa mère ? », nous avons répondu : « Il appartient au génie de l'eau. » Mais par là, nous avons également dit : « Il est Dwala, donc du côté de son père. » Le second, c'est qu'il fallait bien que Freddy commençât par une première langue son entrée dans le monde des humains.

Chapitre 2

La fabrication culturelle des enfants

Le ventre d'une femme enceinte est le commencement du monde

La pensée naît en se promenant autour d'un ventre rebondi, le ventre d'une femme enceinte...

Pour fabriquer un enfant, il faut un homme et une femme. Mais suffit-il d'un homme et d'une femme ?

Pour fabriquer une fille, il faut du principe mâle et du principe femelle. C'est totalement incompréhensible ! Pour respecter la logique, peut-être aurait-il fallu qu'une femme, deux, un groupe de femmes soient à l'origine de la naissance d'une fille... qu'un homme, deux hommes, un groupe d'hommes à l'origine de la naissance d'un garçon...

Étrange ! Mais il me vient maintenant une seconde question : personne ne fabrique seulement un enfant, personne ne fabrique seulement un garçon... ou une fille... Les uns fabriquent des Grecs, les autres des Juifs, d'autres encore des Mossis, des Mandings, des Inuits, des Hurons... Comment font-ils ?

Les mythes de fondation sont des récits qui se déroulent

en contrepoint de la donnée paradoxale de base, l'énigme terrible sur laquelle nombre de psychotiques viennent encore se fracasser la psyché : pourquoi une fille doit-elle avoir un père ? Pourquoi y a-t-il de l'homme dans une fille, de la femme dans un petit garçon ? Pourquoi les garçons ne sont-ils pas engendrés par les hommes, pour engendrer à leur tour des garçons, et ainsi de suite ? Pourquoi du même ne sort-il pas le même ?

Les mythes sont biologiquement faux, et ce n'est pas là contingence de la pensée scientifique. Ce n'est certainement pas parce que « autrefois, les hommes ne savaient pas que... » Pour preuve ? Aucune réflexion sur la sexualité n'est aussi biologiquement juste que la *Génération des animaux* d'Aristote, qui partait pourtant d'observations empiriques communes, qui ne disposait d'aucun des appareils complexes qui ont permis le développement de la biologie moderne, pas même du microscope. Aucune réflexion sur la sexualité n'est aussi biologiquement fausse que celle de Platon qui, pourtant, partait des mêmes observations. Les mythes sont biologiquement faux, non pas parce que, au moment de leur création, les connaissances étaient insuffisamment développées, mais parce qu'une de leurs fonctions est de dérouler, en contrepoint des observations empiriques, un récit permettant de dénouer le paradoxe originaire : pourquoi de l'hétérogène pour produire de l'homogène ? Pourquoi du différent pour produire du semblable ? C'est cette impasse qu'enjambent les mythes de fondation. S'ils sont toujours biologiquement faux, ils sont surtout logiquement justes. Ils sont même l'armature concrète de la logique classificatoire [1].

Les mythes de fondation racontent la plupart du temps la naissance de l'être humain. Oh ! pas d'un être humain

---

1. C. Lévi-Strauss, *La Pensée sauvage*, Paris, Plon, 1962.

abstrait, comme on a tendance à le croire, non ! la naissance d'un être culturel, certes, le premier des hommes, mais dans un même élan, le premier des Thébains, le premier des Juifs, le premier Mossi.

À propos, s'en souvient-on ? Le fondateur est toujours un étranger. Le premier des Juifs n'était pas Juif, mais Chaldéen ; le premier Chrétien était Juif, le premier Musulman était (peut-être) Chrétien, etc. Les mythes de fondation doivent aussi résoudre ce second paradoxe.

Œdipe

Le mythe qu'on a pris l'habitude de nommer à partir du personnage d'Œdipe mais qu'on pourrait tout aussi bien appeler « mythe de Cadmos » contient le récit de la fondation de la cité de Thèbes. Il s'appuie sur une comparaison que Lévi-Strauss (1958) a bien mise en évidence [2] et qu'on pourrait résumer dans le schéma suivant :

	Énigme originelle	Contrepoint mythique
Fondation de Thèbes	Un homme naît-il d'un couple hétérogène	ou de la terre même comme une plante, comme un Thébain de la terre thébaine ?

Schéma du mythe d'Œdipe

Je ne reprendrai naturellement pas le raisonnement de Lévi-Strauss, par ailleurs bien connu. Je partirai de ses conclusions. Et d'abord qu'Œdipe est un mythe politique

2. C. Lévi-Strauss, *Anthropologie structurale*, Paris, Plon, 1958 ; T. Nathan, *Psychanalyse païenne. Essais ethnopsychanalytiques*, Paris, Dunod, 1988.

puisqu'il fait glisser l'énigme originelle du sexuel au politique. Tout se passe en effet comme si le mythe pouvait se réduire au raisonnement suivant : « La belle affaire que de savoir pourquoi il faut du masculin et du féminin pour produire du masculin. En revanche, Thèbes sait comment fabriquer un citoyen à partir de deux citoyens... non d'une femme et d'un homme, mais de deux citoyens ! Du même est alors issu le même – du citoyen à partir du citoyen – et, dans un même mouvement, le mythe a permis le glissement de la problématique sexuelle à la problématique politique. Dès lors, n'importe quel citoyen est l'égal de n'importe quel autre, *a fortiori* le fils qui devient – au moins d'un point de vue politique – l'égal de son père. Œdipe peut alors tuer son père, ce n'est pas un acte monstrueux, mais le meurtre d'un citoyen par un autre. *Mutatis mutandis*, cela devrait logiquement impliquer que le père pourrait avoir des relations homosexuelles avec son fils... et l'on sait combien la pensée grecque est restée obsédée par une telle représentation, l'évitant dans ses récits mythiques [3], et la mettant en scène dans l'initiation pédérastique des jeunes gens [4]. S'il s'agit de fabriquer un citoyen et non un nomade-chasseur, un pasteur ou un agriculteur, le père ne doit plus occuper cette place centrale qu'on lui reconnaît dans des sociétés patrilinéaires strictes, comme celles qu'on peut encore rencontrer en Afrique. Il cède alors sa place au pédagogue – voire au pédophile – au tribun, au meneur, à l'État. »

Œdipe résout bien l'énigme originelle, mais à la façon

---

3. G. Devereux (*Femme et mythe*, Paris, Flammarion, 1982) avait bien remarqué que toutes les « perversions » étaient représentées dans la mythologie grecque sauf une : l'homosexualité père-fils, qu'on retrouve par ailleurs dans nombre de mythes africains, comme par exemple dans la cosmogonie dogon.

4. B. Sergent, *L'Homosexualité dans la mythologie grecque*, Paris, Payot, 1984 ; G. Devereux, « La pseudo-homosexualité grecque et le " Miracle Grec " », *Ethnopsychiatrica*, II, 1979, 211-241.

grecque ! Il est bien fondateur, héros-civilisateur, mais d'une cité qui a opté pour la laïcisation de la pensée, le caractère cumulatif du savoir, une cité où le fils doit, en principe, savoir davantage que le père. Œdipe inaugure un monde d'égaux où, politiquement, le père jouit des mêmes droits que le fils, supprimant du même coup les niches d'extraterritorialité, les statuts d'exception par nature. En cela, il appartient bien à l'Occident moderne. Et l'on peut comprendre pourquoi les psychanalystes, prêtres inconscients d'une religion oubliée, continuent à l'honorer de leurs prières et – ce qui est évidemment beaucoup plus grave – à lui offrir en sacrifice les enfants des métèques [5].

Naaba Wedraogo et Yoro

Chez les Mossi du Burkina Faso, une femme ne peut être enceinte que si elle est fécondée par une sorte de génie appelé *Kinkirga*, au moment même de l'accouplement avec son mari [6]. Dans la pensée mossie, les *Kinkirsé* (pluriel de *Kinkirga*) sont les descendants des nains velus qui ont enseigné la chasse aux premiers hommes. Très proches des bêtes sauvages dont ils comprennent le langage, ils savent prévoir leurs réactions, devinent l'emplacement des marigots où ils s'abreuvent, connaissent leurs

5. T. Nathan, « Il y a quelque chose de pourri au royaume d'Œdipe. Notes ethnopsychanalytiques sur le fonctionnement des systèmes de parenté dans la migration », *in* M. Gabel (éd.), *Les Violences sexuelles à l'égard des enfants*, Paris, PUF, 1992.

6. D. Bonnet, « La procréation, la femme et le génie », Cahiers de l'ORSTOM (série Sciences humaines), XVIII, 1982, p. 423-431 et *Corps biologique, corps social. Procréation et maladies de l'enfant en pays mossi (Burkina Faso)*, Paris, Éditions de l'ORSTOM, Mémoires n° 110, 1988.

pâturages [7]. S'ils partagent le monde avec les humains, ils n'en fréquentent que l'envers, là où foisonne la nature, là où s'exprime sa fécondité débridée. On les trouve dans la brousse, les trous d'eau, les sommets des montagnes, le faîte des tamariniers... Quelquefois, ils frôlent les hommes mais leur restent toujours invisibles. Les seuls êtres humains qui peuvent les apercevoir sont les bébés, les devins ou les fous. Leur vie est semblable à celle des hommes mais selon une logique inversée. Ainsi bercent-ils leurs enfants les pieds vers le ciel, « marchent-ils à reculons et mangent-ils de la main gauche [8] ». Si le monde des humains est celui du « regard à l'endroit », les Kinkirsé habitent celui du « regard retourné », ce monde d'où proviennent les enfants et vers lequel repartent les vieillards à leur mort.

Autrefois, au royaume Dagomba, il était une princesse, fille d'un roi qui l'élevait à la manière des garçons, lui enseignant l'art de la cavalerie et la science de la guerre. Comme le roi n'imaginait aucun mariage pour sa fille, donc aucune descendance [9], elle décida de fuir le village et se réfugia dans une cabane en forêt. Selon le mythe, le premier homme – ou plus exactement le premier Mossi, Naaba Wedraogo – naquit de l'union de cette princesse, Yenenga, et d'un chasseur rencontré dans la cabane [10].

Il semble maintenant clair que les Mossis n'ignorent certes pas le rôle du père dans la fécondation mais professent une théorie selon laquelle la fécondité de leurs

---

7. Cette notion de nains (grands comme des enfants n'ayant pas atteint l'âge de la parole), mais velus, existe dans nombre d'ethnies africaines. Les Bambaras et les Malinkés les appellent *djinna Koroni*. Ils n'ont toutefois pas partout le même rôle dans la fécondation.

8. D. Bonnet, « La procréation, la femme et le génie », *op. cit.*, note 6, p. 423.

9. Nous retrouvons à nouveau ici le thème de la stérilité des premiers humains ou des fondateurs de lignée qui, à mon sens, doit être rapportée au paradoxe de la non-appartenance du fondateur.

10. D. Bonnet, *Corps biologique, corps social*, *op. cit.*, note 6.

femmes proviendrait toujours d'une alliance (sexuelle) avec les représentants de la nature foisonnante, profuse et désordonnée [11] : les génies kinkirsé.

Quiconque s'aventure de plain-pied dans le monde des Kinkirsé, en ayant par exemple des rapports sexuels en brousse, et surtout à même la terre – c'est-à-dire : tout humain ayant touché sans médiation à la création absolue – sombre dans l'errance et dans la folie. Mais la femme, pour être fécondée, doit venir occuper un temps – sans doute l'instant précis de la jouissance –, cet espace de l'entre-deux, le lieu même où l'invisible chevauche le visible, l'endroit du contrat originel entre les humains, ordonnés mais stériles et les génies, asociaux mais féconds.

Des récits très semblables se retrouvent dans d'autres ethnies africaines. Sory Camara a recueilli un conte construit selon la même logique, mais sur le versant masculin naturellement, puisque les Mandenka du Sénégal sont strictement patrilinéaires.

Il était un jeune homme étrange qui ne ressemblait à aucun autre habitant du village. Il s'appelait Yoro. Il aimait se promener seul en forêt et ne s'intéressait qu'aux êtres de la brousse. Un jour, un génie femelle prit apparence humaine et lui proposa une alliance : s'il acceptait de garder le secret sur le monde de la brousse, elle lui livrerait les clés de la richesse et de la fécondité. Yoro aimait les êtres de la forêt : il accepta le marché. Le père de la femme-esprit lui fit passer bien des épreuves étranges dont il triompha tour à tour. Alors, le vieux offrit sa fille à Yoro comme première épouse, mais il lui fit à nouveau promettre de ne révéler à quiconque que sa femme était un esprit. Si Yoro gardait le secret, il deviendrait riche

11. Caractéristiques qui rappellent l'idée que se faisaient les Grecs de Dionysos (M. Bourlet, « L'orgie sur la montagne », *Nouvelle Revue d'ethnopsychiatrie*, 1, 1983, p. 9-43.).

et puissant. La femme-esprit reprit l'aspect d'un être humain et les jeunes époux revinrent ensemble au village des hommes. Alors, Yoro attacha une vache dans sa bergerie et le lendemain, il y trouva un troupeau. Il planta un grain de blé et en une nuit en obtint toute une moisson. Rapidement, il devint riche, très riche. Il lui naquit quantité d'enfants. Il prit une seconde épouse, une troisième, une quatrième. Il devint un grand roi. Mais un jour, après une dispute avec sa première femme causée par la jalousie entre co-épouses, il pensa, l'insensé, qu'il pouvait conserver tous ses acquis (la richesse, le pouvoir et tous ses enfants) en se séparant d'elle. Devant le village assemblé, il dévoila le secret. Il raconta ce qui s'était passé autrefois au village des génies, il avoua que cette femme était un esprit de la brousse. « Ce fut le début de la jalousie entre co-épouses [12] » et Yoro perdit toute sa richesse.

La fécondité est ici associée à la richesse et à l'acquisition du pouvoir. Mais, comme la fertilité de la terre, cette fécondité n'est pas donnée aux humains, elle leur est seulement prêtée. Tant qu'ils maintiennent l'alliance avec les êtres de la brousse, les hommes peuvent jouir de la fécondité. Mais si un jour ils croient en être réellement les propriétaires – les seuls propriétaires – toutes ces richesses leur seront aussitôt retirées [13]. C'est sans doute d'une telle conception que découlent les rites de fondation des villages qui, en Afrique occidentale, contiennent sou-

12. S. Camara, *Paroles très anciennes ou le mythe de l'accomplissement de l'homme*, Grenoble, La Pensée sauvage, 1982, p. 64.

13. Ce schéma mythique est conservé dans la migration. On se souvient du cas de la famille soninké où la femme, souffrant probablement d'une sorte de psychose puerpérale ancienne, prétendait que la naissance d'un enfant lui permettrait de gagner au loto et de devenir millionnaire. Et son mari se comportait comme s'il pensait qu'elle était une sorte de femme-génie, tout comme celle que Yoro rencontra en brousse. Il en était d'autant plus convaincu que sa femme était la fille d'un très puissant guérisseur, mort peu de temps après leur mariage.

vent la notion du sacrifice originaire d'un enfant des hommes. Ces mythes semblent dire que les humains doivent renoncer à l'idée d'être les propriétaires de leur fécondité, doivent renoncer à des notions telles que la fertilité naturelle ou biologique de la terre et des femmes s'ils veulent accéder à la vie sociale (village) et à sa pérennisation (historicité) [14].

	Énigme originelle	Contrepoint mythique
Fondation d'un village	Un homme naît-il d'un couple hétérogène	ou, comme les récoltes, de l'alliance renouvelée avec la fécondité profuse des êtres de la brousse ?

Schéma du mythe du cultivateur africain

L'intérêt d'une telle construction mythique est évident. Si fabriquer un humain consiste à établir une alliance avec les êtres de la brousse, lorsqu'il devient nécessaire de fabriquer un nouvel humain, il suffit de répéter l'alliance originelle. C'est pourquoi les initiations pubertaires, moments de fabrication de nouveaux êtres sociaux, où le même (par exemple, le groupe des hommes) engendre éminemment le même (par exemple, un nouvel homme adulte), sont essentiellement des rituels d'alliance avec les génies de la brousse. De même lorsqu'il s'agit de restituer des significations devant les inévitables négativités de l'existence, il est alors possible d'interroger les moments de fondation (d'une famille, d'une lignée, d'un

14. Voir, par exemple, la légende de la reine Pokou, fondatrice du royaume baoulé de Côte-d'Ivoire. On dit même que « ba-oulé » signifie « l'enfant est mort ». C'est tout dire... (J. N. Loucou et F. Ligier, *La Reine Pokou. Fondatrice du royaume baoulé*, Paris et Dakar, ABC, 1977.)

village) afin de vérifier si l'alliance originelle n'a pas été rompue et dans ce cas, d'entreprendre de la rétablir par des offrandes, des sacrifices, l'érection de nouveaux autels. Parfois, la thérapie d'un homme consiste alors à résoudre un problème avec les génies datant de plus d'une centaine d'années.

Consentir aux offrandes

À la consultation d'ethnopsychiatrie que je dirigeais naguère à l'hôpital Avicenne, nous avons soigné un fils de chef manding de Casamance (Sénégal), âgé d'une cinquantaine d'années. Il était le dixième garçon d'une fratrie de douze garçons et une fille. Son père, fondateur du village, avait acquis richesse et pouvoir après avoir passé alliance avec un sorcier, grand spécialiste des choses de la brousse. Mais, comme souvent en pareil cas, le père, voulant préserver l'héritage de ses enfants, n'avait pas tenu ses engagements envers le sorcier. Et surtout, les fils, ayant quitté le village, n'avaient pas renouvelé l'alliance originelle. Les neuf premiers garçons étaient morts de manière étrange et notre patient, désormais l'aîné de la famille, était persuadé qu'il mourrait à son tour s'il n'acceptait pas de restituer au sorcier – c'est-à-dire aux êtres de la brousse – les richesses acquises par son père. Cette théorie était tellement ancrée dans ses symptômes que notre patient voyait les êtres de la brousse bien loin de son village, dans sa commune de Seine-Saint-Denis, venir le terroriser. Il faut dire que cet homme était lui-même père de douze enfants et craignait de perdre aussi en un jour les richesses qui lui avaient été octroyées.

N'en déplaise aux ethnologues de salon, les mythes ne sont pas seulement des objets intellectuels, les matrices mythiques n'ont pas pour seule utilité de rendre compte de l'ordre du monde. Elles révèlent une fonctionnalité – quasiment technique – dans toutes les procédures de modification des êtres : naissance, initiation, mort et, ce qui est le plus important pour l'ethnopsychanalyse, dans les techniques thérapeutiques.

Dans la Bible, les couples de patriarches sont généralement stériles, le plus célèbre étant naturellement le premier : celui d'Abraham et Sarah. Dans leur histoire, nous retrouvons les mots clés des récits africains que nous venons d'analyser, fondation, alliance, sacrifice d'enfant, fécondité.

Abraham est évidemment un fondateur. On s'en souvient, il est un jour sommé par Dieu de détruire les idoles, de quitter la maison de son père et de fonder un nouveau peuple. « Va-t'en de ton pays, de ta patrie et de la maison de ton père vers le pays que je te montrerai ! Je ferai de toi une grande nation ! » (Genèse, XI.1.2). Mais comment être à l'origine d'une lignée lorsqu'on est stérile ? « Sarah était stérile et n'avait pas d'enfant » (Genèse, XI. 30, répété et développé en XVI et XVII). Étrange contradiction que celle contenue dans l'injonction divine de fonder une lignée tout en condamnant le fondateur à la stérilité ! Mais lorsque Abraham est tout à fait convaincu qu'il n'aura pas d'enfant légitime – d'héritier – puisqu'il est âgé de quatre-vingt-dix-neuf ans et sa femme de quatre-vingt-neuf, Dieu lui apparaît une nouvelle fois pour conclure une alliance : « Voici que mon alliance est avec toi et que tu deviendras père d'une multitude de nations » (XVII.4). Et l'alliance consistait en ceci : « Tout mâle d'entre vous sera circoncis » (XVII.10). Abraham acceptant l'alliance, il obtient enfin un enfant légitime, malgré son grand âge et surtout celui de sa femme.

Malgré son grand âge ou précisément à cause de son

grand âge, pour souligner qu'il n'est pas – lui, un humain – à l'origine de cette fécondité inattendue. Le texte est plus clair encore, c'est Iahvé lui-même qui fécondera Sarah : « Iahvé visita Sarah, comme il l'avait dit et Iahvé agit envers Sarah comme il l'avait dit. Sarah conçut et enfanta un fils à Abraham en sa vieillesse » (XXI.1.2). Par la suite, Dieu demandera à Abraham de lui sacrifier cet enfant, son seul héritier, pour lui démontrer une nouvelle fois qu'il est, lui Iahvé, le seul propriétaire de cet enfant, puisqu'il est à l'origine de son engendrement. Dans ce récit, Dieu occupe donc la place exacte des génies kinkirsé des Mossis.

Mais dans la règle du lévirat [15], dans les pratiques concrètes du choix des conjoints, dans la dénomination du nouveau-né, c'est le chef de tribu qui prend la place de Dieu (tous les enfants engendrés dans la tribu sont des enfants du chef de tribu) et, par un glissement continu, dans les fratries, c'est le fils aîné. En effet, dans un système patrilinéaire strict, mon fils devra demander l'autorisation de se marier à mon frère aîné et non à moi, son père.

Le schéma général serait donc le suivant : Dieu transmet sa capacité fécondante à Abraham, Abraham aux chefs de tribus, les chefs de tribus aux chefs de familles et les chefs de familles aux fils aînés, et cela jusqu'à la fin du monde [16]. Chez les Juifs, la marque visible de cette transmission reste la circoncision [17]. Nous pouvons conclure

---

15. Institution encore très courante dans les pays islamisés, par laquelle le cadet doit épouser la femme de son aîné mort afin de lui donner une descendance, qui sera alors considérée comme celle du disparu. *Cf.* mon commentaire de ce rite dans Nathan, 1988 b.

16. Ce schéma se retrouve dans la fonction thérapeutique en Islam qui se transmet du prophète au *walli* (saint), du saint à son descendant – le guérisseur – et de son descendant au malade par toucher (*baraka*).

17. N. Zajde, « Portrait de groupe avec circoncision », *Nouvelle Revue d'ethnopsychiatrie*, 17, 1991.

que le système sémitique, tel qu'il apparaît dans la Bible, est bien un système de type mossi, mandenka, etc., mais adapté à des ethnies nomades, qui ne peuvent donc pas transporter dans leurs bagages leurs génies des eaux ou de la brousse [18], qui ont perdu le contact charnel avec leurs divinités fécondantes qu'ils ont remplacées par un Dieu abstrait, transmetteur de fécondité.

	Énigme originelle	Contrepoint mythique
Fondation d'un lignage sémitique	Un homme naît-il d'un couple hétérogène	ou de la semence de l'ancêtre tutélaire déposée dans chaque ventre de femme enceinte par l'entremise d'une chaîne d'aînés ?

Schéma du mythe sémitique

Filiation et affiliation

À ce point nous sommes contraints de penser que nos connaissances biologiques objectives nous voilent un fonctionnement psychique et culturel fondamental : tout enfant d'humain est fabriqué au confluent d'une union biologique et d'une alliance culturelle, renouvelée à chaque génération. Croisement d'humain et de divinités, tout enfant humain est donc nécessairement un métis [19]. Si la biologie

18. L'idée que le monothéisme est une religion de nomades, errant au travers des cultures des autres, trouve ici une nouvelle confirmation.

19. C'est pourquoi ceux qui ont essayé de fabriquer des races pures ne sont parvenus qu'à produire de lamentables « zombis ». *Cf.* l'expérience des « Lebensborn » (M. Hillelet et C. Henry, *Au nom de la race*, Paris, Fayard, 1975, et pour une revue générale de l'absurdité criminelle de la « biocratie » nazie, R. J. Lifton, *Les Médecins nazis. Le meurtre médical et la psychologie du génocide*, 1986, Paris, Robert Laffont, 1989.

et, plus tard, la psychanalyse nous ont appris à tenir compte de la filiation d'un sujet, l'ethnopsychanalyse nous enseigne que ce qui est – du moins pour la thérapeutique – le seul référent maniable, c'est son affiliation, c'est-à-dire le système par lequel il est fabriqué non en tant qu'hypothétique humain universel, mais en tant qu'humain concret, être de culture.

Mais ne nous y trompons pas, l'Occident n'échappe pas à la règle. Comme n'importe quelle autre culture, cependant, il prend ses mythes pour la réalité objective. Notre divinité, nous la connaissons, elle s'appelle « Médecine ». C'est elle qui fournit le contrepoint nécessaire à la fabrication du métis, de l'enfant.

	Énigme originelle	Contrepoint mythique
Fondation d'une société à religion laïque	Un homme naît-il d'un couple hétérogène	ou de l'union de deux êtres invisibles appelés « gamètes » même à l'exclusion de tout partenaire sexuel humain ?

Schéma du mythe médical

Dans cette pensée, tout aussi mythique que les autres – ce qui, pour moi, n'est certes pas péjoratif –, on prétend que l'enfant ne naît pas d'un couple hétérogène mais de l'union de deux gamètes, invisibles à l'œil nu, soumises à des lois qui leur sont propres. Et cette pensée mythique crée naturellement un système d'affiliations. Sommes-nous si sûrs de désirer un monde où nos enfants seraient affiliés à la Médecine, à l'État, à une humanité abstraite et idéologique ? Sommes-nous si sûrs de souhaiter les conséquences sociales d'un tel mythe de fondation ?

Il me semble que les problèmes actuels posés par les

métissages des populations sont à peine politiques ou sociaux, ils sont avant tout mythologiques ! Si l'on revient un instant à Freddy, on peut dire, certes de manière un peu péremptoire, que s'il ne parvient à s'inscrire dans aucune langue, c'est qu'il n'est pas humanisé, c'est-à-dire affilié par l'entremise d'un mythe culturel. Peut-être cette constatation est-elle un peu rapide, mais si elle était vraie, elle impliquerait des modifications essentielles de notre cadre de pensée pour faire face aux impératifs de prévention dans notre monde moderne, nécessairement polyculturel.

Les crimes contre l'humanité

Une culture fonctionnelle assure la clôture du groupe et lui donne une conscience de son identité (nous sommes Bambara et non Soninké). Le flou des frontières ethniques, par exemple en Afrique [20], démontre parfaitement qu'il ne s'agit en aucun cas d'un système de classification aux catégories étanches, mais d'un processus dynamique de construction de ce que Devereux appelait « identité ethnique ». Par exemple, l'énoncé « Je suis Bambara » est parfaitement compatible avec les énoncés « Mon père était Peul, mon grand-père paternel aussi, ma grand-mère paternelle Malinké et ma grand-mère maternelle Soninké ». La fonctionnalité d'une culture ne se mesure pas à sa capacité de séparer les Bambara de tous les autres groupes ethniques du Mali, mais spécifiquement à la facilité qu'elle offre à chaque Bambara d'énoncer une caractéristique essentielle de son identité : je suis Bambara. Lorsqu'une culture n'est plus fonctionnelle, elle

20. Une analyse approfondie dans Amselle, 1990.

contraint le groupe à se clôturer de manière rigide, délimitant un territoire et empêchant les intrusions ; interdisant explicitement les mariages mixtes, tâchant d'assurer une hégémonie jusqu'à supprimer les autres groupes.

Il est alors facile de comprendre en quoi les lois de Nuremberg de 1935 furent un crime contre l'humanité :

« Pénétré de la conscience que la pureté du sang allemand est la prémisse de la perpétuation du peuple allemand et inspiré de la volonté indomptable d'assurer l'avenir de la nation allemande, le Reichstag a adopté à l'unanimité la loi suivante, qui est proclamée par les présentes :

« § 1. – Les mariages entre juifs et sujets de sang allemand ou assimilé sont interdits.

« § 2. – Le rapport extra-marital entre juifs et sujets de sang allemand ou assimilé est interdit.

« § 3. – Les juifs ne peuvent pas utiliser au service de leurs ménages des femmes de sang allemand ou assimilé âgées de moins de quarante-cinq ans.

« § 4. – Il est interdit aux juifs de pavoiser aux couleurs allemandes nationales. Par contre, ils peuvent pavoiser aux couleurs juives : l'exercice de ce droit est protégé par l'État.

« § 5. – Les infractions au § 1 seront sanctionnées par une peine de réclusion. Les infractions au § 2 seront sanctionnées par une peine d'emprisonnement ou une peine de réclusion [21]. »

Il me paraît aujourd'hui évident que les Allemands, à la suite de la violente campagne d'unification de Bismark sous le règne de la théorie du *Volksgeist* (génie national de J. F. Herder), ont perdu la fonctionnalité de leurs

21. L. Poliakov, *Le Bréviaire de la haine. Le IIIe Reich et les juifs*, 1951, Paris, Le Livre de Poche, 1974, p. 19.

différentes cultures régionales. Contraints d'assurer par d'autres moyens leur clôture culturelle et psychique, ils ont facilement sombré dans l'idéologie, puis dans le meurtre sauvage. Sous le règne de l'idéologie nazie, les principaux systèmes habituellement gérés par la culture ont été transférés à l'idéologie. Par exemple, les théories sur la nature de la personne – plus particulièrement du bébé – sont devenues une caricature de pensée culturelle. On a cru qu'il était possible de fabriquer quasiment cellule par cellule un humain, le seul humain qui vaille : un nazi. Et ce fut la fameuse expérience des Lebensborn (fontaines de vie) d'où l'on sortait, comme d'une usine, de petits bébés blonds, à qui l'on faisait subir des baptêmes nazis, que l'on comptait initier dès le plus jeune âge à la pensée nazie. Si les hommes se mettent à penser qu'ils fabriquent eux-mêmes des humains, sans l'aide d'aucune divinité, d'aucun démon, d'aucun génie de la brousse, ils ne produisent que des robots assassins.

Quelques règles pratiques élémentaires suffiraient à prévenir les crimes contre l'humanité. Si mon hypothèse s'avère exacte – qu'un psychisme n'ayant pu s'articuler à une culture fonctionnelle est nécessairement enclin au meurtre sauvage –, il faut alors tout faire pour éviter à un peuple, une famille, un individu, la perte de la fonctionnalité de son cadre culturel.

Il faut donc éviter à tout prix les déplacements massifs de populations, car une culture est adaptée à son environnement physique et aucun sédentaire ne peut se passer de ses sépultures ; quant aux nomades, ils ont une longue expérience du transport dans le corps propre des fragments d'ancêtres ; mais ils ne se considèrent jamais comme venant de nulle part.

Lors des acculturations qui, je le sais bien, sont une nécessité du dynamisme du monde moderne, il faut tout faire pour qu'il s'agisse d'une acculturation réciproque, donc entreprendre systématiquement de tirer parti des ressources culturelles de l'ethnie dominée.

Et d'ailleurs, nous autres psychanalystes, devrions commencer par « balayer devant notre porte ». En Afrique, j'ai vu des psychiatres blancs ou, ce qui est plus grave, des psychiatres africains blanchis dans les universités et les instituts occidentaux, oui, je les ai vus, de mes yeux vus, distribuer des molécules ruineuses et des interprétations aussi classiquement psychanalytiques que scandaleusement destructurantes. Eux, qui n'ont pas même reçu les premiers rudiments d'une formation concernant les techniques thérapeutiques traditionnelles auxquelles tous les patients africains ont toujours recours, croient s'installer dans une terre en friche, et s'intronisent pionniers ou missionnaires. De ce fait – et tout le monde le sait – ils contribuent activement, pour une gloire passagère et facile et pour l'attrait de quelques piécettes, à la destruction d'édifices psychothérapiques millénaires dont ils sont loin d'imaginer l'harmonieuse complexité.

Quel démiurge fou, quel alchimiste délirant est allé imaginer qu'une famille pouvait, en l'espace de quelques années, abandonner un système qui avait assuré son homéostasie psychique depuis des générations, comme on dit, « s'adapter » ou « s'intégrer » ? Je le sais d'expérience que c'est impossible ! Dans les sociétés à forte émigration, il faut favoriser les ghettos – oui, je le dis haut et clair –, favoriser les ghettos afin de ne jamais contraindre une famille à abandonner son système culturel. Non pas pour des raisons morales, mais à cause du coût social que cette rupture engendre dès la seconde génération. Il faut permettre aux familles de demeurer aussi longtemps que nécessaire dans leurs logiques culturelles. Alors, les enfants, devenus adultes, ayant baigné dans un monde cohérent, iront s'ils le souhaitent vers la société d'accueil, par amour – ce sont généralement les passions amoureuses qui font quitter sa culture – et dans un souci de création. La société d'accueil y gagnera au bout du compte – non, certes, avant l'issue d'un mandat électoral mais dans deux ou trois générations car « Le temps n'est pas le fait d'un sujet isolé et seul, mais ... il est la relation même du sujet avec autrui [22] ». Ainsi, épargnerons-nous davantage que nous ne sommes capables de le faire aujourd'hui aux secondes générations de sombrer dans la délinquance, la toxicomanie ou pire encore l'idéologie, qui sont toutes trois des semblants de culture plus accessibles car simplifiées et plates. Certes, nous y perdrons aujourd'hui quelques citoyens, mais y gagnerons demain des fils qui viendront à la nouvelle culture pour l'enrichir et non pas habités d'une rage d'anéantissement.

C'est peut-être une banalité, mais il est indispensable de la dire : il est honteux que, dans notre société, les migrants soient malheureux à cause du manque de respect envers leurs cultures d'origine. Sur le plan individuel, les machines d'abrasion des systèmes culturels en France sont la Médecine et l'École, car ce sont les deux lieux institutionnels où l'on perçoit le migrant comme un humain universel et non comme un être de culture. Mettre un Soninké de trois ans né en France, bercé en soninké, nourri au sein, massé à la façon soninké, le mettre brutalement à l'école et attendre de lui qu'il s'y adapte, c'est ne rien savoir du fonctionnement psychique. Et c'est honteux ! À cet âge, il est totalement impossible de gérer rapidement des processus de médiation entre deux cultures, entre deux langues [23], seul moyen de ne pas perdre la

22. E. Levinas, *Le Temps et l'autre* (1948), Paris, PUF, 1983, p. 17.
23. Toumi, 1992.

Culture avec un grand C. Confronter un travailleur maghrébin à cette machinerie singulière qui se refuse à donner sens à quelque symptôme somatique que ce soit, le pousse directement vers la névrose traumatique, le chômage et le désastre familial [24].

Toutes ces situations, et sans doute bien d'autres encore, contraignent les sujets en voie de déculturation à l'idéologie qui est une culture sans âme, une culture sans culture. L'idéologie a été nazie, elle a été marxiste ; auparavant elle a été islamique, catholique, elle a toujours engendré, comme par une nécessité interne, le crime contre l'humanité.

Mais il y a un phénomène spécifique à la société moderne : la science fabrique de l'idéologie, c'est même son principal déchet, et comme tous les déchets industriels, de loin plus encombrant que les richesses produites. La science devrait toujours respecter sa fonction essentielle qui est de fabriquer de la pensée et non d'expliquer la vie et de gérer les relations entre les personnes. Cela, un seul type de système en est capable, le système culturel. Nous ne sommes pas arrivés à un degré tel de connaissances qu'il nous permette de fabriquer une culture *ex nihilo* – fût-elle éclairée, fût-elle psychanalytique. Seule une culture permet de voir l'autre et non de le posséder : « La connaissance révèle, nomme et, par là même, classe. La parole s'adresse à un visage. La connaissance se saisit de son objet. Elle le possède. La possession nie l'indépendance de l'être, sans détruire cet être, elle nie et maintient. Le visage, lui, est inviolable ; ces yeux absolument sans protection, partie la plus nue du corps humain, offrent cependant une résistance absolue à la possession, résis-

24. K. Biznar, *Clinique psychologique des maladies somatiques des migrants*, Thèse pour le Doctorat en psychologie, Université de Paris V, 1991.

tance absolue où s'inscrit la tentation du meurtre : la tentation d'une négation absolue. Autrui est le seul être qu'on peut être tenté de tuer. Cette tentation du meurtre et cette impossibilité du meurtre constituent la vision même du visage. Voir un visage, c'est déjà entendre : « *Tu ne tueras point*[25] *!* »

On pourrait penser les Dogons idéologues, eux qui assurent artificiellement la clôture de leur ethnie avec des proverbes comme : « Si tu te maries avec une femme bozo, tu mourras, et si tu te maries avec une femme peule, tu seras toujours pauvre[26]. » Mais un mythe raconte qu'au début des temps, un Dogon avait confié son fils affamé à un Bozo et était parti à la chasse. Son père tardant à revenir, le fils, de plus en plus affamé, réclamait sans cesse sa pitance. Alors, le Bozo trancha un morceau de sa cuisse, le fit cuire et le donna à manger à l'enfant. C'est pourquoi, depuis lors, chaque Dogon contient en lui un morceau de Bozo. De nos jours encore, au Mali, Dogons et Bozos se doivent assistance mutuelle et se lancent immanquablement, lorsqu'ils se rencontrent, des plaisanteries salaces dans la langue de l'autre. Certes, rien ne différencie physiquement un Dogon d'un Bozo, mais un Dogon reste un Dogon et un Bozo, un Bozo !

Tuer un ennemi, un rival, un concurrent, peut être criminel ou valeureux à condition de tuer un homme en homme, un Inuit en Inuit. Mais tuer un Yanomam pour s'assurer sa propre intégrité d'occidental, c'est détruire l'humanité de l'autre tout en renonçant à la sienne propre. En un mot, refuser de se penser dans sa spécificité culturelle conduit, par une logique inexorable, à détruire

25. Lévinas, 1963.
26. G. Baudouin, *Les Dogons du Mali*, Paris, Armand Colin, 1984, p. 29.

l'humanité qui est en l'autre et, *in fine*, la sienne propre. Cela, je le sais ! Mais que sert de le dire ?

La plus profonde différence entre un guérisseur manding et un psychanalyste blanc, c'est que le guérisseur soignera n'importe quel malade « à la manding », y compris un occidental blanc, alors que le psychanalyste soignera « à l'universelle » tout patient, y compris un Manding de Casamance, chef de village, provisoirement et par nécessité ouvrier d'entretien dans une administration parisienne, ce qui produit des catastrophes sur plusieurs générations.

Dieu, donne-nous la force de récupérer notre humanité avant d'être anéantis par nos banlieues !

Troisième partie

Apologie de la frayeur

Chapitre 1

Angoisse ou frayeur

« On peut bien s'abandonner à une ligne de pensée, la poursuivre aussi loin qu'elle mène et ceci par simple curiosité scientifique ou, si l'on veut, en se faisant l'avocat du diable ; ce qui ne signifie pas pour autant qu'on ait vendu son âme au diable. »

S. FREUD, « Au-delà du principe du plaisir »
in *Essais de psychanalyse*

Pénétrer et dénoyauter

En français, *frayeur* vient du latin *fragor* – bruit, vacarme, émotion vive, grande peur (causée par le vacarme ?) – et y sont associées les notions de surprise (la frayeur est inattendue) et de sursaut physique (halètement, tachycardie, essoufflement). *Effrayer*, en revanche, semble curieusement provenir d'une tout autre racine, du latin populaire *exfridare*, « faire sortir de la paix ». Le mot remonte probablement à une des plus anciennes expressions du droit gallo-romain. Il dériverait de la racine *fridu* – argent, amende à payer pour *rétablir la paix*. Gardons seulement à l'esprit que l'étymologie du mot *frayeur* contient étrangement deux notions : premièrement, une peur particulièrement vive qui surprend le sujet, l'*effroi* étant une frayeur encore plus intense, qui saisit, pétrifie ; et deuxièmement, une extraction hors de l'univers de la paix (de l'ordre ?) qui peut être réparée par un défraiement.

En bambara, *diatigé*, de *dia* – « ombre », et par extension « âme », « psyché » – et de *tigé* – « coupé » –, a donné *diabatigé* « grande frayeur » (*ba* signifiant « grand ») qui désigne en particulier les terreurs nocturnes résultant de la rencontre avec un être surnaturel tel qu'un esprit (*djinna*), un sorcier (*subakha*) ou l'âme d'un défunt. Cependant, on ne sait s'il faut interpréter cette étymologie comme « âme coupée » signifiant « âme blessée », « entamée » (*tigé-tigé* signifiant « entailles sur la peau », « scarifications ») ou bien « âme séparée », « ayant fui le corps du sujet ». Quoi qu'il en soit, *diatigé* peut désigner par extension les désordres psychiques déclenchés par la frayeur et notamment les crises d'agitation ou les bouffées délirantes.

En wolof, *sama fit dem na* – « je suis effrayé » – se traduirait mot à mot « mon âme [ou principe vital] s'est échappée de mon corps ».

En arabe, deux mots peuvent être utilisés. L'un, *sar'*, quoique très répandu, est plutôt littéraire. Il dérive d'une racine qui signifie « se répandre », perdre sa forme originelle ou même perdre toute forme structurée. L'autre, *khal'a*, plus fréquent dans les arabes dialectaux du Maghreb, dérive directement d'un verbe signifiant « déraciner », « extraire violemment de son élément ». Le premier, *sar'*, a largement été utilisé dans la médecine arabe du Moyen-Âge et, par métonymies successives, est arrivé à désigner des syndromes comportant une agitation désordonnée du corps, que les auteurs modernes interprètent tantôt comme épilepsie, tantôt comme hystérie ou comme possession. Quant au mot *khal'a*, il est resté très proche des étiologies traditionnelles et, comme chez les Bambara, sert à décrire des pathologies tumultueuses pouvant aller de l'autisme infantile à des syndromes d'agitation psychomotrice, en passant par toute la gamme des réactions défensives contre l'environnement telles que le mutisme, l'écholalie, l'échopraxie, la coprolalie [1].

Dans toutes ces langues, le mot « frayeur » alterne entre deux séries de significations étiologiques. La première, c'est la rencontre du sujet avec un univers radicalement différent de son univers habituel (rencontre repérable à l'effet de surprise, d'effroi, voire de sidération) qui fait effraction. La seconde, c'est l'extraction du sujet, ou plutôt du « noyau » du sujet (son âme en arabe – *ro'h* ; son double en bambara – *dia* ; son principe vital en wolof – *fit*) hors de son enveloppe, de sa membrane protectrice. Cette bipolarité de la frayeur est tellement commune que je pourrais presque affirmer que, tout comme la référence à la vie onirique, il n'existe pas de système thérapeutique des désordres psychiques qui ne l'inclue dans son arsenal étiologique. Si en Afrique, ce sont plutôt des pathologies bruyantes qui se réfèrent aux rencontres terrifiantes, dans le continent amérindien, ce sont au contraire les états

1. M. Lheimeur, *Hystérie et possession au Maroc. Vers un diagnostic différentiel*, Thèse pour le Doctorat de psychologie, Université de Paris XIII, 1990, et Adohane, *Mélanges étiologiques et syncrétismes thérapeutiques. Approche ethnopsychiatrique des processus à l'œuvre dans les systèmes étiologiques traditionnels au Maroc*, Thèse pour le Doctorat d'anthropologie, Université de Paris VII, 1992. Notons que nous avons le même problème de compréhension pour les textes d'Hippocrate ou même d'Aristote (Problème XXX) lorsqu'ils évoquent les crises d'agitation causées par la « bile noire ». Cette ambiguïté de sens se retrouve dans un grand nombre de langues mais je ne discute ici que les problèmes de vocabulaire que j'ai eu l'occasion d'étudier longuement – et surtout concrètement – au cours de séances d'ethnopsychiatrie.

dépressifs. Chez les Quechuas du Pérou, le *susto* (frayeur) se manifeste par l'affaiblissement progressif des facultés physiques – de la force – et par l'apparition d'un profond sentiment de tristesse, de comportements d'isolement, d'anorexie et d'insomnie. De plus, le malade sursaute durant son sommeil et subit des crises brutales de frayeur, se redressant, les yeux écarquillés, hurlant d'épouvante. Pour les Quechuas, cette pathologie, extrêmement fréquente, y compris dans les grandes villes, résulte de la capture de l'âme du malade par la terre ou par l'une des divinités la représentant [2].

Nous trouvons ici, à nouveau regroupées, les mêmes notions d'effraction et d'extraction hors de l'enveloppe, tout comme dans la théorie du saisissement si courante à l'île de La Réunion [3]. J'ai moi-même assisté à l'interprétation magistrale donnée par Madame Visnelda à une mère conduisant un jeune enfant de cinq ou six ans qui présentait une contraction et une pseudo-paralysie de l'hémicorps. Elle lui dit que durant sa grossesse, elle avait dû subir un accident ou une frayeur extrême et que le fœtus avait été *saisi* dans son ventre et s'était figé dans la position dans laquelle il se trouvait. La mère se rappela alors qu'elle avait en effet subi une chute de bicyclette durant sa grossesse et qu'elle avait craint pour la vie de son bébé, d'autant que par la suite, elle avait l'impression de ne plus percevoir ses mouvements. Mais bientôt, de fil

2. M.-P. Arias-Schreiber, « Susto ou le vol de l'âme. Métaphores corporelles dans le cadre d'un désordre ethnique », *Nouvelle Revue d'ethnopsychiatrie*, 8/9, 1987, 123-137 ; S. de Pury Toumi, « Une maladie nommée *susto* », *Nouvelle Revue d'ethnopsychiatrie*, 15, 1990, 173-182 et *Sur les pas des Indiens Nahuatl, mot à mot*, Grenoble : La Pensée sauvage, 1992.

3. J. Andoche, « L'interprétation populaire de la maladie et de la guérison à l'île de La Réunion », *Sciences sociales et Santé*, V. 3-4, 1988, 145-165 et « à partir d'une ethnographie des troubles mentaux : les représentations de la personne et du corps à l'île de La Réunion », *Nouvelle Revue d'ethnopsychiatrie*, 14, 1989, p. 111-122.

en aiguille, et même, plus précisément, d'évocation de frayeur en évocation de frayeur, elle en vint à ses problèmes conjugaux, puis aux conflits qui l'opposaient à sa mère. L'affaire fut si savamment menée qu'à la séance suivante, l'enfant avait abandonné son symptôme. Ajoutons qu'un peu partout dans le monde – mais particulièrement en Inde [4] – l'âme des « malmorts » (suicidés, assassinés, injustement condamnés), surprise en train de rôder, est jugée responsable de désordres psychiques se manifestant de manière somatique (nausées, vomissements, diarrhée). À nouveau, le noyau de la personne, liquide et informe (diarrhée), et de ce fait particulièrement fragile, est extrait de sa membrane protectrice pour se déverser dans le cosmos, n'étant plus retenu par son enveloppe, plus précisément, par sa structure.

Dans tous les systèmes thérapeutiques qui recourent à l'étiologie par la frayeur, on retrouve la même bipolarité sémantique : effraction/extraction. Avant d'en commencer l'analyse, je dois encore ajouter une autre série d'observations. Voilà plus d'un siècle qu'on a remarqué que, dans certains groupes sociaux, la frayeur déclenchait des comportements culturels stéréotypés. Les plus connus sont le *latah* des Malais, le *myriatchit* de certaines ethnies sibériennes et l'*imu* des *Aïnous* du Japon [5].

---

4. S. Kakar, *Shamans, Mystics and Doctors. A Psychological Inquiry into India and its Healing Traditions*, New York, Alfred A. Knopf, 1982, et un cas clinique dans la migration dans Nathan T., 1986.

5. Pow Meng Yap, psychiatre chinois ayant longtemps travaillé à Hong Kong, a sans doute été le premier à avoir vigoureusement attiré l'attention sur une série de désordres psychologiques dont l'organisation profonde est modelée par le système culturel. Dans une même culture, ces syndromes apparaissent identiques chez des sujets ayant chacun une histoire singulière. Le fait le plus frappant, c'est que ces syndromes ne sont pas désignés dans le système nosographique occidental et se retrouvent dans tous les textes qui en traitent selon leur dénomination indigène : *amok* et *latah* de Malaisie, *myriatchit* de certaines ethnies sibériennes, *imu* des tribus Aïnous du Japon (Hokkaïdo), *mali-mali* des Philippines, *koro* des Malais et des Chinois du Sud, *windigo* des Indiens Algonquins du Canada, *berdache* des Indiens des plaines, *potlatch* de nombreuses ethnies indiennes d'Amérique du Sud,

À la suite d'une frayeur, les membres de ces populations ont tendance à réagir par des comportements de mimétisme (échopraxie, écholalie). F. Adelman rapporte qu'une vieille Malaise se trouvant au détour d'un chemin nez à nez avec un tigre fut prise d'une crise de *latah* et se mit à imiter le tigre. Elle inquiéta tant l'animal par son étrange comportement qu'il prit la fuite [6]. De tels comportements sont codifiés au point qu'ils peuvent être spontanément adoptés par tout un groupe. Ainsi, la colère d'un colonel russe terrorisa si vivement un régiment de cosaques du Baïkal que tous les soldats furent pris sur le champ d'une crise collective de *myriatchit* [7], c'est-à-dire de mimétisme des ordres de l'officier.

C'est à partir de ces observations et de quelques autres que Devereux a construit son concept de « désordre ethnique », c'est-à-dire de modèle psychopathologique disponible à l'ensemble des membres d'une culture. La logique de tels désordres, à la fois collectifs et mimétiques, mérite à coup sûr qu'on s'y attarde un instant. Ici, la culture semble penser que la rencontre avec l'autre (l'autre monde, celui de la brousse, des animaux sauvages, des esprits ou des morts) est une rencontre traumatique lorsqu'elle n'est

---

berserk des anciens Vikings, *susto* des Quechuas du Pérou, *crazy-dog* des Indiens Crow, *pibloktok* des Inuit de Sibérie, etc. Yap (« Mental Diseases Peculiar to Certain Cultures : a Survey of Comparative Psychiatry », *Journal of Mental Science*, LXXXXVII, 1951, 313-327), a proposé de classer ce type de pathologies sous la rubrique *Culture-bound syndroms*, « syndromes intriqués à la culture ». Différents psychopathologues ont repris ce sujet qui ne laisse pas de poser de graves problèmes épistémologiques aux conceptualisations occidentales. Yap (« The Culture Bound Reactive Syndromes », *in* W. Caudil et T. Y. Lin (eds), *Mental Health Research in Asia and the Pacific*, Honolulu, East-West Center Press, 1985) en a encore proposé récemment une analyse originale. Mais c'est certainement G. Devereux (*Essais d'ethnopsychiatrie générale*, Paris, Gallimard, 1970), avec son concept de « désordre ethnique » qui a apporté l'élaboration la plus originale. Voir aussi T. Nathan, « Actualité clinique de l'ethnopsychiatrie, culture et symptôme », *Ethnopsychiatrica*, II.2, 1979, p. 128-149 et *La Folie des autres. Traité d'ethnopsychiatrie clinique*, Paris, Dunod, 1986.

6. F. Adelman, « Toward a psycho-cultural interpretation of Latah », *Davidson Journal of Anthropology*, I, 1955, p. 69-76.

7. G. Devereux, *Essais*, *op. cit.*, note 6.

pas médiatisée (par un chaman, un prêtre, un devin ou même simplement par l'ensemble du groupe) et que ce traumatisme conduit à un écoulement au dehors de tout ce qui constituait l'identité singulière du sujet, pour ne laisser place qu'à un mimétisme automatique et absurde [8]. Mais, en recourant au mimétisme, la culture semble induire le sujet à une sorte de resocialisation : je rejoins l'autre en l'imitant, mais je le rejoins aussi du fait qu'en produisant une pathologie de type *latah*, je ressemble à un Malais et même à n'importe quel Malais. Enfin ces désordres culturellement codés contiennent un paradoxe très actif expliquant leur dynamisme. Une crise de *latah* résulte d'une sorte de dénoyautage du sujet ou, plus précisément, d'une déculturation ; mais c'est précisément par cette déculturation que le sujet s'affirme le plus malais possible, c'est-à-dire appartenant viscéralement à sa culture : malais à en mourir ou à en devenir infanticide.

Ce rapide parcours anthropologique nous a laissé glaner un certain nombre de notions agglutinées à celle de frayeur. Dans les étiologies traditionnelles, l'effraction traumatique ne va jamais sans son corollaire obligé, l'extraction hors de la membrane protectrice. Le noyau mis à jour est généralement un comportement simple, stéréotypé et sauvage (crises d'agitation, excitation frénétique, convulsions) ; il est parfois seulement réduit à

8. Gilles de la Tourette avait bien perçu ce fait lorsqu'il reprenait, avec beaucoup de finesse, les observations d'O'Brien : « Je citerai, dit celui-ci, un cas qui eut une issue fatale : le cook d'un steamer était un *latah* des plus corsés. Il berçait un jour, sur le pont du navire, son enfant dans ses bras, lorsque survint un matelot qui se mit, à l'instar du cook, à bercer dans ses bras un billot de bois. Puis ce matelot jeta son billot sur un tendelet et s'amusa à le faire rouler sur la toile, ce que fit immédiatement le cook avec son enfant. Le matelot, lâchant alors la toile, laissa retomber le billot sur le pont ; le cook en fit de même pour son petit garçon qui se tua sur le coup. » (Gilles de la Tourette, « Étude sur une affection nerveuse caractérisée par l'incoordination motrice accompagnée d'écholalie et de coprolalie (jumping, latah, myriatchit) », *Archives de neurologie*, IX, 1885, p. 19-42 et p. 158-200).

une particule de rythme (incoordination motrice, tic, aboiement). Ce noyau, pensé comme originaire ou primitif, n'est pas fondamentalement différent du cosmos qui l'entoure et risque de s'y confondre, amenant l'anéantissement du sujet (humeur triste, bile noire rappelant la substance de la terre et aspirant à la rejoindre). Mais les étiologies traditionnelles réintroduisent par la fenêtre ce qu'elles ont chassé par la porte. L'identité détruite par la frayeur (l'âme échappée) est octroyée à l'autre, celui qui a ravi l'âme, le *djinn*, l'esprit, le défunt, la divinité chtonienne. C'est pourquoi la technique thérapeutique consistera à l'identifier et à définir les exigences de ce nouveau partenaire. Cette identification de l'agresseur semble agir alors de manière contagieuse et conduire à une réidentification de la victime. Dans les étiologies traditionnelles, il ne s'agit donc pas seulement d'une conceptualisation naïve du choc (sinon la notion d'effraction aurait suffi), mais du rétablissement d'échanges complexes entre plusieurs soi et plusieurs autres. La frayeur est toujours un système étiologique interactif, engendrant des procédures psychothérapiques multiples, elles-mêmes aussi toujours interactives.

Effrayé par mon ombre

> « Si un honorable Asiatique me demandait ce qu'est l'Europe, je devrais lui répondre : *C'est la partie de la terre complètement et follement imbue de cette sotte idée que la naissance de l'homme est le commencement absolu de celui-ci et qu'il est sorti de rien.* »
>
> A. SCHOPENHAUER *(Parerga)*

Voyons maintenant ce qu'il en est de la frayeur dans la psychopathologie occidentale. Nous avons la chance de disposer de deux courants très nettement définis ayant accumulé observations et tentatives de théorisation, l'un d'orientation neurologique, l'autre psychanalytique. À l'origine du problème qui nous occupe, un psychiatre ayant eu une vie passablement agitée, Gilles de la Tourette, avait été l'élève favori de Charcot qui lui confia la rédaction du traité sur l'hystérie. Il eut une véritable activité militante pour laïciser l'hystérie, lui donner un statut scientifique voire, avant la lettre, neurophysiologique. Il publia, par exemple, des commentaires à la limite de la calomnie sur l'autobiographie de Sœur Jeanne des Anges, Supérieure du couvent des Ursulines lors de l'affaire des possédées de Loudun [9]. Il s'intéressait à la littérature, et en fréquentait les salons, à la psychologie et aux psychothérapies hypnotiques qu'il critiquait vivement à partir de convictions biologiques. Il fut blessé d'un coup de feu tiré par une malade délirante prétendant qu'il la maintenait sous hypnose. On a prétendu qu'il était mort de paralysie générale. Son célèbre mémoire sur l'incoordination motrice resta oublié pendant soixante-dix ans. Il est encore très peu connu en France, alors que depuis vingt-cinq ans, ses travaux ont donné lieu à de multiples commentaires, études et recherches aux États-Unis, dont un grand nombre à l'initiative de l'association des malades atteints de ce désordre. Outre son intérêt clinique et la finesse de son analyse psychopathologique, ce texte est frappant par l'entrelacs pluridisciplinaire : y sont en effet discutés les points de vue psychiatrique, neurologique, psychologique et – pour la première fois, me semble-t-il, dans la littérature psychiatrique – transculturels [10].

9. Sœur Jeanne des Anges, *Autobiographie d'une hystérique possédée.*
10. Quoique le texte de Freud sur la cocaïne (« Contribution à la connaissance

C'est en 1885 que Gilles de la Tourette publia sa désormais célèbre monographie. Freud faisait encore ses classes à Paris et Breuer commençait à peine à s'intéresser à l'hystérie. Gilles de la Tourette eut le génie de rassembler en un même syndrome trois séries de symptômes qui ne présentaient *a priori* aucun point commun : *l'incoordination motrice* (Gilles de la Tourette ne parle jamais de tics, mais d'« incoordination motrice », de « décharges involontaires et soudaines », afin, je crois, de souligner le caractère particulièrement brutal de l'attaque) ; *les comportements mimétiques*, essentiellement écholaliques, mais aussi échopraxiques (c'est à cet endroit du texte, comme on le devine, qu'il introduit ses remarques transculturelles : *latah*, *myriatchit* et, à tort il me semble, *jumping*) ; *la coprolalie*, les injures et les propos lubriques des malades souvent à propos (peut-il en être autrement ?). Il prend l'exemple d'un de ses malades : « Ah le vieux c... de père X..., ce vieux c... » le tout prononcé rapidement et devant une personne pour laquelle il doit avoir, et a, le plus grand respect. Une dame entre dans la salle : « Ah la vache ! Je la ... elle doit avoir, etc. », deux ou trois phrases courtes et on ne peut plus ordurières dites avec un accompagnement de secousses musculaires désordonnées [11]. »

Le syndrome une fois défini, le problème de Gilles de

---

de la cocaïne » (1885), in *De la cocaïne*, Bruxelles, Éditions Complexe, 1976), publié la même année, contienne le même type de remarques transculturelles, ce n'est cependant pas dans le même but de démonstration, mais comme simple illustration.

11. J'ai reconstitué ainsi la phrase que sa pudeur a empêché Gilles de la Tourette d'écrire en entier : « Ah la vache ! Je la baise. Elle doit avoir de gros nichons. » Le jeune Kabyle atteint d'une maladie de Gilles de la Tourette que nous avons soigné il y a quelques années s'exclamait volontiers devant des femmes : « Nique, pute, salope » ou « enculé, baise-la », alors que là aussi il s'agissait d'un jeune homme très réservé et timide. (S. Lebovici, J.-F. Rabain, T. Nathan, R. Thomas, M. M. Duboz, « À propos de la maladie de Gilles de la Tourette », *Psychiatrie de l'enfant*, XXIX, 1986, p. 5-59).

la Tourette devient simple : qu'est-ce qu'il y a de commun entre les tics, le mimétisme et la coprolalie ? Quoiqu'il disposât alors d'une étiologie par la frayeur que lui avaient spontanément fournie ses malades, il ne s'y arrêta pas et la mentionna à peine en passant : « Parmi les *causes occasionnelles* le plus souvent invoquées se trouvent les émotions morales vives, *la peur en particulier* [12] ; mais la cause véritable, déterminante, là, comme dans toutes les maladies nerveuses, n'est autre que l'hérédité », ajoute-t-il aussitôt. Dans son tableau récapitulatif, il note tout de même des antécédents de « grande frayeur » dans deux cas sur neuf [13] (les cas trois et sept, recueillis par lui). Pourquoi diable renonce-t-il à l'étiologie psychologique qu'il tient au bout des doigts, d'autant que les comparaisons transculturelles avec le *latah* ne peuvent que l'encourager dans cette voie ? C'est que la frayeur, en faisant entrer en scène des facteurs externes, est *ipso facto* interactive. Or, dans sa laïcisation de la psychopathologie, Gilles de la Tourette préfère l'étiologie nerveuse qui est nécessairement de nature individuelle. La frayeur contraint à penser l'autre, celui qui m'a effrayé,

12. C'est moi qui souligne.

13. Le jeune Kabyle évoqué dans la pénultième note a débuté sa maladie de Gilles de la Tourette après avoir été mordu par un chien et en avoir ressenti une très grande frayeur ; il a d'ailleurs commencé à en guérir lorsqu'il a incité par ses « aboiements » un autre chien à le mordre. E. Laborde (« Coccinelle. Analyse de la structure psychique d'une voyante numérologue », *Nouvelle Revue d'ethnopsychiatrie*, 8/9, 1987, p. 103-122) rapporte un autre cas où le déclenchement par la frayeur est particulièrement manifeste : « À dix-neuf ans, elle a subi une agression dramatique par un oncle maternel qui était ivre. Il est entré de nuit dans la chambre où elle dormait avec sa grand-mère et a appuyé sur son cou une carabine, menaçant de la tuer ainsi que son aïeule si jamais elle parlait. Pendant deux heures, il l'a injuriée et menacée... Un mois plus tard s'est déclenchée une maladie de Gilles de la Tourette qui s'est poursuivie pendant quelques années : elle a commencé par glousser involontairement puis s'est mise à aboyer et parfois à hurler comme un chien-loup. Elle relie très bien cette maladie aux deux heures de terreur où elle était obligée de retenir les cris de peur puis les injures qu'elle avait envie de proférer contre son oncle : " Salaud, va-t'en, tu me fais mal... " » (p. 106).

alors que les nerfs me laissent seul... seul avec mon médecin, naturellement !

En quoi peut consister une telle étiologie nerveuse ? Sa nature est sous-jacente dans le texte de 1885, mais deviendra de plus en plus explicite chez les neurologues contemporains [14]. La part de contention dévolue à certaines fonctions de l'appareil neurologique aurait été défaillante pour des raisons héréditaires, autrement dit les malades ne peuvent ni se tenir (tics) ni se retenir (coprolalie). Depuis une vingtaine d'années, les neurologues pensent de plus en plus que c'est un excès de dopamine qui empêche le fonctionnement d'une membrane hypothétique, membrane structurale ayant des effets à tous les niveaux du comportement. De ce fait, ils considèrent les tourettiens comme les victimes d'impulsions et de conduites grossières provenant du « déchaînement de la force aveugle du sous-cortex [15] ». Il ne m'appartient pas de porter un jugement sur le bien-fondé d'une telle explication [16]. Je pourrais même imaginer qu'il existe des maladies de Gilles de la Tourette d'origine neurologique et d'autres strictement culturelles et interactives ; et même construire une correspondance entre cette hypothétique membrane structurale produite par un dosage correct de la dopamine et une autre membrane tout aussi hypothétique constituée peu à peu par l'homéostasie du système culturel [17]. Je

14. Opinion clairement exprimée par O. Sacks : « Pour Tourette et ses pairs, il était clair que ce syndrome était une sorte de possession par des impulsions et poussées primitives ; mais aussi que cette possession avait une base organique, un trouble neurologique bien précis, quoique inconnu » (*L'Homme qui prenait sa femme pour un chapeau et autres récits cliniques*, 1985, Paris, Le Seuil, 1988, p. 125).

15. O. Sacks, *ibid.*, p. 130.

16. Quoiqu'une telle théorie conduise nécessairement aux excès et à l'impérialisme chimiothérapiques, car si l'haldol soulage quelquefois les malades, il peut les rendre hagards et leur faire perdre une bonne part de leur créativité naturelle, comme le note d'ailleurs le neurologue O. Sacks, 1985.

17. Nous avons dû inférer l'existence d'une telle membrane, précisément pour rendre compte des « névroses traumatiques » des migrants.

dois néanmoins constater que les neurologues ont abandonné l'un des termes du couple conceptuel sur lequel sont basées les étiologies traditionnelles par la frayeur, et partant, les psychothérapies qui leur sont associées [18]. S'ils ont conservé la notion d'extraction hors de la membrane, ils ne savent plus que faire de celle d'effraction. Or, nous avons vu que c'est dans l'ambiguïté, et même dans la contradiction entre ces deux termes que réside le pouvoir dynamique de cette étiologie [19].

Mais qu'est-ce donc qui, dans la frayeur, effraie tant la psychopathologie occidentale ? Car nous allons voir maintenant qu'il en est à peu près de même dans la psychanalyse.

Il en est de l'histoire des notions comme de celle des hommes. Certaines qui connaissent des gloires éblouissantes retombent en une ou deux décennies – étincelles éphémères – et s'évanouissent dans la glèbe de l'oubli, laissant sur le sol à peine l'ombre d'un nuage. D'autres, au contraire, expulsées de la pensée des contemporains

---

18. Ainsi, le jeune patient kabyle qui souffrait assurément d'une maladie de Gilles de la Tourette consulta-t-il un *cheikh* au cours d'un voyage en Algérie. Au vu des symptômes écholaliques et coprolaliques, ce dernier diagnostiqua sans hésiter une maladie de l'effroi *(khal'a)*. Pour lui, une forte frayeur pouvait déclencher un abandon du corps par l'esprit (D. W. Winnicott, « L'esprit et ses rapports avec le psyché-soma » (1949), in *De la pédiatrie à la psychanalyse*, Paris, Payot, 1969). Il me semble qu'outre ses substrats logiques complexes, cette conception étiologique s'étaye sur l'observation du sursaut physique (incoordination motrice passagère) traversant la personne effrayée. Dans cette conception, le sursaut indiquerait que l'âme (ou son équivalent dans l'ethnie considérée) vient peut-être de quitter le corps du sujet. L'âme peut aussi s'échapper lors d'un éternuement, ce qui explique que dans certaines cultures africaines, on attende anxieusement le prochain éternuement du patient, preuve tangible que son âme ne s'est pas absentée, théorie singulièrement proche de la pensée d'Aristote selon laquelle l'éternuement est l'une des manifestations de l'âme.

19. Si les symptômes de la série 1 (tics) et ceux de la série 3 (coprolalie) entrent facilement dans le cadre de l'étiologie neurologique (se laisser aller à ses impulsions sauvages), ceux de la série 2 (mimétisme) contraignent à recourir au postulat d'une pulsion étrange et primordiale à avaler (incorporer) autrui, une pulsion à sacrifier toute individualité. C'est ainsi que Sacks en rend compte : « Cette femme, en prenant l'apparence de tout le monde, perdait son propre soi et finissait par devenir personne » (*L'Homme qui prenait sa femme pour un chapeau*, *op. cit.*, note 15, p. 162).

comme une épine du pied, sont écartées – mais pas oubliées – et resurgissent, parfois un siècle plus tard, avec la même force de vérité. Tel est sans doute le destin de la notion de traumatisme, qui a connu bien des vicissitudes dans la pensée psychanalytique, participant au début à des élaborations extrêmement complexes [20], puis s'estompant et réapparaissant après la Première Guerre mondiale pour rendre compte des névroses de guerre et donner lieu à de nouvelles élaborations théoriques décisives [21] avant d'être à nouveau discréditée [22], et cela en dépit de l'insistance de certains psychanalystes parmi les plus grands [23].

La psychanalyse a bien failli s'organiser autour du concept de traumatisme. On sait qu'il n'en fut rien. Je ne suis pas si sûr qu'elle y ait gagné. Dans un premier temps, éviter le traumatisme présentait des avantages évidents : s'engager dans l'exploration d'un univers théorique nouveau qu'on purifiait de la gangue indéfinissable et surtout inanalysable des causes externes, impures par nature ; centrer la problématique sur le fonctionnement intrapsychique, promouvoir des notions particulièrement prometteuses comme celles de fantasme ou de désir, bref, ouvrir un nouveau champ de recherches. À plusieurs reprises, Freud évoque très clairement ce choix théorique décisif. Par exemple : « Lorsque je me fus ressaisi, je tirai de mon expérience les conclusions correctes, à savoir que

20. S. Freud, « Pour une théorie de l'attaque hystérique », in *Résultats, idées problèmes*, I, Paris, PUF, 1984 et « Un cas de guérison hypnotique avec des remarques sur l'apparition de symptômes hystériques par la " contre volonté " », 1892-1893, *ibid.* ; J. Breuer et S. Freud, *Études sur l'hystérie* (1895), Paris, PUF, 1965.

21. S. Ferenczi, « Deux types de névrose de guerre (hystérie) » (1916), *Œuvres complètes*, II, Paris, Payot, 1970, et « Psychanalyse des névroses de guerre » (1919), *Œuvres complètes*, III, Paris, Payot, 1974. S. Freud, « Au delà du principe de plaisir » (1920), in *Essais de psychanalyse*, Paris, Payot, 1981.

22. S. Freud, *Inhibition, symptôme, angoisse* (1927), Paris, PUF, 1968.

23. Par exemple S. Ferenczi, « Réflexions sur le traumatisme » (1932), *Œuvres complètes*, IV, Paris, Payot, 1982, et tout au long de son superbe *Journal clinique*.

les symptômes névrotiques ne se rattachaient pas directement à des expériences réellement vécues, mais à des fantasmes de désir, et que, pour la névrose, *la réalité psychique importait plus que la réalité matérielle*[24]. » On pourrait même résumer le choix auquel se livra Freud dans le dilemme suivant : quelle émotion privilégier, la frayeur ou l'angoisse ? La frayeur, corollaire du traumatisme, était certes plus attirante, possédait une force de conviction évidente, mais elle ramenait avec elle l'infini cortège des causes externes alors que l'angoisse, plus austère, plus pure, justifiait cette technique raffinée où la pensée se fait monde, à l'image des névroses au traitement desquelles la psychanalyse allait se consacrer.

Je m'arrêterai un moment sur l'entreprise de Freud qui, en 1920, avec son honnêteté coutumière, tente une nouvelle fois de repenser l'ensemble de son système théorique. « Au-delà du principe de plaisir » est un texte complexe, dont l'intentionnalité profonde est difficile à pénétrer. J'ai fini par penser que cette dernière résidait dans le titre même de l'essai. Dans sa première théorie, le principe de plaisir était ce qui clôturait le sujet (ce qui est désagréable, ce que je peux fuir est la définition même du dehors). Il avait besoin de cette notion[25] pour expliquer la façon dont le sujet se clôturait par ses seuls moyens, tout comme dans le dispositif technique qu'il avait imaginé, il incitait le patient à se penser seul responsable de son destin. Mais arrive le moment où il est temps de penser l'interface entre le sujet et l'autre (son environnement, un autre sujet, l'autre sexe). Une théorie fondée sur le traumatisme – nous l'avons vu pour les étiologies

---

24. S. Freud, *Freud présenté par lui-même* (1925), Paris, Gallimard, 1984, p. 58 (c'est moi qui souligne).

25. S. Freud, « Formulations sur les deux principes du cours des événements psychiques » (1911), in *Résultats, idées, problèmes*, Paris, PUF, 1984.

traditionnelles par la frayeur – est nécessairement une théorie de l'interaction. Comment penser l'interaction en persistant à tenir le traumatisme à l'écart ? Telle sera la gageure d'« Au-delà du principe de plaisir ». Trois grandes parties émergent clairement de ce texte dense : la première est destinée à définir la notion de compulsion à la répétition, la seconde développe l'idée d'une membrane de l'appareil psychique que Freud nomme le « pare-excitation » et qui prendra le relais du principe de plaisir pour définir la clôture, la troisième enfin recouvre des considérations fondamentales sur la vie et la mort.

Avec la notion de compulsion à la répétition, comme souvent, Freud tente de résoudre un problème complexe en le comparant à des phénomènes simples provenant d'un autre champ. Reprenant une nouvelle fois la question du traumatisme, il part cette fois d'une singularité des rêves traumatiques qui contreviennent au principe de plaisir, selon lequel toute activité psychique tend à l'abaissement de la tension. Les rêves traumatiques répètent indéfiniment l'événement traumatique reproduisant le trauma originel avec la même intensité. Voilà le fait [26] ! Il compare alors cette répétition onirique à la répétition inlassable d'expériences désagréables dans les premiers jeux de l'enfance et à celle des expériences douloureuses dans la névrose de transfert.

Freud aurait pu, comme le proposa longtemps Ferenczi, construire l'hypothèse que la répétition indéfinie d'un événement non intégré permettait à la longue une certaine maîtrise du choc [27] ; mais il a préféré postuler l'existence

26. D'après mon expérience clinique avec les névroses traumatiques chez les migrants, cette répétition de la scène traumatique dans le rêve n'est évidente que dans environ un tiers des cas. Les autres patients se plaignent plutôt de la disparition totale du fonctionnement onirique. Tout cela mérite des investigations cliniques détaillées et fiables.

27. Une telle hypothèse aurait pu résoudre le problème clinique posé par le

d'une compulsion originelle, une sorte de démon de la répétition libéré par le trauma. Vient-il de redécouvrir l'étiologie traditionnelle puisque à nouveau la frayeur – il appelle la névrose traumatique « névrose d'effroi » – produit du répétitif (comme l'écholalie et l'échopraxie du *latah*) et libère un noyau primitif, démoniaque par surcroît ? Non, car il existe une différence importante entre les deux pensées théoriques et qui devient manifeste au troisième exemple, celui de la répétition dans le transfert. Car si le patient répète avec le psychanalyste ses expériences douloureuses, ce n'est pas – certes non ! – parce qu'il a été effrayé par son médecin, mais parce qu'il est animé d'une sorte d'obligation de souvenir, compulsion interne propre à toute matière vivante (puisque l'ontogenèse reproduit la phylogenèse).

Ainsi Freud échappe-t-il, comme Gilles de la Tourette, comme les neurologues modernes, au second terme de l'étiologie par la frayeur, celui de l'effraction. Reste tout de même la question de l'interface car le trauma pose toujours – ce qui ne lui a évidemment pas échappé – l'inaliénable question de l'autre [28].

Si ce n'est pas le principe de plaisir, alors qu'est-ce donc qui clôture le sujet ? Qu'est-ce qui lui garantit sa mémoire – tant sur le plan psychologique que biologique

---

traumatisme ; c'est d'ailleurs celle qu'ont utilisée les psychiatres américains durant la Seconde Guerre mondiale. Mais si Freud contemple un moment l'idée selon laquelle la compulsion de répétition permettrait un passage de la passivité à l'activité (je ne suis plus l'objet du trauma mais le sujet actif produisant mon rêve ou mon jeu) et l'expression d'une sorte de vengeance – une identification à l'agresseur avant la lettre –, il l'abandonne bientôt car elle présuppose une hypothétique pulsion d'emprise aux accents adlériens.

28. La rencontre avec l'autre est toujours traumatique. Éviter de penser cette violence première conduit finalement à rater l'analyse de l'interaction, car toute psyché est perpétuellement co-construite. « Presque toute causalité est dans ce sens violente : la fabrication d'une chose, la satisfaction d'un besoin, le désir et même la connaissance d'un objet. » (E. Levinas, *Difficile liberté. Essais sur le judaïsme* (1963), 3e éd., Paris, Albin Michel, 1988, p. 18).

– et lui assure de ce fait la pérennité de son être [29] ? Freud recourt à une métaphore qu'il développera ensuite de manière systématique dans « le moi et le ça » (1923), celle de la « vésicule indifférenciée de substance excitable » : « Représentons-nous l'organisme sous la forme la plus simplifiée qui soit, comme une vésicule indifférenciée de substance excitable. Sa surface tournée vers le monde extérieur sera différenciée de par sa situation même et servira d'organe récepteur d'excitations [30]. » Ainsi, à la lisière, la psyché, comme la peau, développerait une sorte d'induration – le Moi – pour se protéger des excitations. Celles-ci sont essentiellement produites par les énergies non liées, celles qui ne s'inscrivent pas dans le système Cs mais laissent des traces, des cicatrices. Tour de force : à nouveau, le traumatisme n'est en aucune manière l'effraction de l'autre en soi mais la simple rupture de la membrane, du « pare-excitation [31] ». Dans ce système, l'angoisse ayant pour fonction de protéger de la frayeur, elle est à peu près identifiable au pare-excitation : « L'effroi conserve pour nous aussi son importance. Il trouve sa condition dans le manque de la préparation par l'angoisse [32]. » Quoi d'étonnant à ce que Freud considère l'angoisse comme une protection contre l'effroi puisque le concept d'angoisse, devenu l'affect par

---

29. Freud n'avait évidemment pas les moyens de répondre à cette question puisque ce qui clôture l'espèce, assure sa mémoire et gère son interface avec les autres espèces est son code génétique, tout comme c'est sa langue qui clôture une ethnie et lui permet de gérer son interface avec les autres ethnies. Ma conviction est que c'est en rapport avec ces deux délimitations (de nature logique) que le sujet se clôture en tant que sujet (*cf. supra*).

30. S. Freud, « Au delà du principe de plaisir », *op. cit.*, note 22, p. 67, puis il débouche sur la métaphore de la peau dont Anzieu (*Le Moi-Peau*, Paris, Dunod, 1985) reprendra brillamment l'analyse avec des implications théoriques et cliniques nouvelles.

31. « On peut, je crois, tenter de concevoir la névrose traumatique commune comme la conséquence d'une effraction étendue du pare-excitation. » (S. Freud, *ibid.*, p. 73).

32. S. Freud, *ibid.*, p. 74.

excellence – quasiment le seul pour la théorie psychanalytique – lui a permis de ne pas inclure la frayeur dans sa construction théorique.

Mais Freud est sans doute conscient du caractère insatisfaisant d'une telle théorie, car même si le traumatisme consiste en une rupture du pare-excitation et en un surgissement par cette brèche d'énergie libre (non liée), et donc de mécanismes répétitifs, pourquoi diable faut-il la présence d'un autre – le psychanalyste – pour enrayer le processus de déliaison, de mort ? Il répondra à cette question d'étrange manière : la mort est en moi, c'est ma pulsion originelle ; seule la présence de l'autre parvient pour un temps à annuler cette tendance toute-puissante. Il trouvera cette fois sa métaphore dans la sexualité des infusoires : « Ainsi l'infusoire, laissé à lui-même, meurt d'une mort naturelle du fait d'une élimination imparfaite des produits de son propre métabolisme ... Nous avons déjà vu que la copulation aussi, cette fusion temporaire de deux êtres unicellulaires, a pour effet de les conserver en vie et de les rajeunir l'un et l'autre. Ainsi pourrait-on tenter de transférer à la relation réciproque des cellules la théorie de la libido dégagée par la psychanalyse et se représenter les choses ainsi : ce sont les pulsions de vie ou les pulsions sexuelles actives dans chaque cellule qui prennent pour objet les autres cellules dont elles neutralisent en partie les pulsions de mort [33]. » Voilà donc enfin l'autre, dans la sexualité des êtres les plus simples comme dans le fonctionnement psychique, il est défini par cette même fonction à laquelle Freud

33. S. Freud, *ibid.*, p. 95 et 96. En cela, il rejoint parfaitement la pensée de Spinoza : « Il est nécessaire que nous n'en soyons pas affranchis (de l'amour), car, en raison de la faiblesse de notre nature, sans quelque chose dont nous jouissions, qui soit uni à nous et nous fortifie, nous ne pourrions pas exister. » *Court traité sur Dieu, l'homme et son état bienheureux.*

cantonne le psychanalyste dans la cure, régénérer par sa seule présence les capacités de liaison de la psyché du sujet, et dans la cure, celles du patient.

Car ne nous y trompons pas, le véritable enjeu de cette discussion théorique est surtout clinique, et même technique. Admettre la frayeur comme affect central dans le fonctionnement psychique aurait contraint à penser que l'autre faisait effraction, nous influençait, nous modifiait, quelquefois même nous métamorphosait. Ç'aurait été par là même admettre que le psychanalyste, par sa seule présence – ou plutôt par le dispositif qu'il installe –, déclenchait une immense frayeur produisant sans cesse des répétitions transférentielles. Ferenczi est allé jusqu'au bout de cette idée, s'y heurtant sans cesse comme le bourdon à la vitre. Pensant que le fait même d'occuper le fauteuil constituait *per se* l'effraction, il alla jusqu'à imaginer l'« analyse mutuelle » [34] – c'est-à-dire l'analyse du psychanalyste par son patient, y compris l'analyse du transfert du psychanalyste sur son patient – afin de dissoudre la violence originelle du cadre technique. Car la frayeur essentielle consiste en ceci, que la vérité de ce que je perçois, de ce que j'éprouve, de ce que je pense, réside en un autre. Mais si la vérité n'est que dans cet autre-là, si je n'ai aucun moyen de savoir comment l'autre aussi est effrayé, alors toute l'entreprise n'est qu'une nouvelle frayeur et en aucune manière une thérapie. Le caractère jusqu'au-boutiste des recherches techniques de Ferenczi – chapeau bas ! – constitue à mon sens la butée du cadre psychanalytique, le point qu'on ne peut dépasser sans changer de technique.

34. S. Ferenczi, *Journal clinique.*

Un fragment de pure négativité

J'ai voulu pousser mon idée jusqu'à ses conséquences ultimes, je reste pourtant insatisfait. J'ai conscience de ne pas avoir restitué toute la complexité des systèmes étiologiques organisés autour de la frayeur, qui ne sont en aucune manière projectifs ou infantiles. Je regrette aussi de ne pas avoir rendu justice à Freud, qui reste, paradoxalement, le seul à avoir fourni une théorie susceptible d'expliquer l'efficacité des objets-sorts.

En effet, un grand nombre de systèmes thérapeutiques traditionnels comportent l'utilisation d'objets complexes capables de détruire l'autre (l'ennemi, le rival, l'envié), par leurs seules propriétés intrinsèques. Or, ces objets sont constitués de plusieurs matériaux dont l'assemblage spontané paraîtrait illogique. J'ai, par exemple, longuement examiné le *s'hur* d'un de mes patients kabyles que sa femme voulait anéantir. Elle avait réuni, dans une même casserole, des épines de conifère, un morceau de pierre d'alun, la plume de la queue d'un oiseau de couleur noire et blanche, la peau d'un batracien, du sel et un papier écrit à l'encre jaune brunâtre d'une écriture inconnue, qu'on appelle en Kabylie « l'écriture des *djinns* ». Puis elle a tenté de brûler le contenu de cette casserole afin de la faire inhaler à son mari. Le principe d'un tel empoisonnement olfactif serait le suivant : si l'on réunit ainsi dans une même enveloppe et qu'on lie par la cuisson des substances aussi radicalement hétérogènes, c'est évidemment qu'on pense que la destruction proviendra de la déliaison de la victime qui sera, *mutatis mutandis*, décomposée en ses éléments. Selon ces pensées, lier des substances hétérogènes déclencherait donc la déliaison des matières complexes. Tout se passe comme si la culture kabyle non seulement savait, tout comme Freud, que la mort était une déliaison, mais que, de plus, elle pensait qu'on pouvait isoler un fragment de déliaison – le saisir – pour anéantir sa victime.

Cette tentative d'isoler un noyau de pure négativité, d'énergie inversée, se retrouve aussi au Maroc. Ainsi, les Berbères pensent-ils que le sang de la victime d'un accident ou d'un meurtre contient ce même type d'antimatière. Dans cette population, les femmes se fabriquent de petites bourses contenant quelques gouttes du sang d'un tel mort pour s'assurer la fidélité éternelle d'un fiancé ou d'un époux. Mais s'il advient qu'un bébé inhale l'odeur du talisman *(tawmmist)*, il mourra en quelques heures de « diarrhée verte [35] ». Ce qui caractérise ce sang magique qu'on se procure à grand'peine – et *a fortiori* l'âme du disparu – est bien qu'il a été saisi par la frayeur. Trouver le cadavre d'un accidenté ou d'un assassiné constitue une occasion d'isoler puis d'utiliser ce fragment de destruction. On dit aussi là-bas que le sang des morts disparus de mort violente se métamorphose naturellement en « chouette effraie ».

Si, comme dans la mythologie grecque, l'âme des disparus devient souvent oiseau, celle des victimes de meurtre ou d'accidents devient rapace nocturne, broyeur d'os (orfraie vient du latin *ossifraga*, « qui brise les os »). En français, « chouette effraie » est un glissement de l'« orfraie », par attraction d'« effrayé ». Et l'on ne sait trop si cette chouette effraie avec ses grands yeux ouverts dans la nuit ou si elle-même, autrefois effrayée, reste là pour l'éternité, figée de terreur, les yeux écarquillés...

---

35. T. Adohane, « Le nourrisson médusé : notes de recherche ethnopsychiatrique », *Nouvelle Revue d'ethnopsychiatrie*, 13, 1989, p. 183-204.

Chapitre 2

Frayeur et colère

J'ai montré dans le chapitre précédent que la frayeur n'était pas une notion naïve, la simple transcription, dans l'univers de la langue, d'une sensation brute, qu'il s'agit au contraire d'un véritable concept, généralement articulé à une théorisation complète d'édifices traditionnels longuement polis par des millénaires d'une pratique qu'on pourrait appeler clinique. Au moins pour ce qui concerne la thérapie, la notion de frayeur possède un avantage considérable sur celle d'angoisse : évoquant une étiologie interactive, elle permet de déclencher des processus thérapeutiques également interactifs et contraint le malade, par la simple instauration du cadre technique, à se resituer dans son environnement social.

Mais la notion de frayeur présente une autre supériorité : elle jette des ponts avec d'autres univers du sens commun, elle permet par exemple d'intégrer un sentiment très courant que je vais maintenant aborder, la colère.

Bien qu'elle soit fréquemment utilisée dans les interprétations psychanalytiques – « Vous êtes en colère contre moi et vous ne parvenez pas à me le dire ! » –, la colère est une humeur peu décrite dans la conceptualisation psychanalytique. Cette absence de théorisation d'un affect très commun est tout de même surprenante. Peut-être est-ce en raison de la difficulté à distinguer clairement l'affect (la fureur), la pulsion (agressive – ou simplement la perte de maîtrise ?) et l'objet de la pulsion (on est toujours en colère contre quelqu'un). S'agit-il d'agressivité ou bien d'une décharge généralisée de toutes les pulsions ? Dans les moments de colère, l'objet est toujours présent, tout au moins au déclenchement de l'état – car la colère reste un violent mécontentement, une fureur. Mais la suite de l'orage se développe pour son propre compte et brouille les discriminations, entre sujet et objet, entre pulsions sexuelles et agressives, mais aussi (et peut-être surtout) entre dedans et dehors. La bile (*Khôlé* en grec) n'est plus contenue et se décharge sans retenue dans le corps du patient et, par voie de conséquence, dans son environnement.

Le vocabulaire a gardé trace de cette conceptualisation implicite : on parle de « crises », d'« accès » de colère ; le coléreux « suffoque », « tremble », « trépigne » ; il sent sa colère « monter », « s'emparer » de lui, tente de se retenir puis s'y « abandonne », la laisse « exploser », il « sort de ses gonds », et enfin « décharge sa bile ». La colère, comme la frayeur, est donc articulée à une notion de membrane interne qui cède sous l'effet d'une intense pression. Dans la frayeur, nous l'avons vu, c'est la coquille de l'âme qui, s'ouvrant accidentellement, laisse échapper le noyau de la personne ; dans la colère, c'est la vésicule contenant la bile (vésicule biliaire [1] ?) qui crève, permettant à la subs-

---

1. La vésicule biliaire des animaux est très souvent employée dans la fabrication des amulettes et des remèdes traditionnels. Le plus bel exemple dans la Bible se trouve dans le Livre de Tobie, lorsque Raphaël (nom signifiant en hébreu « guéri

tance amère (en arabe, la bile se dit *marara*, « amertume ») de se répandre à travers le corps, peut-être même de cheminer jusqu'à la tête, provoquant la fureur.

La colère d'Achille

Je pense tout naturellement à l'histoire d'Achille. Ce héros, on s'en souvient, avait toutes les qualités mais un défaut majeur : il ne savait pas maîtriser sa colère. Or, Achille eut une singulière histoire d'enveloppe. Lorsque les Troyens commencèrent à incendier leurs vaisseaux, les Achéens, reculant devant l'ennemi, étaient sur le point de perdre la guerre. Achille, toujours sous l'empire de sa colère contre Agamemnon qui lui avait confisqué sa belle captive, Criséis, refusa de s'engager dans la bataille. Patrocle, son ami, son double, juché sur un vaisseau, se désespérait du sort de la bataille et suppliait Achille de lui prêter son armure afin d'aller porter secours aux Grecs, ses frères. Certainement, argumentait-il, les Troyens, croyant voir revenir Achille, seraient effrayés et reculeraient, laissant aux Grecs le temps de reconstituer leur armée. Finalement, Achille se laissa convaincre, il consentit à prêter son armure, mais à la condition expresse que Patrocle n'utilisât son apparence que pour faire reculer l'ennemi et non pour s'engager dans le combat.

Dans le feu de la bataille, grisé par la victoire qu'il sentait à sa portée, Patrocle poursuivit les Troyens. Hector remarqua alors que sous la célèbre armure, l'enveloppe invincible, combattait un usurpateur. Il suspendit sa fuite, se retourna, tua Patrocle et s'empara à son tour de

---

par Dieu ») fabrique une fumigation à partir du fiel (bile) du poisson, et cela pour protéger Tobie et Sarah de l'attaque du démon.

l'armure d'Achille qu'il revêtit. Déchiré de douleur par la mort de son ami, effondré devant le spectacle du corps de Patrocle traîné derrière le char du vainqueur, de ce corps aimé, maintenant destiné à être abandonné sans sépulture à la rapacité des bêtes sauvages, Achille se décida enfin à retourner au combat. Il demanda à sa mère Thétys aux beaux cheveux, déesse de la mer, une nouvelle armure, qu'en une seule nuit Héphaïstos fabriqua.

Et voici, à mon sens, la scène cruciale du récit. Achille, sous sa nouvelle armure, combattit sa propre apparence, son double (en grec : *eidolon* d'où dérive notre « idole »), Hector revêtu de la première armure. Quoi d'étonnant à ce que, même vainqueur, il en mourût [2], à cause de cette part de chair qui ne put être protégée lorsque, nourrisson, sa mère souhaita le rendre invincible aux traits des mortels et transforma sa peau en une sorte d'armure, durcie au feu, comme l'acier.

Mots-clés de ce récit, mais aussi de la discussion que nous ébauchons sur la notion de colère : « fragile enveloppe de la peau » – « induration de la peau durcie au feu » – « armure » – et surtout « colère ».

Jusqu'à présent, tout comme la frayeur, la colère ne faisait pas partie du paysage conceptuel de la psychanalyse. Cependant, avec l'apparition récente du concept de *Moi-Peau* [3], la psychanalyse a peut-être fabriqué un nouvel instrument conceptuel pour pénétrer de manière originale la surprenante allégorie de l'*Iliade*. Concept ou allégorie, cette notion apporte-t-elle un éclaircissement sur certaines singularités de la clinique ? J'ai, en effet,

---

2. Tuer son enveloppe (son double) conduit nécessairement à sa propre mort ; un thème que reprendront bien des romans du XIXe siècle sous la plume des auteurs les plus prestigieux (Dostoïevsky, E. Poe, O. Wilde, etc.).
3. D. Anzieu, *Le Moi-Peau*, Paris, Dunod, 1985

remarqué que certains patients, essentiellement animés par des pulsions de colère, évoquent volontiers des représentations d'enveloppe et de double.

Le rêve de Patrocle

Ce patient, que j'appellerai Patrocle, était un jeune homme de grande taille. Lorsque je le reçus pour la première fois, il était âgé de trente-quatre ans et avait un aspect sympathique. C'était un garçon détendu et bien élevé, au contact facile, parlant volontiers, avec précision et intelligence, exposant avec un certain humour sa vie et ses projets. Je pensais : « Pourquoi diable a-t-il besoin de moi ? » Quelque chose attira néanmoins mon attention : son maintien, affaissé, comme s'il n'avait pas de colonne vertébrale, la peau semblable à un sac, une sorte de fourre-tout militaire contenant pêle-mêle les organes. D'où me venait cette idée ?

« Je suis *entre deux*, m'annonça-t-il d'emblée. D'abord, il est né deux garçons, mes frères aînés, et après moi, deux filles. Je me demande toujours si j'appartiens au groupe des garçons, des aînés, ou au groupe des filles, des cadets. » Grand ou petit, garçon ou fille ? Voilà la première double question que me posait Patrocle.

Dès son tout jeune âge, il avait décidé de mener une vie *identique* à celle de son père, homme d'affaire dynamique, ayant fort bien réussi dans une capitale de province. « À l'âge de neuf ou dix ans, je lisais les revues d'économie, je connaissais par cœur la cotation des valeurs boursières et rêvais de prendre l'avion pour aller présenter dans de lointains pays, les produits de l'entreprise dont j'étais le PDG. » Mais une angoisse indicible – « la folie » – l'accompagnait depuis plus longtemps encore. Il se souvenait avoir passé de longs moments à se cogner la tête contre le mur aux alentours de l'âge de six ans, et même plus tard. Peut-être était-ce seulement par caprice, pour faire céder les adultes... Mais tout de même ! Il admettait qu'existait en lui quelque chose d'opiniâtre, d'irréductible. À sept ans, le maître d'école que, par ailleurs, il aimait bien, avait puni un élève. Il avait pensé que cela aurait aussi bien pu lui arriver et s'était enfui dans les champs. L'instituteur et ses parents l'avaient recherché une journée durant. Il ne souhaitait plus rentrer. Sa mère avait l'habitude de prendre son parti, le défendait toujours, contre ses frères aînés, contre les étrangers. Contre son père ?

Il était tellement difficile de parler de son père, personnage si complexe, qui voulait tout accaparer, tout posséder et surtout lui, Patrocle, entre ses frères, corps et âme, pensait-il. Issu d'une famille d'aristocrates, le père avait vécu une enfance dorée avant que son propre père ne fît faillite. Il bâtit ensuite sa fortune de ses propres mains. Durant son enfance, Patrocle le percevait comme un dieu. Encore maintenant, il ne pouvait résister aux injonctions du vieil homme d'affaire. S'ils allaient déjeuner ensemble au restaurant, les conseils du père agissaient sur lui comme des ordres. « Tu devrais commander une truite meunière ! » et, quoiqu'il n'en éprouvât aucune envie, il se sentait contraint de manger une truite meunière.

Lorsqu'il atteignit une dizaine d'années, son père décida de l'envoyer passer quelques mois dans un collège anglais pour apprendre la langue et les « bonnes manières ». Terrifié par le premier contact avec des enfants durs, des maîtres sévères, une discipline spartiate, il souhaita fuguer au plus vite. Il se souvenait du premier jour où il fut conduit à la piscine comme d'un symbole : tous les élèves, entièrement nus, dans l'eau, et le maître-nageur qui lui demandait de se déshabiller. Un parmi les autres ? Il refusa. Élève très irrégulier, il réussissait brillamment certaines années alors que d'autres étaient désastreuses. Il obtint facilement son bachot et son père décida, contre son avis, de l'inscrire à une classe préparatoire dans un établissement religieux. Une fois de plus, malgré un désaccord viscéral sur l'orientation, il se soumit. Très vite, il lui sembla que l'expérience anglaise se répétait une seconde fois. Cette année là, ses résultats furent vraiment médiocres. Quand il obtint son diplôme, il entra dans la société de son père avec l'idée qu'il s'agissait de « faire ses classes » puis de succéder au père à la tête de l'entreprise.

Le fantasme de l'enfance semblait se réaliser tel quel : le père l'avait choisi pour être son *double.* Très vite, cependant, il ressentit amèrement que son père ne songeait qu'à l'humilier, le tançant lorsqu'il avait quelques minutes de retard, l'obligeant à s'incliner devant d'autres, pourtant ses égaux dans la hiérarchie, prêtant l'oreille à tous les ragots motivés par la jalousie, lui retirant toute responsabilité, toute initiative. Alors qu'il pensait réaliser son vieux rêve d'enfance, il traversa un enfer trois années durant.

Un jour, brutalement, il décida d'interrompre la collaboration avec son père. Ce furent d'abord deux ans d'errance et de déchéance durant lesquels il vécut tel un miséreux. Puis, il décida de fonder lui-même une petite entreprise qui commençait maintenant à lui donner quelque satisfaction. Il pensait avoir résolu les difficultés de son existence, mais il restait une tension dont il ne connaissait pas l'origine, une sorte d'excitation, toujours présente et dont il reconnaissait la source en lui-même sans parvenir à la définir, encore moins à la nommer. Il pensait qu'il était temps de s'en occuper. Mais comment ? Une psychanalyse ? Peut-être ... Ou bien une psychothérapie de groupe ? « Est-ce que je pratiquais la psychothérapie de groupe ? Est-ce que je faisais revivre des émotions anciennes ? »

Et ce fut la seconde double question que me posa Patrocle : psychanalyse ou psychothérapie de groupe... ou les deux ? Cette question, je la compris ainsi : « J'ai besoin d'entreprendre un travail psychanalytique mais ma psyché n'est pas distincte d'une psyché groupale (ou familiale) et vous devez en tenir compte dans votre travail. » Elle me rappelait une demande d'analyse d'un autre patient qui, au cours de son premier entretien, m'avait exposé sa démarche ainsi : « Je voudrais entreprendre une psychanalyse avec vous, mais je suis membre du parti communiste et souhaite que vous me considériez tel durant ma cure », autrement dit, comme une partie d'un tout.

L'analyse tout à fait classique que nous commençâmes porta immédiatement ses fruits. Plus il parlait et s'efforçait de distinguer les pensées et les sentiments qui l'animaient et plus Patrocle sortait progressivement d'une sorte de rêve où il se sentait englué. « Je me rends progressivement compte que je vivais dans un monde totalement imaginaire. » Son discours, structuré, intelligent, précis, évoquait des vérités profondes mais ne ressemblait en rien à des *associations libres* ce qui ne laissait pas de m'intriguer.

L'analyse amorça un tournant à la suite d'une singulière série de rêves. Un jour, Patrocle arriva fort inquiet à sa séance. « Je n'ai pas l'habitude de me rappeler mes rêves, mais aujourd'hui, il y en a un qui ne veut pas me quitter. Je suivais mon père dans une promenade à la campagne et je l'épluchais. Je lui retirais de petits morceaux de peau que je détachais délicatement par lambeaux. Cette peau ne présentait aucune résistance, comme celle d'un poulet bouilli. Je crois d'ailleurs que je la mangeais. Un peu plus tard, dans le rêve, mon père laissait tomber un à un des billets de banque, tous de la même valeur. »

Ce rêve fut l'occasion pour Patrocle de préciser le type de relation identificatoire qu'il entretenait avec son père ou, plus précisément, la faillite de son identification paternelle. Durant cette séance, il développa plusieurs séries associatives.

La facilité avec laquelle il dépiautait son père le fascinait encore au moment du récit du rêve. Cet écorché lui évoquait la fragilité de sa propre peau et sa propension à développer boutons, grains de beauté, plaques diverses – eczéma, urticaire – ainsi que la longueur très inhabituelle de la cicatrisation de certaines lésions dermatologiques.

Mais le fait qu'en rêve il se nourrissait de la peau de son père lui évoquait une autre série de pensées concernant son propre sentiment d'existence. Quoiqu'ils n'aient jamais manqué d'argent, bien au contraire, la nourriture n'était pas la même pour les enfants et pour le père. Au dîner, par exemple, le fromage était réservé au seul père. Évidemment, ce que Patrocle désirait par-dessus tout, c'était de partager le fromage de son père. Par ailleurs, son père ne lui avait jamais donné d'argent. Durant toute sa jeunesse, il n'avait pas connu le système de l'argent de poche et n'avait jamais pu, par conséquent, jouer au petit papa. Ne pouvant faire comme le père, il n'éprouvait le sentiment d'exister qu'en étant réellement le père, qu'en étant dans la peau du père : « Être réellement le père ou n'être rien », telle était la question qui le taraudait en secret.

L'expression « être *dans la peau* de quelqu'un » lui évoquait une terreur provenant du fond de son enfance, celle d'être habité par une chose ou un animal – un parasite – le dévorant de l'intérieur et dont, finalement, il accoucherait. Autrefois, il redoutait le ténia. Il imaginait que le ver, se nourrissant de ses contenus, pourrait se développer jusqu'à occuper tout l'espace disponible si bien que l'enveloppe ne serait plus qu'un leurre, une apparence d'homme, un déguisement pour ténia. Le film *Alien*, qu'il avait vu à de nombreuses reprises, était devenu pour lui une sorte d'emblème. Là, la bête entrait par les yeux, pondait ses œufs qui se développaient à l'intérieur de l'humain qui en accouchait par une déchirure brutale au niveau de la poitrine puis en mourait.

Ainsi, la peau de Patrocle était-elle une simple enveloppe renfermant un autre *(alien)* ; inversement, le père du rêve était dépiauté, réduit à sa musculature, sa substance comestible, incorporable. Il était alors évident que l'une des fonctions que Anzieu attribue au Moi-Peau était absente dans le rêve : la fonction d'interface [4]. Si le dilemme de Patrocle pouvait s'énoncer comme « être le père ou n'être rien », c'est qu'il lui était impossible d'être « comme le père ».

Maintenant, les billets de banque se détachant du père comme des lambeaux réutilisables par fragments sont aisément compréhensibles. La protection du père n'était qu'une sorte d'enveloppe vide alors qu'il s'agissait de s'assimiler une substance. De même, les billets de banque,

4. « Et la nécessité de surinvestir ainsi l'enveloppe narcissique apparaît bien comme la contrepartie défensive d'un fantasme de peau décharnée : face à un danger permanent d'attaques externes/internes, il faut redorer le blason d'un Moi-Peau mal assuré dans ses fonctions de pare-excitation et de contenant psychique. La solution topographique consiste alors à abolir l'écart entre les deux faces, externe et interne, du Moi-Peau et à imaginer l'interface comme une paroi double. » (D. Anzieu, *ibid.*, p. 129).

tous identiques, donnés à l'analyste, représentaient l'offrande d'une simple enveloppe permettant de préserver les contenus qui, même chaotiques, constituaient la véritable substance.

À ce point, un autre souvenir lui revint : au ski, il ne pouvait avancer que « dans les traces de son père », derrière lui, comme dans le rêve. Il le suivait ainsi durant des journées entières sur les pistes les plus difficiles. En dehors des traces du père, il ne parvenait même pas à tenir sur ses skis.

Durant l'analyse de ce rêve, Patrocle se montra tour à tour anxieux, excité puis déprimé. En fin de séance, il s'assit sur le divan et me dévisagea longuement. Puis, il fut pris d'un fou-rire incoercible. Au bout de quelques minutes, il s'apaisa et me dit : « Ça me rappelle une fois où, devant mon père, j'ai également été pris d'un tel fou-rire. J'ai dû l'énerver profondément car il finit par m'administrer une gifle. J'avais pourtant dix-huit ans. La gifle m'a calmé, je me suis mis à pleurer. »

Les capacités identificatoires de Patrocle pouvaient donc se résumer ainsi : soit être réellement le père, sa duplication, habiter sa peau, soit être dépossédé de sa propre substance et se laisser habiter par lui. C'est bien dans cette alternative que se révélait le défaut de la « fonction d'interface du Moi-Peau ». Mais surtout, cette membrane ne parvenait pas à contenir l'excitation, ce qui avait toujours conduit Patrocle à un choc physique : enfant, se cogner la tête contre le mur, plus tard, recevoir une gifle de son père puis, durant l'analyse, faire un grave accident de voiture, heureusement sans lésions physiques.

À partir de cette observation, il me semble qu'on peut avancer l'hypothèse suivante : ne rêveraient de dépeçage – qu'on peut considérer comme une certaine figuration de ce que Anzieu appelle le « Moi-Peau » – que les patients souffrant d'une faille dans leurs fonctions d'enveloppe. Pour les autres, la peau sert plutôt d'écran du rêve (B. Lewin) et n'est donc pas représentée en tant que contenu onirique.

Dans le cas de Patrocle, cette faille dans la constitution du Moi-Peau est le corollaire d'une impossibilité du fonctionnement identificatoire. Le Moi-Peau n'est pas véritablement fonctionnel, il ne peut assurer l'interface entre contenant et contenu, il ne parvient pas à canaliser l'excitation, en conséquence de quoi apparaissent des atteintes dermatologiques, tout comme le mouvement identificatoire est barré, rendant impossible de vivre sur le mode du *comme si* (« comme si j'étais mon père »).

L'étiologie de ce double défaut peut également être discutée. Si elle semble comparable à celle de ce que certains psychopathologistes appellent « états-limites » – défaillance épisodique de l'environnement précoce, dépression anaclitique –, elle comporte dans ce cas des éléments supplémentaires. La tonalité du transfert, la modalité du discours, la difficulté à s'abandonner à l'association libre, évoquent la notion de traumatisme. D'ailleurs, cette tendance mimétique (dupliquer le père) évoquait déjà l'éventualité d'un traumatisme précoce car si la relation pédagogique engendre du semblable, la relation traumatique, elle, produit de l'identique. Avoir subi un traumatisme pourrait donc être représenté dans l'appareil psychique par un trou dans la peau, à partir duquel l'enveloppe se détacherait par lambeaux. Ce trou se manifesterait dans le système identificatoire par une tendance à l'identification mimétique barrant l'accès à l'identification proprement dite.

Les rituels initiatiques des sociétés traditionnelles semblent avoir compris ce mécanisme puisqu'ils consistent en l'organisation délibérée de traumatismes psychiques associés à des atteintes de la peau (scarifications, tatouages, mutilations sexuelles) afin d'obtenir de l'identique, c'est-à-dire des *initiés*. De plus, pour parvenir à ce but, les rituels initiatiques recourent systématiquement à l'utilisation de la frayeur qui est spécifiquement le traumatisme produisant du mimétisme.

Mais revenons à l'analyse. Quelques semaines plus tard, Patrocle me rapporta un second rêve. « Cette nuit, j'étais allongé comme je le suis ici et vous étiez derrière moi, avec une barbe grisonnante. Un ami assistait à la séance et disait : « Il est aussi éducateur » et moi : « Tu te trompes, il est psychanalyste. » J'ai eu autrefois avec ce garçon une sorte d'amitié amoureuse. Ensuite, vous ouvrez une trappe sous le divan et il y avait là quatre ou cinq personnes. Peut-être s'agissait-il de mes frères et sœurs ? Je me souviens que dans une autre partie du rêve, cet ami insistait pour assister à la séance. Je répondais « Si tu veux, mais il n'y a rien à voir ». Pendant que je disais cela, un morceau de ma peau se décollait. »

Dans ce rêve, Patrocle reprenait la même thématique qui réapparut d'ailleurs régulièrement jusqu'à la fin de l'analyse, et confirmait de ce fait les interprétations du rêve précédent. L'opposition éducateur/thérapeute renvoyait bien aux deux types d'identification évoqués plus haut, l'identification mimétique et l'identification hystérique. Un éducateur demande qu'on se conforme à des modèles comportementaux, un psychanalyste recherche et analyse les voies identificatoires. Ma barbe en rêve lui évoquait le portrait de Freud aperçu dans un livre feuilleté dans mon antichambre. Il s'agissait dans le rêve d'une sorte de clin d'œil : une interrogation portant sur ma propre identification à Freud : mimétique ou hystérique, découlant d'un traumatisme ou étroitement imbriquée à mon histoire et à mon système identificatoire ? La trappe sous le divan évoquait bien sûr le morceau de peau qui se détachait (le trou dans la peau dont je parlais plus haut). Mais sous la trappe, comme englobés dans un même utérus (ou dans une même peau), la fratrie, avec ou sans lui (quatre *ou* cinq).

Et c'est là que nous saisissons une deuxième représentation possible du trou : le trou, c'était lui-même en tant que « vilain petit canard », élément dénotant de l'ensemble. Une peau assurant sa fonction d'interface pourrait être représentée par une fratrie homogène. Le fait que Patrocle soit inclassable parmi ses frères et sœurs semble être une représentation d'un ensemble non clôturé, non logique. Patrocle serait ce morceau de peau qui se détache de l'harmonie familiale et ressentirait sur son propre corps la faille à partir de laquelle se désagrégerait sa perception du système familial. Ainsi, Patrocle me demandait-il dès la première séance : psychanalyse ou psychothérapie de groupe... ou les deux ?

La peau de Deimos

Je ne peux pas retracer ici le déroulement d'une analyse longue et complexe. Je souhaite seulement fournir en préambule les quelques jalons permettant de comprendre un autre rêve de peau que m'a rapporté une patiente au bout d'un an d'analyse. Cette femme, je l'appellerai Deimos.

Deimos (en grec, « Terreur », fille d'Aphrodite et d'Arès) est une femme d'une quarantaine d'années, dernière d'une fratrie de quatre filles. Grande, mince, élégante, elle présente un visage ravagé par l'angoisse et la dépression. Elle en est à sa cinquième ou sixième tentative d'analyse. Une consultation auprès d'un psychanalyste de renom pour son fils âgé d'une quinzaine d'années l'a convaincue d'entreprendre une véritable psychanalyse classique. C'est dans cette perspective qu'elle m'a été adressée. De plus, elle avait dû faire plusieurs séjours dans différents hôpitaux et cliniques psychiatriques et en avait gardé une quérulence anxieuse vis-à-vis du personnel médical : « Ils m'ont abîmée. Je suis foutue ! Les médicaments, les électrochocs, les tentatives de séduction... Ils y ont mis le paquet ! »

Lors de son premier entretien, elle se plaignit d'un vide intérieur, d'une inadéquation entre ses sensations et ses pensées et d'un sévère sentiment dépressif permanent. Elle pleura pendant toute la durée de chaque séance, m'évoquant l'image d'une plaie à jamais béante, suppurant sans discontinuer. Elle me raconta un rêve fait plusieurs années auparavant où elle voyait une momie dont elle défaisait les bandelettes et, tout au fond, une simple goutte de sang : pour elle, la figuration de son vide interne. Un psychiatre qu'elle avait rencontré au cours de sa première hospitalisation et qui lui accordait un entretien par jour finit par lui proposer d'être sa maîtresse. « Il devait être fou, celui-là ! D'ailleurs, il a fini par se suicider. » Elle prétendait qu'elle était « finie », abîmée par toutes ces tentatives thérapeutiques de médecins inconscients et incompétents.

Née durant la guerre dans un petit village, de parents fort modestes, employés de maison d'une grande famille, elle a vécu à l'âge de trois ou quatre ans des événements tragiques. À la libération, elle a assisté aux meurtres de soldats allemands qui sont restés imprimés dans sa mémoire. Son père, qu'elle aimait beaucoup, semble avoir été un original, avec la part de psychopathologie que contient généralement ce qualificatif, mais également sa part de richesse. Il l'emmenait dans de longues promenades à travers bois tenant sa petite main d'enfant dans sa grosse pogne de paysan. Elle conservait de ces promenades le souvenir d'un moment de vérité où elle se sentait vraie et le monde existant. Cependant, il était alcoolique et régulièrement, la maisonnée retentissait des cris de scènes qui se déroulaient entre époux. En fait, sa dépression et son parcours psychiatrique avaient commencé à l'âge de dix-huit ans, à la mort de son père. Mais, bien qu'étant consciente de la simultanéité des deux événements, elle ne parvenait pas à les relier réellement.

Elle accepta de se soumettre au strict déroulement de la cure mais, tout au moins au début, ressentait durant les séances un vide insupportable : rien à penser, rien à dire, aucune association d'idées, même pas ces calembours ou ces jeux délirants sur les chiffres qui avaient tant intéressé ses thérapeutes précédents. « À la différence des autres, je vous crois compétent, me disait-elle ; mais il est trop tard, je suis fichue, il n'y a plus rien à faire pour moi, trop vieille, trop abîmée, foutue ! » De plus, elle pensait que je ne m'intéressais pas à elle, la trouvant trop « bête ». « Je me suis toujours débrouillée pour que mes thérapeutes me considèrent comme une patiente exceptionnelle, mais vous, je vois bien que je ne vous intéresse pas... » Le jour où je lui dis qu'elle ne parvenait pas à me parler parce que je n'étais pas aussi original que son père ou ce premier psychiatre qu'elle avait évoqué à plusieurs reprises, il lui revint deux souvenirs d'enfance qui se révélèrent décisifs pour la compréhension de sa problématique.

Dans le premier, elle voyait son père, pendant l'une de ses crises, aligner les quatre sœurs contre le mur et les menacer de son fusil de chasse chargé en hurlant : « Je vais en tuer une ! » Et sans doute, comme chacune de ses sœurs, elle pensait : « Mais laquelle ? Pourvu que ce soit moi ! », ou bien, au contraire, « Dieu, faites que ce ne soit pas moi ! » Être choisie par le père mais mourir, ou bien ne pas être choisie par le père et vivre de manière irréelle, autant dire ne pas vivre. Voilà le dilemme paradoxal que Deimos me posait dès les premiers temps de l'établissement du transfert.

Dans le second souvenir, elle revoyait deux jeux auxquels s'adonnaient les quatre sœurs. Le jeu « tout peut arriver » consistait à fermer les yeux et à deviner ce que l'une pensait qu'il pourrait arriver, accidents, catastrophes, morts, ainsi que toutes sortes d'événements agréables. Dans le second, « le jeu du biquet », l'une des sœurs se recouvrait d'une peau de bique habituellement utilisée comme tapis et était appelée « le loup » alors que les autres étaient désignées comme « les biquets ». « Le loup » devait traverser les yeux fermés une longue pièce et « les biquets » ne devaient pas même effleurer la peau de bique au risque d'être dévorés.

À la mort du père, la famille s'était désintégrée, morcelée, Deimos aussi ! La présence du père, par la terreur qu'il faisait périodiquement régner, assurait la cohérence du groupe familial. La peur était la peau qui réunissait les membres de la famille jusqu'à en faire un groupe homogène, un corps. En incitant les thérapeutes à la terroriser, mais aussi en les terrorisant, Deimos s'assurait-elle artificiellement une *peau-peur* de substitution. Un jour, alors qu'elle me demandait si je l'autoriserais à manquer une semaine de séances afin qu'elle pût partir en vacances et que je refusais de répondre à sa question, elle me regarda avec un air d'épouvante et s'écria : « Vous me faites peur ! » Mais elle tentait tout aussi bien de m'épouvanter : durant de longues séances, hurlant sa douleur et trépignant devant mon incapacité à la soulager : « Vous, les psy, vous êtes tous pareils, vous n'avez que des mots ! Vous faites semblant ; en vérité, vous ne savez rien ! Votre science n'en est pas une ! Vous manipulez des forces qui vous dépassent, vous pouvez détruire définitivement quelqu'un, etc. »

Ces moments d'induction de terreur adressée à l'un ou à l'autre se produisaient toujours dans deux types de circonstances, soit lorsque, pour une raison ou une autre, j'avais été contraint de modifier l'horaire d'une des séances de Deimos, soit lorsque à la suite d'une série d'élaborations et d'interprétations, nous étions parvenus à comprendre un fragment de son histoire. C'est alors que, se sentant un individu, reconnue en tant que personne, elle était prise de terreur et tentait de me la communiquer par contagion. Bien des fois, nous avons ensemble évoqué l'histoire d'Ulysse qui, sur le point d'être dévoré par le cyclope Polyphène, a prétendu (n') être « Personne ». Nous avions alors tellement mélangé nos pensées que je ne saurais dire aujourd'hui si cette référence mythologique provenait d'elle ou de moi.

La *peau-peur* apparut deux fois en rêve. Une première fois, dans une simple image onirique échappée de la nuit. Dans son rêve, Deimos avait, sur la face externe de l'articulation du genou, une petite plaque velue qui lui évoquait la peau de bique du jeu de son enfance. Les associations d'idées autour de cette image ne furent pas très nombreuses, mais elles contribuèrent à comprendre combien elle portait, inscrite sur sa peau, la nécessité de la réunification des quatre sœurs sous le regard double – louche et paradoxal – du fusil du père (à deux canons, naturellement !). La seconde apparition de la *peau-peur* survint quelque temps plus tard dans un rêve complexe et subtil qu'elle fit à la suite d'une séance où, très angoissée, elle avait préféré me parler face à face :

« J'ai fait un rêve assez curieux. C'est une sorte de

cadeau que je vous offre pour vous remercier de la dernière séance en face à face. Vous m'avez dit une chose essentielle, je crois, que si je continuais à faire agrégat avec mes sœurs, comme nous le fîmes autrefois sous la menace du fusil de mon père, c'est aussi pour ne pas éprouver des sentiments humains, notamment vis-à-vis d'elles, tels que l'envie, la jalousie et d'autres sentiments du même genre. En effet, quand il m'arrive d'éprouver de tels sentiments, je me vis comme un monstre, une bête ou une folle. De plus, durant cette séance en face à face, lorsque vous m'avez dit que je ne me permettais pas d'éprouver des sentiments humains, vous m'avez fait peur. Mais dans un même mouvement, j'ai eu le sentiment que vous me restituiez une image de moi. Je ne sais pas si vous avez fait exprès de me faire peur avec votre phrase : “ Vous êtes une momie vide, mais votre tête est à vif ! ”

“ Voici le rêve : j'étais dans un endroit, peut-être mon ancien travail. Un collègue me dit : “ Je ne pourrai pas être là pendant les informations. Pourrais-tu les suivre pour moi et prendre des notes ? ” Je lui répondis : “ Tu sais bien que je suis incapable de prendre des notes. Je ne sais que recopier ! ” Puis, il y eut une sorte de médecin, avec une blouse blanche, passant par là, qui me dit : “ Vous savez ce qu'on vous a fait... on a procédé à l'ablation de la plaque apocryphe. Elle n'était pas facile à trouver. Elle était cachée dans un endroit peu aisé d'accès : l'hypothalamus. ” »

En effet, peu de temps auparavant, à nouveau à la suite d'une amélioration de son état dépressif, elle s'était trouvée envahie de culpabilité à l'idée que l'une de ses sœurs était très déprimée et ne pouvait s'offrir le luxe d'une analyse et qu'une autre devait subir une intervention chirurgicale passablement inquiétante. Une terrible angoisse de mort s'était alors emparée d'elle, ce qui avait nécessité cette séance en face à face, au cours de laquelle elle m'avait également fait part d'incoercibles sentiments de jalousie centrés autour de son mari. Je lui avais alors proposé l'idée que la peau de bique servait bien entendu à protéger les sœurs de l'agression du père, en le plaçant devant le dilemme « toutes ou aucune », mais aussi à la protéger, elle-même, contre l'invasion de pensées jalouses du type : « Le père frappe toujours Brigitte et jamais moi. Est-ce donc qu'il la préfère, elle ? »

Elle s'était ensuite livrée à l'énumération des organes atteints chez chacune de ses sœurs : l'une était malade de l'utérus, l'autre des intestins, la troisième, obèse, de la sphère orale ; elle-même souffrait de la tête. J'avais été frappé du fait qu'elle énumérait les différentes zones érogènes décrites par la psychanalyse, y compris la tête en tant qu'organe de la pulsion épistémophilique. C'est alors que je lui avais proposé la formulation – « Vous êtes une momie vide, mais la tête est à vif ! » car le fantasme familial qui courait depuis de nombreuses séances semblait être le suivant : le groupe des sœurs constitue un corps enveloppé d'une peau – la peau de bique. Chacune des sœurs représente l'une des zones érogènes et l'ensemble forme ce que Anzieu appellerait une « psyché groupale » [5]. Chacun des organes spécifiques d'une zone érogène donnée est à vif chez la sœur qui le représente, c'est pourquoi la « peau de bique-peur du père » est une nécessité pour contenir les organes à vif – les membres de la famille – réunis. À l'intérieur des bandelettes de la momie, Deimos est vide, réduite à son seul fonctionnement mental. C'est d'ailleurs ce dont elle se plaignait : vide et factice, vide car dépourvue de corps, factice car la fusion défensive avec ses sœurs, tout en la protégeant de ses

5. D. Anzieu, *Le Groupe et l'inconscient*, Paris, Dunod, 1975.

propres sentiments de destruction (haine, envie, jalousie), la coupait de son humanité. Elle comprit immédiatement le rapport de ce type de défense avec ce qu'elle appelait son « cinéma », consistant à mettre en scène des « folies » pour déclencher des réactions chez l'autre et se fondre à nouveau dans une psyché groupale réunie par une peau de peur.

La suite de ses associations d'idées nous guidèrent vers une compréhension encore plus subtile de ce mécanisme. « Brigitte a une « plaque nerveuse » sur la tête où il ne pousse pas de cheveux. La plaque de mon premier rêve était le contraire puisqu'il s'agissait d'une plaque de poils, ou plus exactement de fourrure. À nous deux, nous pouvions fermer la fontanelle. » J'avais déjà remarqué à plusieurs reprises, avec d'autres patients, que la fontanelle représentait naturellement l'absence de clôture de l'appareil psychique. Par sa formulation, Deimos m'indiquait qu'elle ne pouvait clôturer son Moi-Peau sans l'aide de sa (ses) sœur(s). Quant au terme « apocryphe », il contenait, condensé, comme sur un fragment de parchemin, les différentes élaborations que je viens d'évoquer.

En effet, par un jeu de mots sur les prénoms, que je ne peux évidemment pas évoquer publiquement, il renvoyait à la scène de menace par le fusil du père et à la tentative de résoudre ce traumatisme par le jeu « tout peut arriver ».

Mais il renvoyait aussi à la fois à « secret » (comme dans les « évangiles apocryphes ») et à « non authentique » (comme dans un « écrit apocryphe »). Astucieusement, Deimos résuma ces deux élaborations dans la formule : « Dans le rêve on me retire mon *secret* qui est mon sentiment de *fausseté*, de facticité. » Enfin, un autre jeu de mots reprenait la notion de peau globale, d'une peau pour quatre. Enfin, me dit-elle « J'ai lu quelque part que l'hypothalamus renfermait la part archaïque, sauvage de notre personne. C'est à cet endroit qu'est située ma plaque de peau, comme pour signifier que c'est pour me défendre contre des désirs sauvages, tout comme l'étaient ceux de mon père dans ses moments d'ivresse, que j'ai dû recourir à ce type de défense ».

Restait à comprendre la phrase du rêve : « Tu sais bien que je suis incapable de prendre des notes. Je ne sais que recopier ! » Deimos ne proposa aucune association d'idées mais la pensée était claire : recopier – mimétisme –, prendre des notes – s'identifier à ... Ainsi, le traumatisme de la terreur avait-il déclenché des réactions mimétiques, non élaborables, qui ne pouvaient que se répéter. Et c'est ce que faisait Deimos dans les différentes situations transférentielles où elle s'était engagée, mimant tour à tour, sans pouvoir les assumer comme siennes, alternativement, colère et frayeur.

Les cas de Patrocle et de Deimos contiennent de nombreux éléments communs qui me conduisent à proposer les hypothèses théoriques suivantes.

Les rêves contenant une figuration explicite de la peau sont, il faut bien le dire, passablement rares. Ils semblent trahir un défaut dans l'enveloppe de la personne qui ne peut se représenter comme close. Habituellement, ces patients ont vécu, comme défense contre des sentiments de destruction ou de dévoration, des expériences de fusion avec la fratrie, un peu comme l'expérience qu'on attribue traditionnellement aux jumeaux.

Pour ces patients, il s'agit toujours, durant l'analyse, de rétablir et de reconnaître des faits réellement survenus durant l'enfance, alors que, dans les névroses de transfert, les élaborations fantasmatiques suffisent habituellement à faire céder la compulsion de répétition.

De plus, dans le transfert, ces patients expriment clairement leur attente fusionnelle qui se manifeste également par une manipulation de la personnalité inconsciente du psychanalyste. Ils semblent entourer l'espace des séances d'une même peau, recouvrir patient et analyste sous une même couverture chaleureuse. J'ai éprouvé avec ces deux personnes un véritable sentiment de fraternité, et je prenais grand plaisir au travail psychanalytique en leur compagnie. Cette caractéristique explique pourquoi ces patients finissent tôt ou tard par développer le fantasme des deux jumeaux dans le ventre maternel, entourés d'une même membrane amniotique [6]. Lorsque ce fantasme est actif dans le transfert, toute pathologie ayant conduit le patient à entreprendre une cure semble avoir disparu pour laisser place à un fonctionnement fusionnel, nécessaire illusion d'une ultime réparation des blessures originelles.

Ces patients racontent généralement qu'ils ont subi dans leur enfance des traumatismes graves et répétés, centrés autour d'un sentiment de frayeur, auxquels ils ont répondu par une réaction mimétique incorporant l'objet d'effroi et se fondant épisodiquement avec lui. En langage plus simple, ils ont été effrayés et n'ont pas pu laisser s'exprimer la colère découlant de cette frayeur. La réaction mimétique, qu'ils ont alors adoptée comme stratégie d'existence, rend impossible la canalisation des motions pulsionnelles vers l'objet, qui ne trouvent à s'exprimer que dans des crises. Si les colères ont souvent disparu à l'âge adulte, elles resurgissent durant la cure et les patients savent qu'ils y sont exposés. De même, l'excitation sexuelle ne peut pas être contenue et s'exprime dans des épisodes explosifs, se présentant comme des

6. T. Nathan, *Psychanalyse et copulation des insectes*, Grenoble, La Pensée sauvage, 1983, et *La Folie des autres. Traité d'ethnopsychiatrie clinique*, Paris, Dunod, 1986.

passages à l'acte. Enfin, la thymie de ces patients est généralement profondément dépressive et le comportement envers l'entourage immédiat de type anaclitique. Il semble que cette dépression doive être reliée à un sentiment de perte de l'élan vital, autant dire de l'âme.

Cette dernière remarque m'incite à penser que certaines théories étiologiques traditionnelles, tant en Afrique qu'en Amérique et en Asie, semblent avoir perçu ce mécanisme puisqu'elles considèrent que la conséquence d'une forte frayeur est une « perte d'âme » laissant le corps du patient comme une sorte d'automate dont la seule motricité consiste à imiter le premier objet animé qu'il perçoit. Cette difficulté ne peut se résoudre que dans le transfert, par une remise en cause de l'analyste qui accepte de percevoir et d'évoquer les éléments du cadre analytique qui ont pu déclencher la terreur du patient et l'inciter à recommencer sa réaction mimétique avec lui... j'y reviendrai.

Mais je dois dire que ces patients m'ont enseigné quelque chose d'essentiel : à respecter, même pour nos patients autochtones, toutes ces pensées traditionnelles qui ont su faire place à des notions apparemment triviales telles que la frayeur et la colère.

Chapitre 3

Dionysos et les trois cocus de Bagdad

Je vais maintenant entreprendre de démontrer que la frayeur, et plus généralement ce qu'on a coutume d'appeler « traumatisme », constitue l'allié le plus puissant de celui qui fait métier de guérir. Mais cette démonstration exigera quelques digressions. Je demanderai au lecteur de s'armer de patience, d'accepter de cheminer un temps le long de sombres et lents méandres avant de se laisser emporter par les tumultueux rapides d'un raisonnement en faisceau. Ce raisonnement comportera en effet des données logiques, mythologiques, anthropologiques et, naturellement, psychopathologiques. Je tenterai enfin de réunir l'ensemble des arguments développés, afin de les regrouper dans une conception cohérente de la modification des univers de pensée.

Première énigme. Les cocus de Bagdad

Il est de notoriété publique qu'à Bagdad, dans une communauté constituée de cinquante couples, il y a trois cocus. Or, à Bagdad, s'il arrive à un homme d'apprendre que sa femme le trompe, il la répudie avant le coucher du soleil. Un jour, arrive un missionnaire qui observe cette communauté. Au bout d'un certain temps, ayant constaté l'inconduite des coupables, il énonce la phrase suivante : « Il y a au moins un cocu à Bagdad. » Trois jours passent. Au soir du troisième, les trois cocus répudient leur femme. Pourquoi ?

La solution est évidente.

Par définition, les non-cocus pensent : « Il y a trois cocus à Bagdad. »

Première proposition. Les cocus pensent : « Il y a deux cocus à Bagdad. »

Deuxième proposition. Ces deux cocus pensent qu'il n'y en a qu'un.

Troisième proposition. Ce dernier, s'il existe, devrait penser qu'il n'y en a aucun.

S'il existait un homme pensant qu'il n'y a aucun cocu à Bagdad, le soir du premier jour, il répudierait sa femme. Aussi le soir du premier jour, puisque aucune femme n'est répudiée, la troisième proposition est annulée. S'il existait deux hommes pensant qu'il n'y a qu'un cocu à Bagdad, ils répudieraient leur femme le soir du second jour. Aussi, au soir du second jour, la seconde proposition est annulée à son tour. C'est pourquoi, le troisième jour, au coucher du soleil, les trois habitants de Bagdad qui pensent qu'il y a deux cocus répudient leur femme.

Alors que les hommes de l'hypothétique communauté de Bagdad se séparent en deux catégories – ceux qui pensent qu'il y a trois cocus (les non-cocus) et ceux qui pensent qu'il y en a deux (les cocus) – comment se fait-il que la parole du missionnaire – qui ne contient apparemment aucune information supplémentaire, puisqu'il se contente simplement de dire qu'il y a *au moins un* cocu à Bagdad – fonctionne comme un apport d'information supplémentaire, modifiant l'état général du système ?

Ce paradoxe ne peut se résoudre qu'en comprenant, premièrement que l'énigme contraint les habitants de Bagdad – et cela seulement de manière logique – à un raisonnement par induction (« S'il existait un homme qui pense qu'il n'y a aucun cocu à Bagdad, le soir du premier jour, il répudierait sa femme. Aussi, le soir du premier jour, la troisième proposition est annulée. S'il existait deux hommes qui pensent qu'il n'y a qu'un cocu à Bagdad... » et ainsi de suite). Donc la proposition énigmatique du missionnaire contient bien une information, mais il s'agit d'une information pour ainsi dire formelle (sur la nature du raisonnement et non sur les faits eux-mêmes) : « Pour trouver la solution, vous devez raisonner par induction ! » Voilà ce que dit en fait le missionnaire !

Deuxièmement, l'énoncé du missionnaire conduit les habitants de Bagdad à envisager comme objet d'investigation leur propre référentiel. Ils doivent d'abord se dire qu'ils se demandent s'ils sont cocus, donc que leur interlocuteur, logiquement équivalent, se pose nécessairement la même question, et de même pour l'interlocuteur de l'interlocuteur. S'ils souhaitent parvenir à une solution de l'énigme, ils doivent donc s'interroger sur l'état général du système constitué par la communauté des habitants de Bagdad, dont ils constituent une partie et ensuite seulement en tirer des conclusions pour leur propre compte.

Troisièmement, et c'est l'information psychologique contenue dans l'énigme : un acte psychique, comme, par exemple, un acte de connaissance, implique la reconnaissance qu'il existe un acte de même nature – donc un autre acte psychique – qui contient le premier. Bref, qu'en matière de psyché, il n'est pas de contenu sans enveloppe, et que, par conséquent, si nous souhaitons parvenir à un nouveau contenu, il nous faut d'abord modifier l'enveloppe.

Autrement dit, changer, c'est avant tout changer de monde. Les hommes de Bagdad sont modifiés parce que leur monde l'a été, et cela par la seule parole du missionnaire. Mais, changer de monde, est-ce possible ? Nous allons essayer d'y répondre à partir des conceptions qui ont cours dans d'autres aires culturelles.

Chamanisme et psychotropes

L'origine de la chimiothérapie, et tout particulièrement des psychotropes, se trouve incontestablement dans le chamanisme. Lorsque l'on sait que le continent américain, terre d'élection du chamanisme, compte cent-trente espèces de psychotropes alors que l'ancien monde n'en totalise qu'à peine une vingtaine [1], on est naturellement conduit à penser que ne découvrent des psychotropes que les peuples qui les cherchent, aiguillonnés par une pensée. D'autant que cette recherche a bien évidemment dû comporter des essais et des erreurs dans la sélection des plantes, des poisons et des sécrétions d'animaux, ainsi que dans la découverte de la préparation spécifique (la cuisine) que doivent subir les substances brutes avant de devenir une drogue. Ainsi, en présence d'un psychotrope naturel, devons-nous penser qu'une telle substance, apparemment simple, condense des millénaires de recherches expérimentales, guidées par une pensée mythique, des croyances, des théories étiologiques, et s'étayant sur des techniques

1. J.-P. Chaumeil, « Prise d'hallucinogène et transe chamanique », Colloque sur L'extase et la fête, Nice, 1985.

thérapeutiques. La pensée chamanique est donc bien la théorie qui a permis la découverte des psychotropes.

Habituellement, l'effet attendu des psychotropes naturels, ceux qui ont été découverts par les sociétés traditionnelles, tels que les champignons, les cactus (San-Pedro, peyotl), les racines (iboga), les feuilles (tabac, coca, haschich), les lianes (yagé), etc., correspond à une représentation de divinités ou d'êtres mythiques. Absorber la substance, c'est s'identifier à cette divinité ou plus exactement se l'incorporer, tout au moins momentanément. Nous pouvons même dire que le dieu incorporé par l'intermédiaire de la substance psychotrope est toujours un dieu psychotique [2] (sombrant dans l'ataraxie – opium et dérivés opiacés ; pris de frénésie – datura, iboga ; d'euphorie – alcool, haschich ; ou emporté par ses hallucinations – peyotl, yagé).

Les psychotropes naturels sont rarement absorbés comme des aliments. Ce sont généralement des jus, liquides ou gazeux. Les substances sont en effet la plupart du temps bues en tisane, fumées ou mastiquées jusqu'à en extraire la sève. Elles pénètrent l'organisme comme les éléments naturels que sont l'air et l'eau, et non comme une nourriture. Ces psychotropes constituent des matières complexes. Certes, ils « contiennent des esprits », mais ce sont aussi des instruments pour atteindre un but bien déterminé. Il existe des drogues qui donnent la capacité de « voir » (le présent caché ou le futur), celles qui font « voyager », celles qui « enseignent » (par exemple les techniques thérapeutiques), celles qui « guérissent », celles qui « attaquent » (les âmes et les substances des sorciers), celles qui intègrent l'âme du sujet et lui permettent de la connaître.

2. G. Devereux, « Drogues, dieux, idéologies », *Medica*, CIII, 1972, p. 13-20.

Quoique le voyage chamanique, accompli sous l'emprise des psychotropes, soit souvent assimilé à la folie, il s'agit alors d'une folie maîtrisée, délibérément déclenchée pour servir l'initiation du chaman ou la guérison du malade venu le consulter et non pas d'une folie passivement subie. La transe chamanique proprement dite oscille entre deux pôles. Tantôt le chaman tombe paralysé, tantôt il entre dans un état d'excitation et de frénésie. Il semble clair que l'effet attendu des drogues soit tantôt un enchaînement (catalepsie), tantôt un déchaînement (excitation frénétique).

Enfin, les visions qui se présentent sous l'empire du toxique sont toujours culturellement codées. Le chaman ne développe pas un délire personnel, mais se laisse habiter durant ses transes par des représentations culturelles connues des autres membres du groupe. Ainsi, les visions reprennent-elles souvent les mythes et s'appuient-elles sur des formes largement représentées dans l'environnement social, par exemple sur les dessins des tapisseries ou des étoffes [3]. L'utilisation des psychotropes est presque toujours liée à la notion de métamorphose. Si un esprit peut être contenu dans une plante, il existe *ipso facto* la notion d'un pont entre l'univers végétal et l'univers animal. D'ailleurs, l'initiation du chaman, lorsqu'elle est accomplie à l'aide d'hallucinogènes, comporte très souvent l'idée d'une transformation de sa substance, de sa chair même [4]. De plus, les mythes des sociétés à chamanisme comportent souvent la théorie selon laquelle l'espèce humaine déri-

---

3. C'est pourquoi G. Devereux (*Essais d'ethnopsychiatrie générale*, Paris, Gallimard, 1970) a proposé de définir le chamanisme comme une « folie sacrée ». *Cf.* aussi M. Perrin, « Point de vue anthropologique sur les drogues toxicomanogènes », *in* G. Nahas (éd.), *Drogue et civilisation. Refus ou acceptation*, Paris et Oxford, Pergamon Press, 1982, p. 127-138.

4. M. Eliade, *Le Chamanisme et les techniques archaïques de l'extase*, Paris, Payot, 1968, et Hamayon, « Soigner le mort pour guérir le vif », *Nouvelle Revue de psychanalyse*, 17, 1978, p. 55-62.

verait de certains végétaux par une série de métamorphoses que le chaman accomplirait en sens inverse durant ses voyages.

Voilà donc, très rapidement brossées, les données anthropologiques concernant l'utilisation rituelle des substances psychédéliques. À travers ces données, il est manifeste que le chamanisme est une pensée du changement de monde. L'initiation du chaman le métamorphose, chaque cure entreprise le fait passer d'un monde à un autre, la théorie chamanique comporte la notion d'une production des êtres humains à partir de la métamorphose de végétaux. Allons plus loin : ces conceptions nous permettent-elles d'apprendre quelque chose de neuf sur nos propres toxicomanes, et plus généralement sur le mécanisme psychologique déclenché par l'absorption, ensuite entretenu par l'usage régulier d'un psychotrope ? Je le crois pour ma part, mais pour en arriver là, il faut encore avancer quelque peu dans la réflexion.

On conviendra facilement qu'il existe au moins un élément commun entre les utilisateurs rituels de toxiques et nos propres toxicomanes : les uns comme les autres vivent une expérience singulière, la première rencontre avec la drogue [5]. Nous pouvons définir cette expérience comme une situation dans laquelle le sujet est brutalement mis en présence d'un environnement fantasmatique et sensoriel bouleversé (je croyais être cela, mais je me suis révélé ceci [6]). Cependant, après la première absorption, les utilisateurs de substances rituelles se démarquent des toxicomanes occidentaux. À la suite du traumatisme

5. Quoique dans certaines sociétés à chamanisme, on administre des hallucinogènes aux nourrissons dès les premiers jours, afin qu'ils « rencontrent leur âme » (M. Harner, *Les Jivaros, hommes des cascades sacrées* (1972), Paris, Payot, 1977).

6. Sartre le relate assez bien dans *L'Imaginaire*.

initial (la première prise de toxique), nos toxicomanes modernes sont immédiatement capturés par une compulsion à la répétition mimant à l'infini l'objet d'effroi : le toxique même. Les uns deviennent larve, s'affaissent et filent entre les doigts comme le liquide qu'ils viennent de s'injecter, les autres fumée ou même plante verte, comme le végétal d'où a été un jour tirée l'herbe sèche qu'ils ont fumée. À l'origine de cette réaction mimétique, nous pouvons toujours retrouver la surprise et l'effroi. En revanche, les utilisateurs rituels des substances psychédéliques réagissent au traumatisme initial par l'inscription dans une chaîne de sens et par une active participation à des rituels socialement codés.

Comment se fait-il qu'un même type de traumatisme produise chez les uns une réaction mimétique incontrôlable, chez d'autres une initiation ? Il est évident que dans le cas des utilisateurs rituels, il existe un autre monde qui les accueille dès le premier moment traumatique, ce qui n'est absolument pas le cas des toxicomanes occidentaux. Je crois qu'aucune théorie psychologique de la toxicomanie ne sera crédible si elle ne rend pas compte de cette distinction fondamentale. Et pour construire une telle théorie, on ne pourra pas faire l'économie d'une conception moderne du traumatisme psychique. Avant d'aborder l'ébauche d'une telle théorie, je dois encore faire un petit détour, cette fois par la mythologie grecque.

Dionysos et la métamorphose de la chair

Dans la Grèce antique, le rituel de Dionysos comportait des transes rituelles, déclenchées par la possession par le dieu. Ce rituel, outre ses fonctions religieuses et sociales (liées aux rythmes des saisons) possédait une indubitable fonction thérapeutique [7]. Un peu comme les rituels brésiliens du *candomblé* ou de la *macumba*, c'était une sorte de « psychothérapie populaire » [8]. Les différentes légendes constituant le mythe de Dionysos nous fournissent, je crois, les oppositions signifiantes pour élaborer des matrices de signification [9] ayant trait au traumatisme, à l'initiation et à l'utilisation rituelle des psychotropes.

La première opposition est celle du dedans et du dehors. Sémélé, maîtresse de Zeus, perfidement incitée par ses sœurs jalouses, ou bien par Héra elle-même, demande à son amant de lui apparaître dans toute sa splendeur. Zeus s'accouple alors avec elle sous sa forme divine : l'éclair. Elle en meurt foudroyée. Mais elle était déjà enceinte du maître de l'Olympe. Le dieu extrait aussitôt le fœtus seulement âgé de six mois, et le coud dans sa cuisse d'où sort à terme l'enfant Dionysos.

Dans cette séquence, nous percevons la subtilité de l'opposition entre l'effraction du corps (Sémélé foudroyée) et sa pénétration amoureuse, à la demande de la femme. En effet, si Sémélé demande à Zeus de la pénétrer, alors il ne s'agit pas d'un viol, mais puisqu'il la possède sous forme de foudre, il s'agit bien d'un viol. C'est pourquoi Sémélé occupe une place intermédiaire, mi-demandeuse, quoique ignorante des conséquences d'une telle pénétration (elle en périra calcinée), mi-victime de la pénétration de Zeus (comme tant de mortelles ou même de déesses violées par les dieux). Or, la pénétration sexuelle occupe dans la mythologie, comme d'ailleurs dans nombre d'étiologies traditionnelles, une position intermédiaire entre l'effraction et le désir. Ainsi, certaines pénétrations sor-

7. E.R. Dodds, *Les Grecs et l'irrationnel* (1972), Paris, Flammarion, 1977.
8. R. Bastide, *Le Rêve, la transe et la folie*, Paris, Flammarion, 1972.
9. T. Nathan, *Psychanalyse païenne. Essais ethnopsychanalytiques*, Paris, Dunod, 1988.

cières ne peuvent-elles être initiées que lorsqu'elles ont été explicitement demandées [10]. Dans les étiologies sorcières africaines, le fait d'accepter une nourriture, de l'argent ou un mariage en rêve signe, sans doute du fait de l'explicitation du désir, le début de l'effraction sorcière [11]. C'est d'ailleurs par une dialectique subtile entre les deux pôles de l'effraction et du désir que ces étiologies sorcières constituent une véritable dynamique psychologique et souvent psychothérapique [12].

Cette symétrie entre les notions d'effraction et de désir explicite est conservée tout au long des légendes ayant trait à Dionysos [13], mais aussi dans le rituel qui lui était attaché. En effet, Dionysos pénétrait ses fidèles, il les possédait et ils ne pouvaient préserver leur intégrité mentale, ne pas sombrer dans la folie (*mania* [14]) – c'est-à-dire rester indemne de sa pénétration – qu'à la condition d'expliciter clairement leur désir de transe. De plus, il

---

10. Faust. – « Considère-le bien ; pour qui prends-tu cet animal ?

Wagner. – « Pour un barbet qui cherche à sa manière la trace de son maître.

Faust. – « Remarques-tu comme il tourne en spirale, en s'approchant de nous de plus en plus ? Et si je ne me trompe un tourbillon de feu traîne derrière ses pas.

Wagner. – « Je ne vois rien qu'un barbet noir ; il se peut bien qu'un éblouissement abuse vos yeux ...

Faust. – « Le cercle se rétrécit, déjà il est proche.

Wagner. – « Tu vois ! Ce n'est là qu'un chien, et non un fantôme. Il grogne et semble dans l'incertitude ; il se met sur le ventre, agite sa queue, toutes ses manières de chien.

Faust. – « Accompagne-nous ; viens ici.

(Goethe, *Faust*). À partir du moment où Faust invite explicitement le chien à entrer dans son cabinet, Méphisto est dans la place.

11. S. Lallemand, *La Mangeuse d'âmes*, Paris, L'Harmattan, 1988.

12. T. Nathan, *La Folie des autres. Traité d'ethnopsychiatrie clinique*, Paris, Dunod, 1986 et *Le Sperme du diable. Éléments d'ethnopsychothérapie*, Paris, PUF, 1988.

13. Dionysos pénètre magiquement les espaces clos et se libère tout aussi facilement des prisons et des liens. (Euripide, *Les Bacchantes*, H. Jeanmaire, *Dionysos. Histoire du culte de Bacchus* (1951), Paris, Payot, 1978, M. Detienne, *Dionysos mis à mort*, Paris, Gallimard, 1977 et M. Bourlet, « L'orgie sur la montagne », *Nouvelle Revue d'ethnopsychiatrie*, 1, 1983, p. 9-43.

14. Les Mainades (femmes folles) suivaient Dionysos dans la montagne. Selon l'heureuse expression de Bourlet *(ibid.)*, ils doivent « *faire* les fous pour ne pas l'*être* ».

est attesté que les mystères dionysiaques comportaient la manipulation de serpents censés représenter la pénétration sexuelle de Zeus.

Si le rituel de possession construit une sorte de théorie du dedans et du dehors à partir d'une opposition dynamique entre effraction et désir avoué, à y regarder de plus près, la séquence mythique décrit fort bien, elle aussi, une sorte de conception de l'enveloppe psychique. En effet, dès le récit de sa conception, la légende de Dionysos est centrée sur le thème de l'utérus. Dionysos, conçu dans un utérus féminin, naîtra d'un « utérus mâle », rendant par là même sensible le contenant originaire. En matérialisant la migration du fœtus de l'enveloppe maternelle à l'enveloppe paternelle, cette légende dégage une sorte de halo de sens autour du thème de l'environnement et de l'importance de ses modifications. D'ailleurs, les métamorphoses brutales de l'environnement ont une importance considérable dans toutes les légendes dionysiaques [15].

Naturellement, dans une certaine mesure, et comme nombre de héros, Dionysos est une sorte d'enfant exposé, échappant de justesse à la mort [16]. Cependant, Dionysos ne sera pas immédiatement livré à l'environnement hostile de la montagne (comme Œdipe ou Pâris) ou des flots (comme Persée ou Moïse). La difficulté spécifique à

---

15. « Si Dionysos a longtemps fait figure de puissance venue de l'étranger, alors que, nous le savons aujourd'hui, il est d'aussi bonne souche que d'autres divinités grecques, c'est que ce dieu a vocation pour l'Étrange. À la fois présent au-dehors et au-dedans de la cité, Dionysos se plaît au jeu rituel de l'hospitalité, du xenismos, où, citoyen du Panthéon et Olympien à part entière, il est reçu et accueilli par l'ensemble de la communauté politique comme une puissance étrangère. » (Détienne, *Dionysos, op. cit.*, note 13, p. 163.

16. On a beaucoup dit que l'exposition de l'enfant était, durant l'antiquité classique, une sorte d'infanticide légal. Mais à voir combien l'exposition est utilisée comme rituel thérapeutique en Afrique (déposer l'enfant malade dans la brousse pour lui donner la liberté de retourner chez les siens, sa survie étant le signe de son choix de rester parmi les humains), j'ai tendance à croire qu'elle constituait aussi le mythe de rituels comparables ayant probablement eu lieu dans l'antiquité.

laquelle est exposé l'enfant-dieu, c'est celle de la modification brutale de son enveloppe. C'est en cela, je pense, qu'il constitue par excellence la divinité de la toxicomanie, du traumatisme et de l'initiation.

La seconde opposition est celle du démembrement et de la reconstruction du corps. Dans la légende orphique, Dionysos, enfant, est enlevé par les Titans qui se livrent sur lui à un véritable sacrifice humain. D'abord, détournant son attention, ils lui offrent de merveilleux jouets, poupées articulées, pommes d'or, hochet, toupie et enfin un miroir. Alors qu'il est captivé par son reflet déformé dans le cercle de métal poli, Dionysos est égorgé, puis saigné. Enfin, l'enfant est démembré, d'abord bouilli, ensuite rôti, puis dévoré. Les bourreaux n'épargnent que le cœur. Zeus, alerté, envoie Athéna recueillir le viscère encore frais et reconstitue le corps de son fils aimé à partir de ce seul organe.

Les autres parties de la légende dionysiaque sont infiltrées par la notion de démembrement, c'est-à-dire de séparation d'un corps en ses parties. Ainsi, Lycurgue, frappé de folie par Dionysos, croyant abattre la vigne, ne parvient-il à couper que les mains et les pieds de son fils ainsi que ses propres jambes. À Thèbes, Penthée, voulant s'opposer à l'installation de Dionysos, est démembré par sa propre mère Agavé qui rentre en ville, tenant la tête de son fils dans les bras. À Argos, les filles de Proetos ainsi que les autres femmes du pays, rendues folles par Dionysos, vont jusqu'à dévorer leurs enfants au sein.

Malgré la discussion convaincante de Détienne, je persiste à penser que la séquence orphique du récit dionysiaque – celle ayant trait à la scène cannibalique avec les Titans – est homogène aux autres récits, à cause de la cohérence psychodynamique existant entre l'une et les autres. De plus, les oppositions que la légende orphique met en scène entre le bouilli et le rôti comme entre le démembrement et la reconstitution du corps sont de nature à éclairer vivement la manière dont le mythe de Dionysos véhicule des matrices de signification concernant la toxicomanie et l'initiation.

Je commencerai par l'opposition entre bouilli et rôti. Le rôti conserve l'apparence de l'animal, la fige, la pétrifie presque, alors que le bouilli la modifie, l'attendrit, à la limite même, en ragoût, la corrompt. C'est pourquoi dans les mythes ayant trait à l'initiation chamanique, on prétend que le corps du chaman, démembré, bouilli au chaudron, a changé de nature [17], changement d'ailleurs indispensable à son nouvel être de chaman. La séquence proprement culinaire de la légende dionysiaque souligne donc l'oscillation entre deux préparations réalistes et concrètes de la viande, l'une préservant la forme originelle de l'animal ingéré, l'autre, structurée comme une formation réactionnelle [18], dissolvant l'identité de la victime. Il semble maintenant clair que si les Titans font bouillir le corps de Dionysos avant de le rôtir, intervertissant l'ordre naturel d'une cuisson acceptable, c'est pour en modifier la nature, la chair, avant de la saisir par le rôti et donc de fixer la nouvelle nature ainsi obtenue. Ainsi, dans cette seconde séquence, Dionysos est-il à nouveau confronté, et dès son plus jeune âge, à la modification radicale de son identité, à une sorte de métamorphose obligée, et profonde puisqu'il s'agit de sa chair même [19].

---

17. M. Eliade, *Le Chamanisme, op. cit.*, note 4.

18. Dans les pays arabes, on dit encore d'un bon ragoût : « On dirait de la confiture ... » (sous-entendu : et non plus de la viande, comme s'il fallait gommer l'origine de la chair). De même lorsque Atrée sert ses propres enfants à manger à son frère Thyeste, il les lui prépare en ragoût afin que celui-ci ne puisse en deviner l'origine.

19. N'oublions pas que, né d'une mortelle, Dionysos deviendra dieu, et même selon certaines légendes tardives, succédera à son père sur le trône de la royauté divine. On peut dire qu'il achèvera par cette apothéose son cycle extraordinaire de métamorphoses.

Reste maintenant la récurrence de la thématique de la lacération et du démembrement [20]. Comme souvent les séquences corporelles dans les mythes, ces représentations renvoient à des sensations [21]. Nous les reconnaissons aisément comme étant celles mêmes que nous décrivent les toxicomanes lorsqu'ils évoquent leur première expérience avec la drogue : sensations de détachement ou de rallongement des membres, plus particulièrement des bras, perception de soi-même dans un autre endroit de la pièce, expériences de miroir déformant, identification immédiate à l'interlocuteur ou plutôt mimétisme. La notion de démembrement s'organise par conséquent autour de la représentation d'un corps à l'identité dissoute, non seulement d'un corps physique, mais d'un schéma corporel également déstructuré. Il est facile de comprendre maintenant pourquoi Zeus peut reconstituer le corps de Dionysos à partir de son cœur puisque cette seconde séquence reproduit à l'envers, pour la forme extérieure du corps, la même métamorphose que la première séquence décrivait pour la chair même : corruption, métamorphose, fixation.

Ainsi les deux parties de la séquence mythique que j'ai isolées – bouilli/rôti et démembrement/reconstruction du

---

20. Laissons de côté les éléments du rituel qui comportait, nous le savons, le *diasparagmos* (démembrement de l'animal de sacrifice) et quelquefois l'*ômophagie* (dévoration des chairs crues de l'animal), car la différence avec les éléments mythiques est, comme le souligne Détienne, trop importante pour supposer une explication linéaire du rite au mythe (ou inversement).

21. Les séquences comportant des utilisations inattendues d'organes corporels sont indestructibles au travers des nombreuses variantes d'un mythe. Devereux s'était attaché à deux d'entre elles : le pénis retourné comme un gant (Devereux, *Essais*, *op. cit.*, note 3) et la vulve-visage (Devereux, *Bambo ou la vulve mythique*, 1983). On retrouve une intuition comparable dans l'analyse de certains mythes amérindiens par Lévi-Straus tel que le mythe Chinook de « la femme bouchée et de l'homme-tuyau » (*Le Regard éloigné*, Paris, Plon, 1983). J'ai tenté de démontrer à partir de l'analyse du mythe de Déméter (*Psychanalyse païenne*, *op. cit.*, note 9) que le recours à ces distorsions corporelles était une mise en images des sensations corporelles.

corps – peuvent-elles être comprises comme une sorte de mode d'emploi de la métamorphose : occasionner brutalement chez l'impétrant des sensations corporelles inassimilables (bouilli/démembrement), puis les utiliser afin de modifier jusqu'à sa chair même (rôti/reconstruction du corps, ou plus exactement de son image du corps).

La troisième opposition se situe à la traversée des catégories. À partir des deux séquences précédentes, il est facile de comprendre pourquoi Dionysos est le dieu de la traversée des catégories [22]. Dès sa conception, on ne peut pas dire s'il est né d'une femme ou d'un homme, d'une mortelle ou d'un dieu. Puis, lorsque Hermès confie l'enfant-dieu à Athamas et à Ino, il leur prescrit de le vêtir d'habits féminins afin de dérouter la jalouse Héra. Ensuite, toujours pour lui éviter les conséquences de la jalousie d'Héra, Zeus le métamorphose en chevreau. Mais Héra finit par le retrouver et le frappe de folie. S'il arrive aussi aux autres dieux grecs de changer d'univers, on peut dire que Dionysos est un virtuose des plongées dans d'autres mondes. Il plonge donc dans la folie, dans le royaume des eaux, lorsque, fuyant Lycurgue qui voulait l'emprisonner, il est accueilli par Thétys, aux enfers, en passant par le fond du lac de Lerne pour retrouver l'ombre de sa mère Sémélé, il s'élève dans les cieux enfin, pour rejoindre l'assemblée des dieux dont il finit par faire partie et même, selon certaines légendes tardives, où il succédera à son père Zeus.

Dieu du passage d'un monde à l'autre, dieu des métamorphoses, Dionysos les incarnera toutes, de l'homme au dieu, de l'homme à la femme, de l'humain à l'animal et au végétal, de la raison à la folie, de l'enchaînement au déchaînement, des vivants aux morts. Mais il fera aussi

22. T. Nathan, *Psychanalyse païenne*, *op. cit.*, note 9, chap. 1.

éprouver ces mêmes métamorphoses à ceux qu'il croisera. Prenons simplement un exemple parmi beaucoup d'autres, celui de son enlèvement par les pirates tyrrhéniens à qui il avait demandé de le faire passer sur l'île de Naxos : Dionysos transforme leurs rames en serpents, fait pousser du lierre sur le mât de leur navire, leur fait entendre le son des flûtes, paralyse le bateau dans des guirlandes de vigne, si bien que les pirates, devenus fous, se jettent dans la mer et sont finalement métamorphosés en dauphins [23].

Dionysos est changé ! Je veux dire que sa nature même est d'être changé. Il ne ressemble pas à sa mère, n'étant pas un mortel, mais il ne ressemble pas plus à son père, puisque, seul parmi tous les dieux, il doit lui-même installer son culte parmi les mortels. Si sa nature est d'être changé, il semble que ce destin soit contagieux, que Dionysos doive être considéré comme un opérateur de métamorphose, c'est pourquoi quiconque est mis en contact avec lui se métamorphose à son tour.

Enfin, comme chacun le sait, Dionysos découvre la vigne et ses propriétés. Plus même, il *est* la vigne, ou plus exactement l'esprit métamorphosique contenu dans la vigne : le vin, l'alcool, l'esprit même de l'alcool, non la substance mais ce qui, dans la substance, modifie le fonctionnement du consommateur. Et, pour les Grecs, l'ivresse constituait avec la folie le prototype de l'état second sous l'empire duquel on se permettait ce qui n'était pas autorisé dans la vie ordinaire [24].

---

23. M. Bourlet, « L'orgie sur la montagne », *op. cit.*, note 13 et M. Bourlet et T. Nathan, « Dionysos, le même et l'autre », *Nouvelle Revue d'ethnopsychiatrie*, 1, 1983, p. 7-8.

24. C'est parce qu'il est sous l'empire de l'ivresse que Gangès s'unit avec sa mère (Pseudo-Plutarque, *De fluvius*, 4) ; et c'est rendus fous par Aphrodite que les six fils de Halia s'unissent à elle (Diodore de Sicile, *Bibliothèque historique*, V, 55), tout comme Berosos qu'Aphrodite punit ainsi de ne pas s'intéresser aux femmes (Hyginus, *Fables*, 6).

Essence de métamorphose, Dionysos, sans être sexué – on ne lui connaît pas de véritable partenaire sexuelle, Ariane étant plutôt une allégorie, apparue seulement dans des variantes tardives – est sexe lui-même [25], c'est-à-dire l'incomplétude fondamentale qui attire un sexe vers l'autre. Homme et femme, Dionysos n'est pas masque mais cette curiosité viscérale qui pousse à se déguiser, à analyser de manière identificatoire les sensations de l'autre. Grec et étranger, Dionysos n'est pas, comme on aurait pu le penser, un interprète [26], il est le processus même de traduction qui incite le locuteur d'une langue à chercher les équivalents dans la langue de son interlocuteur.

C'est dans cette singularité de Dionysos – être à la fois métamorphosé, métamorphose et inducteur de métamorphose – qu'on peut saisir l'organisation des trois séquences mythiques. Il n'est alors pas étonnant que le culte de ce dieu-changement ait aussi été un rituel thérapeutique très actif [27]. Nous allons voir que changer d'enveloppe (changer de chair) ou passer d'un monde à l'autre provoquent en clinique les mêmes conséquences : la nécessité de reconstruire l'ensemble de la personnalité, y compris dans ses parties inconscientes les plus profondes. Voilà qui est difficile à avaler pour nous autres psychanalystes occidentaux !

---

25. Et, bien entendu, durant les dionysies, on arborait des *phalloi*, sortes de « godemichets » de cuir, censés représenter Dionysos.

26. On sait cependant que les cultes dionysiaques de type « possession » nécessitent la présence d'un interprète capable d'entrer en relation avec l'esprit qui possède.

27. Il l'est peut-être encore : la danse de la Tarentule, pratiquée aujourd'hui encore dans les Pouilles, semble contenir un grand nombre des caractéristiques des transes dionysiaques, sans parler des innombrables rituels de possession maghrébins qui ont sans doute subi l'influence dionysiaque.

Droguer la vive pour régénérer la morte

Comme d'habitude, notre consultation se déroulait en groupe, constitué ce jour-là d'une douzaine de cothérapeutes. Nous recevions une famille d'origine kabyle pour leur fille, Zahra, âgée de ving-neuf ans. Dans le groupe, deux des cothérapeutes parlaient le kabyle. La mère était une femme à la cinquantaine vive, les yeux extrêmement mobiles, cherchant à saisir, à enregistrer, à comprendre. En revanche, le père, plus âgé, le regard ouvert sur le vide, semblait absorbé par des pensées d'un autre temps. Entre les deux, Zahra, la fille, les yeux éteints, semblait seulement être au spectacle. C'était une belle jeune femme au physique tendre et avenant, mais un retrait de contention (et non de terreur) m'évoquait ces mondes intérieurs en ébullition qui, quelquefois, surgissent inopinément en éruptions incontrôlables. Plus tard d'ailleurs, elle nous en donna une démonstration.

La mère nous expliqua que Zahra se droguait depuis une dizaine d'années mais que, depuis un an, les choses devenaient intolérables : une piqûre d'héroïne par jour. « On devient fou à cause de cela. On ne sait plus que faire. » Le père se disait malade, asthmatique, incapable d'intervenir. La mère essayait de comprendre sa fille, mais sans succès. « Elle fait les choses derrière mon dos. Mais quand elle va mal, je le sens, quelque chose me dit qu'elle a recommencé. Une fois, je l'ai surprise dans la chambre avec une seringue dans les mains. » Comme souvent dans les familles migrantes, ils avaient essayé de désintoxiquer Zahra en l'envoyant en Algérie, dans la famille d'origine. Là-bas, elle avait pu se sevrer, mais sitôt de retour, elle avait recommencé.

Zahra était la quatrième et dernière enfant. Avant elle, il y avait eu Fatima, âgée de trente-quatre ans, puis Halima, trente-deux ans, et Hassan, trente et un ans, tous nés en France. Ils parlaient surtout le français mais comprenaient aussi le kabyle.

J'ai d'abord demandé à Zahra de nous raconter la première piqûre, les premières sensations liées à la prise de la substance. Elle nous dit ne pas bien se souvenir. « C'était comme ça, pour essayer. » Mais elle évoqua assez clairement les deux registres dans lesquels elle avait vécu cette première expérience : « C'était *bizarre* ... c'était à la fois agréable et désagréable, c'était *contradictoire* ! »

Évoquant l'enfance de Zahra, la mère nous apprit que c'était une petite fille assez difficile, la plus dure de ses enfants. Elle bougeait tout le temps, ne tenait pas en place. À l'école, elle se battait comme un chiffonnier, un vrai garçon manqué ! Mais elle était très vive, courageuse, intelligente et surtout affectueuse : lorsqu'elle avait commencé à travailler, elle avait offert toute sa paie à sa mère. Et tout d'un coup, elle s'est laissée aller, ne s'habillant plus, ne voulant plus se lever le matin.

Madame L. : – « Quand j'ai appris qu'elle se droguait, j'ai été bouleversée. Son frère la surveillait car déjà il la soupçonnait. Moi, je ne me doutais pas. Je ne comprenais pas. Lorsqu'elle prend ça, elle me rejette. C'est comme si je n'étais pas sa mère ! Elle est alors totalement changée. Mais maintenant, quand elle en prend, je le sens, je m'affole, je panique. Je sais que Zahra est en train de me tromper, alors " j'angoisse ". »

Le groupe thérapeutique nota alors et fit remarquer à la famille combien Madame L. maîtrisait parfaitement la langue française, sans accent (ce qui est plutôt rare chez les migrants adultes, surtout chez les femmes) et même dans ses subtilités les plus modernes :

Un cothérapeute : – « Vous avez sacrément changé, vous aussi, pour parler le français aussi bien.

Madame L. : – « Quand je suis arrivée, j'avais dix-huit ans. Je ne savais même pas demander le pain au boulanger. »

Monsieur L. était arrivé en France longtemps avant sa femme. Comme souvent chez les Kabyles, il était rentré au pays pour se marier, avait confié sa jeune épouse, âgée seulement de quinze ans, à sa mère, puis était retourné travailler en France. Madame L. n'était arrivée que trois ans plus tard, à l'âge de dix-huit ans. Alors, il avait bien fallu s'y mettre, apprendre la langue, élever les enfants de manière à ce qu'ils s'intègrent à un milieu qu'elle-même ne connaissait pas, changer du tout au tout : *se métamorphoser* ! Elle s'était parfaitement acquittée de sa tâche... jusqu'à s'oublier elle-même, restant dix-huit ans sans même penser au pays, à la famille. Mais justement, au bout de ces dix-huit années, l'exil lui avait paru insupportable.

Madame L. : – « Au bout de dix-huit ans, je voyais la France noire comme du charbon. Le soleil était là-bas. Je pensais sans arrêt : " Ah ! si je pouvais rentrer et voir ma mère durant une heure, la serrer dans mes bras, seulement une heure, alors je pourrais mourir ! " »

Cette séquence de dix-huit ans suscita plusieurs commentaires. C'est au bout de dix-huit ans, lorsqu'elle avait senti qu'elle avait passé autant de temps en France que depuis sa naissance en Kabylie, que Madame L. éprouva cette nostalgie incoercible du pays et de sa propre mère et décida enfin de convaincre son mari de rentrer pour des vacances. Mais c'est aussi au bout de dix-huit ans que Zahra se mit soudain à changer, tout comme sa mère avait brutalement dû changer à l'âge de dix-huit ans, et encore une nouvelle fois dix-huit ans plus tard. À ce moment de l'entretien, il nous semblait clair que ce n'était pas la drogue qui avait changé Zahra. Au contraire, c'était parce qu'elle était contrainte de se métamorphoser qu'elle avait fait appel à un agent métamorphosique, la drogue. La drogue avait agi à la manière d'une émigration, elle avait fait éprouver à la fois des sensations d'étrangeté et des sentiments contradictoires. Le groupe décida de signifier cette série associative à la famille.

T.N. : – « Ainsi, Zahra se sent souvent dans le même état que le vôtre au moment où votre mère vous manquait tant, elle a le corps présent et l'esprit ailleurs !

Madame L. : – « Oui, mais moi je ne me drogue pas ! »

Quel est donc le lien qui unissait de manière si serrée la mère et la fille ? Pourquoi Zahra se trouvait-elle contrainte de reproduire la séquence métamorphosique de sa mère ? Pourquoi Zahra et non l'une ou l'autre de ses deux sœurs ? Qu'est-ce donc qui la situait au lieu exact où se trouvait sa mère lorsqu'elle avait été contrainte de changer aussi radicalement ?

Alors même que nous nous posions ces questions, la mère se mit à nous expliquer le lien singulier qu'elle entretenait avec Zahra. La grossesse ne s'était pas très bien passée. Madame L. était fatiguée, nerveuse. Lorsque Zahra est née, elle lui a donné le prénom d'une première enfant, morte à l'âge de sept mois. Elle évoqua alors la mort de la première Zahra, une fille très vive, dit-elle, bien portante et précoce. Un jour, la famille était allée visiter une cousine et avait emmené le bébé avec elle. Il y avait là une femme, portugaise, qui regardait constamment l'enfant [28]. Puis cette femme avait demandé à

28. Un des malentendus les plus vifs entre les migrants provenant d'Afrique du Nord et la société d'accueil française concerne précisément la manière dont les Français regardent les enfants de Maghrébins. Au Maghreb, un œil admiratif, tout particulièrement lorsqu'il est porté sur un enfant, est un œil envieux, un

Madame L. si elle avait des photos de sa fille, ajoutant : « Moi aussi j'avais une fille. Elle était aussi très belle, tout comme la vôtre, et très intelligente. Il ne me reste d'elle qu'une photographie. Elle est morte à l'âge de onze mois. » En ce temps-là, Madame L. ne comprenait pas un mot de français et était obligée de demander à sa cousine de traduire. Mais sitôt que la femme avait dit ces paroles, la petite Zahra se mit à sangloter. Elle n'avait jamais plus arrêté de pleurer. Elle était morte quinze jours plus tard de « diarrhée verte ». Madame L. ne s'était jamais consolée de cette mort. Nous lui demandâmes si elle pensait qu'elle était morte de l'effet de l'œil [29]. Évidemment qu'elle le pensait !

Nous remarquâmes alors que Zahra portait en pendentif un joli bijou en forme d'œil stylisé. La jeune femme affirma qu'elle n'avait jamais fait le lien entre le récit de sa mère, qu'elle connaissait, et le pendentif qui ornait sa poitrine. Elle nous dit seulement qu'en Algérie, durant son sevrage forcé, elle s'était un jour rendue sur la tombe de sa première sœur, décédée. « Ça m'a fait tout drôle de voir mon nom écrit sur une tombe : Zahra L., morte le... »

Ainsi, dès sa naissance, Zahra avait-elle été mise en demeure d'incarner ce changement radical, cette traversée des catégories que je décrivais au sujet de la légende dionysiaque. Était-elle la première Zahra jamais oubliée, ou la nouvelle ? Quant à moi, je dirais plutôt qu'elle était

« mauvais œil », un œil de la mort. Alors qu'en France, l'admiration de l'enfant est souvent le premier lien entre deux femmes tentant un rapprochement amical.

29. *El 'aïn* signifie en arabe « l'œil ». Cette étiologie nécessite tout de même certains commentaires. L'œil, l'organe, est censé émettre une sorte de fluide atteignant l'objet. Certains yeux posséderaient en quelque sorte des fluides destructeurs qui atteignent la personne regardée – regardée parce que enviée – et la détruisent. Mais, selon cette logique, l'œil agit indépendamment de la volonté de la personne. Il s'agit d'une qualité de l'œil. C'est pourquoi, même une mère peut « jeter l'œil » sur son propre enfant, et cela contre sa volonté.

les deux, ou même encore plus précisément, qu'elle était tenue d'assurer constamment le passage entre l'une et l'autre, et c'était probablement pour cette raison que sa mère se reconnaissait en elle. Tout comme Zahra était à la fois la morte et la vivante, sa mère était à la fois la paysanne kabyle, encore si proche de sa mère, et cette émigrante émérite qui avait acquis en l'espace de dix-huit ans la parfaite maîtrise d'un univers extraordinairement complexe. D'ailleurs, Zahra avait très tôt montré cette capacité à changer de rôle. Lors du premier retour de la famille en Algérie, la première chose qu'elle fit en arrivant, avait été de se déguiser en homme, en chasseur, avec les vêtements de son oncle.

À nouveau, Zahra s'était absentée dans ses pensées. Nous l'invitâmes à nous en faire part.

Zahra : – « Je me vois dans la maison de mon enfance », nous répondit-elle. Et sa mère d'enchaîner :

Madame L. : – « Moi, en Kabylie, la maison de mon enfance était seulement constituée d'une pièce, surélevée. En bas, c'était l'étable. On faisait tout dans cette grande pièce, on vivait, on mangeait, on dormait, et cela tout près des animaux, pour avoir chaud. »

Nous comprenions mieux maintenant l'organisation de la toxicomanie de Zahra. Sa mère avait été conduite à se métamorphoser à la suite de l'émigration. Cette transformation s'était opérée selon la logique d'un traumatisme spécifique [30] associant des vécus contradictoires, paradoxaux, ainsi qu'une effraction de la membrane pare-excitation ou, si l'on veut être plus simple, de ce qui rend le monde naturellement compréhensible. Lorsque Zahra, déjà investie d'une fonction bipolaire dès sa naissance,

30. T. Nathan, « La migration des âmes », *Nouvelle Revue d'ethnopsychiatrie*, 11, 1988, p. 25-42.

parvint à l'âge où sa mère avait subi son propre traumatisme, elle était elle-même confrontée à l'effraction de sa membrane pare-excitation du fait des transformations pubertaires. Elle fut conduite à faire appel à un traumatisme comparable à celui de sa mère afin de se construire une nouvelle naissance. Du fait des sensations étranges et paradoxales qu'elle avait produites sur elle la première fois, la drogue avait constitué l'un des opérateurs privilégiés pouvant assurer cette métamorphose. Nous pouvons penser que, dans un tel contexte, la première rencontre avec le toxique constitua une véritable révélation permettant d'assumer enfin un rôle qu'elle tenait depuis toujours sans le savoir.

Nous comprenons maintenant comment les trois pôles de signification de la légende dionysiaque – dedans et dehors, traversée des catégories, démembrement et reconstruction du corps – articulent de manière spécifique la gageure de rendre compatibles un passé définitivement forclos et un présent trop intense avec l'espoir que se reconstitue une nouvelle enveloppe contenant les deux. Durant la thérapie de Zahra, il se révéla indispensable de conférer un sens au procès métamorphosique complexe, une dignité d'appartenance. Les Grecs anciens l'avaient compris, ils pensaient en effet qu'existaient des gens d'un seul endroit – les autochtones – et, ceux qui, tel Dionysos, dieu du théâtre, de l'intuition, de la découverte et de la thérapie, étaient les étrangers d'ici ou des « gens de l'autre monde ». Ceux-là sont de deux lieux ; ils sont liens et véritables virtuoses du lien, ils sont langue et traduction, ce sont des malades de l'identité et pourtant son seul thérapeute. On ne peut faire mine de les traiter comme les autres qu'au risque d'être condamné à assister à leur destruction.

À l'issue de cette observation, plusieurs remarques s'imposent.

Zahra n'a apparemment rien à voir avec sa mère. Élevée comme une petite Française, ayant appris le sens de la vie en milieu scolaire, et non au sein d'une communauté villageoise, elle est un être hybride, un être de l'entre-deux.

Et pourtant Zahra est bien la fille de sa mère. Si elle veut tout de même retrouver sa mère en elle, et on a vu comment elle y avait été assignée dès son enfance par l'attribution du prénom de la morte, elle ne peut que s'identifier aux sensations de sa mère.

Elle trouvera cette partie la plus singulière dans le sentiment de métamorphose qu'éprouva sa mère, lorsque se regardant après dix-huit ans d'exil et se ressentant une autre, elle ne se reconnut plus.

Zahra choisit donc, si l'on peut dire, de se métamorphoser, comme sa mère l'avait fait avant elle, mais par l'intermédiaire d'un opérateur à brouiller toutes les perceptions, à rendre le monde incompréhensible, la drogue.

Or il n'y avait aucun monde nouveau pour l'accueillir, pour transformer sa nécessité de métamorphose en initiation véritable. La voilà alors capturée à la glu du produit, car un toxique sans monde nouveau à investir constitue le monde à soi seul.

Les adolescents de seconde génération sont tous en danger de se faire capturer au même piège ou à des pièges semblables. Peut-être toute vérité n'est-elle pas bonne à dire. J'exhorte néanmoins ceux qui détiennent les statistiques de tirer les conséquences du fait qu'une énorme proportion de nos jeunes toxicomanes sont des adolescents, migrants de seconde génération. On peut bien se voiler pudiquement la face, faire passer les Antillais, les enfants de naturalisés pour des autochtones, ignorer dans les chiffres ceux qui ne sont pas en situation régulière, et tout cela afin de faire baisser les proportions. Nous autres, cliniciens, sur le terrain, nous connaissons la situation réelle. S'attaquer au vrai problème, c'est proposer une véritable initiation à ces jeunes gens, sinon, ils se la feront eux-mêmes, nous savons comment et en connaissons les conséquences. Voilà, c'est dit !

Le cas de Zahra est typique. Je pourrais en raconter dix autres, presque identiques. Blanche, de parents martiniquais, envoûtée par une condisciple, saute du dix-septième étage et se casse seulement les deux jambes. Fatiha, la plus française, la plus adaptée, la plus intelligente des cinq enfants d'un couple kabyle, lors d'une nuit de ses douze ans voit apparaître une femme en habit traditionnel qui lui dit en kabyle que ses parents l'attendent en bas et lui intime l'ordre d'aller les rejoindre. Troisième étage : Fatiha se cassera les jambes et les bras. Khadidja, elle aussi de parents kabyles, passe brillamment son baccalauréat à seize ans. Dans l'amphithéâtre de sa première année de médecine, elle entend les juifs qui lui ordonnent de se crucifier. Treize ans plus tard, en permission de son hôpital psychiatrique qu'elle n'a plus quitté depuis, elle me demandera : « Pourquoi les juifs exigent-ils d'une femme arabe d'être le Christ ? » Pour Sabrina, de parents algériens, ce sera la « snifette », pour les trois fils aînés de cette famille marocaine, ce sera « la blanche », pour Antonio, de parents portugais, le passage à l'acte pervers, pour Alexandre, d'origine zaïroise, les vols à l'étalage.

Et toujours, pour chacun, la même équation comportant deux mondes logiquement hétérogènes, le nécessaire regroupement imposé par le choix sexuel à l'adolescence, la répétition infinie de la frayeur à la recherche compulsive du sens figé entre les deux mondes, la suspension du temps dans l'attente du moment 0 à partir duquel débuter le nouveau décompte, le sentiment d'être aspiré dans une identification mimétique à l'autre (l'initiateur, le complice) qui risque alors d'être pris comme contenant.

Adolescence et migration

Les enfants de migrants, on l'a vu, font de l'équilibre sur une frontière très floue entre monde intérieur et monde extérieur. Dans cette entreprise, l'adolescence est pour eux un moment particulièrement dangereux. Pour tenter d'échapper au clivage – qui est un destin d'étrangeté à soi-même –, ils mettent en scène des pathologies traumatiques organisées selon la logique d'une seconde naissance, mais une naissance sans cesse interrompue, sans cesse à recommencer. Je dois dire que ce type de pathologies (toxicomanies, délinquance, bouffées délirantes ou perversion) sont particulièrement efficaces dans leur activité restructurante [31] et que nos timides tentatives psychothérapiques, élaboratives et symboliques paraissent bien inoffensives en regard du bouleversement structural que les enfants de migrants cherchent à organiser de manière solitaire.

Trois aphorismes pour conclure.

Le destin de l'être humain est d'être enveloppé de sa conception à sa mort. Comme les insectes dans les moments de croissance, au moment où la nouvelle carapace de chitine n'est pas encore sèche, c'est le changement d'enveloppe qui rend l'humain vulnérable.

---

31. Quelquefois, lorsque ces enfants échappent à la mort, ils peuvent réussir à se faire tout seuls et se révèlent brillants, mais à quel prix ? Ces exemples sont souvent mis en avant par ceux que n'intéressent en aucune manière toutes ces populations.

Le traumatisme est le seul moyen dont dispose l'être humain pour modifier son enveloppe.

De manière allégorique, je ferai remarquer que lorsque les informaticiens sont placés devant l'obligation de penser les « systèmes informatiques répartis », c'est-à-dire une communication entre des ordinateurs qui doivent chacun prendre une décision, tout en tenant compte de l'ensemble des informations lui parvenant de tous les autres ordinateurs branchés sur le même réseau, ils construisent un modèle interactif semblable à celui constitué par les processus logiques culturellement transmis destinés à gérer la métamorphose des êtres.

Seconde énigme. Les époux infidèles

Pour expliquer le mode de « raisonnement » logique des ordinateurs répartis en réseau, les informaticiens utilisent des exemples devenus aujourd'hui classiques. En voici un.

« À Mamajorque, règne une reine qui dit toujours la vérité. Les femmes mariées de la ville sont d'une part obéissantes à leur reine et d'autre part, tout comme les ordinateurs, elles ont un raisonnement logique sans défaut. De plus chaque femme (chaque ordinateur) est capable d'entendre chaque coup de fusil (chaque message) tiré dans Mamajorque.

« Un jour, la reine réunit toutes les femmes mariées de sa cité et leur déclare : “ Il y a à Mamajorque un ou plusieurs époux infidèles. Bien qu'aucune de vous ne sache si son mari est ou non infidèle, chacune de vous sait qui sont les autres maris infidèles (puisque vous êtes soit impliquées, soit dans le secret). Je vous interdis de discuter de la fidélité de votre propre époux avec les autres femmes. Cependant, si vous découvrez que votre mari est infidèle, alors vous devrez le tuer d'un coup de fusil à minuit du jour où vous aurez fait cette découverte. »

« Autrement dit, chaque femme connaît la vérité concernant toutes les autres femmes, mais aucune ne connaît sa propre situation. Trente-neuf nuits silencieuses se passent. La quarantième, on entend à minuit de très nombreux coups de feu. Que peut-on en conclure ? Réponse : il y a quarante époux infidèles à Mamajorque.

« Pour démontrer cette assertion, il faut raisonner par induction. En effet, s'il y a une seule épouse trompée, alors elle apprend de la bouche de la Reine qu'il y a au moins un époux infidèle. Et, puisqu'elle ne connaît aucun époux infidèle, elle peut en déduire qu'elle est elle-même la seule épouse trompée. Elle tue donc son mari infidèle le premier jour à minuit.

« Si aucun coup de feu ne résonne la première nuit, alors toutes les femmes en concluent qu'il y a au moins deux épouses trompées (n'oublions pas que les femmes de Mamajorque ont un sens logique sans défaut). S'il y en a exactement deux, il existe donc deux épouses qui ne connaissent qu'un seul mari infidèle (celui de l'autre par définition). Or, elles ont appris à la première heure du second jour qu'il y en avait un second, puisque aucun coup de feu n'a retenti durant la première nuit. Elles tueront donc leur mari infidèle au soir du second jour.

« Et ainsi de suite : ce sont les épouses qui connaissent trente-neuf époux infidèles (autres que leur mari par définition) qui assassinent leur époux durant la quarantième nuit. Celles qui connaissaient l'existence de quarante infidèles sont désormais soulagées parce qu'elles sont sûres de la fidélité de leur propre époux.

« Bien sûr ce type de raisonnement ne peut s'appliquer qu'à l'informatique puisqu'il suppose que chaque acteur a un raisonnement infaillible et que l'information obéit à un mode de transmission identique quels que soient les interlocuteurs [32]. »

En effet, le modèle théorique de tels systèmes pourrait se formuler de la manière suivante : l'information supplémentaire réside en ceci, que l'information sur soi-même ne peut parvenir que de l'ensemble des informations des autres sur eux-mêmes.

Dans l'énigme des cocus, dans le mythe de Dionysos, dans l'observation clinique de Zahra, dans les élaborations théoriques découlant de notre activité clinique en ethnopsychiatrie, nous retrouvons une même cohérence. Le traumatisme est avant tout une procédure technique – et certainement pas un événement fortuit – dont la finalité est clairement perceptible. Cette technique sert à expulser le sujet hors de son enveloppe de sens, sorte de halo quasi charnel et néanmoins de nature cognitive, pour l'intégrer à une nouvelle enveloppe cognitive, et par conséquent métamorphoser sa nature. Je dirai même que, d'un point de vue logique, le traumatisme est le seul moyen de modifier cette enveloppe.

C'est pourquoi tout système pédagogique, tout système thérapeutique, et en général tout système destiné à modifier le sujet, inclut nécessairement une dimension traumatique. Quelquefois, les hasards de la vie ou les nécessités d'une configuration familiale singulière peuvent fabriquer une occurrence comparable (migration). En toute logique, on devrait considérer ces situations comme des traumatismes ratés, puisqu'ils n'ont pas réussi à initier le sujet à l'autre monde. Ce sont ces sujets que nous soignons quelquefois et que nous étiquetons « névrose traumatique ».

---

32. J. P. Verjus, « Les systèmes informatiques répartis », *La Recherche*, XIX (1988), p. 1386-1395.

Chapitre 4

L'art de renaître

Il advint que, durant le voyage, dans une hôtellerie, Yahvé l'aborda et chercha à le faire mourir. Alors, Seporah prit un caillou, trancha le prépuce de son fils et en toucha ses pieds, puis elle dit : « Tu es pour moi un époux de sang ! » Alors il le laissa. Elle avait dit « époux de sang » à cause de la circoncision.

Exode, IV, 24-26.

Moïse est sans doute le plus grand des prophètes juifs. Sa priorité aurait pu le laisser imaginer qu'il était seul père de son fils, seul père de tous ses descendants. Dieu est venu lui enseigner qu'un enfant inscrit seulement dans une filiation, un enfant sans affiliation, est un enfant mort, fils d'un père mort.

Traumatisme et enveloppes

Abattons maintenant les cartes : je considère le traumatisme psychique, qu'il survienne fortuitement ou qu'il soit délibérément provoqué, non comme la conséquence d'un événement aléatoire mais comme une véritable organisation, un dispositif interne venant ordonner un chaos affectif à l'aide d'une logique complexe au déroulement inéluctable. J'entends ici argumenter la thèse selon laquelle cette logique est susceptible d'investigations et de descriptions en termes clairs. Je propose d'appeler ce dispositif interne, cohérent et complexe *logique traumatique*.

Lorsqu'il est délibérément provoqué, il fonctionne selon des modalités techniques relativement connues. Dans ce cas, il doit être considéré comme le seul dispositif technique destiné à agir sur l'appareil psychique, dans le but de l'influencer indépendamment de la personnalité antérieure du sujet ou du dosage de l'intensité de ses affects, autrement dit, une technique efficace à tous les coups ! De ce point de vue, on pourrait dire que le traumatisme manipulé techniquement constitue une forme parfaite. Je prétends qu'un tel appareillage technique est également susceptible d'investigations et de descriptions en termes clairs. Je propose d'appeler ce dispositif, externe au sujet et susceptible de provoquer des transformations radicales de son être, *technique traumatique*.

Le traumatisme possède la singulière capacité de métamorphoser l'être humain. À cette fin, il procède en modifiant brutalement, non pas les contenus psychiques, mais les contenants, les enveloppes. De ce point de vue, la logique traumatique peut être décrite en termes de métamorphose. J'utilise ce mot dans un sens proche de celui des biologistes décrivant les métamorphoses des invertébrés, et plus particulièrement des insectes [1]. Lorsqu'une chenille s'encoconne, il s'opère, à l'intérieur de l'enveloppe

1. T. Nathan, *Psychanalyse et copulation des insectes*, Grenoble, La Pensée sauvage, 1983. D'une manière générale, il n'existerait pas de processus psychique qui ne posséderait son *analogon* dans le domaine biologique, y compris chez les espèces les plus éloignées de l'homme.

de soie, une véritable dissolution de la structure sans modification des éléments organisés, puis une restructuration des parties élémentaires [2]. On peut dire qu'une métamorphose est d'autant plus radicale qu'elle décompose l'organisation précédente en éléments discrets plus petits, avant d'organiser une nouvelle forme.

Une telle conception, que j'argumenterai à partir de données tant cliniques que théoriques, nécessite au moins quelques éclaircissements, en particulier la notion d'enveloppe. Je commencerai par une première remarque de bon sens : un fait psychique isolé est naturellement une pure fiction ; les faits psychiques sont toujours accouplés de manière complémentaire sous la forme contenant/contenu ou texte/contexte. Pour ma part, une longue pratique de la psychanalyse m'a enseigné, premièrement, qu'un symptôme doit être considéré comme un texte sans contexte. Ainsi, l'activité thérapeutique consiste-t-elle toujours à découvrir le contexte dans lequel le texte du symptôme pourrait se révéler cohérent (je ne me demande jamais en quoi tel symptôme est incohérent, absurde ou destructeur, je me pose toujours la question de savoir dans quel univers ce symptôme serait non seulement compréhensible, mais absolument nécessaire). Et deuxièmement, que l'articulation texte/contexte est toujours de nature complexe, emboîtant des contextes se référant à l'histoire du sujet (je m'évanouis – texte – chaque fois que l'environnement me rappelle l'excitation sexuelle ressentie une première fois avec mon fiancé et que je trouve incompatible avec l'attachement que je ressens pour ma mère – contexte –) ; des contextes de type économique, se référant à l'intensité de l'émotion (je m'évanouis –

2. A. Tétry, « Arthropodes. Généralités », *in* P. P. Grassé et A. Tétry, *Zoologie*, II, Paris, Gallimard (Encyclopédie de la Pléiade), 1963, p. 65.

texte – chaque fois que l'intensité de mon excitation sexuelle dépasse un certain seuil – contexte –) ; et des contextes se référant à l'interaction *hic et nunc* (je m'évanouis – texte – chaque fois que je ressens un désir sexuel pour mon interlocuteur, par exemple : mon psychanalyste – contexte –).

Mais la théorie psychanalytique prétend que le contexte est solidaire du texte comme le noyau de son enveloppe ou, si l'on veut, comme un signifiant de son signifié. Or, l'analyse de la logique traumatique m'a montré de manière indiscutable que le contexte est au contraire contingent, toujours susceptible d'être modifié, à certaines conditions néanmoins. Ainsi, un symptôme donné peut-il être rattaché à différents référentiels. Par exemple, Anna O. est un cas typique d'hystérie présentant des désirs sexuels incestueux, une organisation fortement bisexuelle, un refoulement puissant de la sexualité anale, etc., et aussi un cas typique de possession, capable de quitter sa langue maternelle, de s'expulser dans un univers extraordinaire et de revenir dans le monde commun à seule fin d'établir une connexion entre les deux mondes.

Nous arrivons donc à une première définition en termes logiques : l'enveloppe d'un fait psychique est l'organisation logique par laquelle ce fait psychique acquiert un sens [3].

Cette définition a quatre corollaires.

L'articulation du fait psychique et du sens, quoique contingente, constitue l'un des éléments de l'identité d'un sujet.

---

3. Cette définition de l'enveloppe peut sembler très éloignée de celle qu'en donne D. Anzieu, mais ce n'est qu'une apparence car celui-ci s'intéresse à la psychogenèse des enveloppes, alors que je discute les théories de leur maniement à fin de modification psychique.

Si l'on veut modifier l'identité d'un sujet, on doit attribuer un nouveau sens aux faits psychiques existants.

Dans cette perspèctive, on devrait considérer l'entreprise psychanalytique réussie comme la construction – je dirai même la « co-construction » [4] – d'un sens et non comme la découverte d'un sens caché.

Ce dernier énoncé implique que tout énoncé sur les contenants doit systématiquement être rapporté à son référentiel (Anna O. + S. Freud = cas typique d'hystérie ; Anna O. + tradition juive ashkénaze = cas typique de possession par le *dibouk*, etc.).

Le rapport entre un fait psychique et le « monde possible » [5] qui lui est accouplé – c'est-à-dire le référentiel dans lequel ce fait psychique est susceptible d'acquérir un sens – est le paradigme de toute enveloppe. Ce rapport nécessaire est l'une des explications du fait que le langage donne nécessairement lieu au dialogue et non pas seulement à l'expression.

Par ailleurs, ce monde possible ne doit son efficacité qu'au fait qu'il présuppose l'existence d'au moins un autre sujet capable de l'habiter. Ainsi l'interaction logique existant entre un fait psychique et un référentiel théorique constitue-t-elle *ipso facto* une interaction affective entre un sujet qui vit et un sujet qui sait. Autrement dit, je peux me laisser aller à vivre (un sentiment, une émotion, une excitation...) parce que je sais qu'il existe au moins une autre personne capable de penser ce que je vis.

Cela implique qu'en psychopathologie, la théorie (théorie de l'hystérie, théorie du *dibouk*, etc.) rendant compte

---

4. A. Banchet, *L'Entretien de recherche : la construction des univers référentiels*, Thèse pour le Doctorat d'État, Université de Paris VII, 1990.

5. J. Hintikka, « Questions de réponses et bien d'autres questions encore », *Langue française*, LII, 1977, p. 56-70 et F. Jacques, *Dialogiques. Recherches logiques sur le dialogue*, Paris, PUF, 1979.

d'un fait psychique est partie intégrante du fait lui-même et ne peut jamais jouir d'un statut d'exterritorialité, comme, par exemple, celui dont jouissent (relativement) les théories scientifiques pour l'étude de la matière.

Mais je sais aussi que l'acte de pensée de celui qui sait, étant lui-même un fait psychique, implique à son tour l'existence d'un autre sujet capable d'habiter un nouveau monde possible, et ainsi de suite... Alors, aux remarques des pragmaticiens du langage considérant que tout énoncé est la création d'un monde possible, nous devons ajouter que tout fait psychique vécu par un sujet donné implique l'existence d'un second sujet capable de le penser. C'est pourquoi, toute théorie des enveloppes psychiques est nécessairement une théorie de l'emboîtement des enveloppes [6].

Toute modification, non pas des contenants mais du référentiel d'une partie du fonctionnement psychique d'un sujet, c'est-à-dire de l'organisation logique de son univers, ne peut être obtenue que par l'effet d'une logique traumatique. En effet, toute modification du référentiel constitue un appel à un nouvel emboîtement d'enveloppe, c'est-à-dire qu'elle engendre nécessairement un groupe de référence. Une telle modification déclenche donc un mécanisme de croyance, au sens fort, et aboutit inévitablement à une affiliation, selon la logique suivante.

Ce qui m'arrive est impensable.

Or il existe nécessairement quelqu'un qui sait, habitant le monde où ce fait possède un sens.

Il existe nécessairement un groupe où celui qui sait partage avec d'autres les mêmes références.

Donc je suis nécessairement des leurs.

---

6. M.-R. Moro et T. Nathan, « Le bébé migrateur. Spécificités et psychopathologie des interactions précoces en situation migratoire », *in* S. Lebovici et F. Weil-Halpern (éds), *Psychopathologie du bébé*, Paris, PUF-INSERM, 1989, p. 683-748.

Mais en l'absence d'un groupe de référence, donc d'un monde de croyance, c'est-à-dire *in fine* d'appartenance, la logique traumatique, incapable de constituer une butée à ces cascades de mondes possibles, poursuit indéfiniment la succession des traumatismes et ce jusqu'à disparition totale du sujet. Nous pouvons donc construire une théorie logique du traumatisme pathogène : un traumatisme pathogène est un processus de métamorphose n'ayant pas débouché sur une affiliation.

La modification brutale obtenue par l'effet du traumatisme qui, comme je l'ai expliqué, ne peut qu'être nommée « métamorphose » n'est donc ni élaborative ni évidemment symbolique ; elle résulte d'une contrainte de nature logique. Autrement dit, nul ne change de bon gré, mais parce qu'il y est contraint. C'est précisément ce qui confère à la logique traumatique sa force et son caractère d'inéluctabilité. Nous nous retrouvons donc devant l'étrange paradoxe où les phénomènes apparemment les plus primaires, les plus chargés d'affectivité, comme la frayeur, la colère, la douleur ou la perplexité, sont aussi ceux qui sont les plus saturés en inductions logiques.

Phénoménologie du traumatisme

Tout le monde sait qu'on peut subir deux types de traumatisme, soit être confronté à une situation dans laquelle les défenses disponibles ne sont pas suffisantes pour endiguer l'afflux pulsionnel [7], soit être soumis à une entreprise délibérée de destruction de l'enveloppe par rupture des liens permanents entretenus entre les faits

7. S. Freud, « Au delà du principe de plaisir » (1920), in *Essais de psychanalyse*, Paris, Payot, 1981.

psychiques et les univers référentiels (torture, rituels d'initiation des sociétés traditionnelles). Ce sont précisément les entreprises délibérées qui peuvent nous renseigner sur le fonctionnement spontané de la logique traumatique.

Les techniques traumatiques reposent toutes sur une même idée forte : sa nature profonde est inconnue du sujet, c'est le dispositif initiatique qui va la lui révéler. Par exemple, Joáo ne savait pas qu'il était enfant d'Ogún, c'est le rituel d'initiation au *candomblé* qu'il a vécu dans un *terreiro* de Bahía qui le lui a révélé ; Himler ignorait qu'il nourrissait des pulsions sadiques, c'est son initiation dans les SS qui le lui a révélé ; « L'homme aux rats » ignorait qu'il était animé de pulsions homosexuelles, c'est la cure psychanalytique qui le lui a révélé, etc.

Toute technique traumatique repose donc sur l'idée que la totalité du développement du sujet jusqu'à un jour déterminé (j_0) n'était que faux-semblant et qu'il est toujours susceptible d'être révélé à lui-même, c'est-à-dire de naître. Une telle idée donne lieu à deux types de dispositifs techniques, l'un en acte, l'autre en capacités interprétatives :

Du concept de base découle la possibilité de redémarrer tout le développement psychogénétique à partir d'un instant j_0 qui marque la naissance initiatique du sujet. Tout se passe comme si la vie écoulée jusqu'alors n'avait compté que « pour du beurre », à la rigueur était-elle une sorte de gestation. De là dérivent des rituels d'initiation, par exemple à des cultes de possession au décours desquels il devient évident que toutes les singularités inexpliquées du sujet prendront un sens nouveau à la lumière de son affiliation.

Par exemple, Aminata a toujours été fantasque, à l'âge de cinq ans, elle n'avait peur de rien et fuguait en brousse. Or à douze ans, elle développa une peur du monde extérieur et refusa de sortir sans la compagnie d'une aînée. À quinze ans, elle a commencé à avoir des rêves étranges dans lesquels elle était poursuivie par des hommes aux visages d'animaux. Et lorsqu'elle a accouché de son premier enfant, elle a commencé à entendre des voix qui lui proféraient des injures et lui criaient des obscénités. Maintenant qu'il a été procédé au rituel *N'döp* [8], il devient évident qu'elle était possédée par un *rab*, et ce, probablement depuis sa naissance.

Une telle conception réserve à l'instance thérapeutique la possibilité de réinscrire toute l'histoire déjà connue du sujet, déjà vécue, dans une nouvelle matrice qui rend caduques les significations précédentes. Ainsi, les actes, les pensées, et surtout les interprétations qu'en avait le sujet sont-ils invalidés d'un seul coup. Le sujet procède alors à un véritable effacement de sa mémoire ou, parfois, à une réinterprétation de son passé à la manière de la réécriture des livres d'histoire dans un monde de cauchemar orwellien.

Mais pour qu'une technique traumatique soit efficace, c'est-à-dire parvienne à une véritable métamorphose du sujet, elle doit comporter un certain nombre de caractères.

Elle doit faire appel à des émotions fortes, impliquant chacune cette même notion de jour j_0 : la douleur, la frayeur, la surprise, le risque de la mort, toutes ces émotions comportant une irradiation de l'être à partir d'un point de focalisation.

Elle doit inscrire des traces sur des parties du corps particulièrement investies, telles que le sexe, la tête, le visage, l'appareil psychique (par exemple, dans le déclen-

8. A. Zempleni, « La dimension thérapeutique du culte des *rab. N'döp, Turu* et *Samp*, rites de possession chez les Wolof et les Lebou », *Psychopathologie africaine*, II, 1966, p. 295-439.

chement d'hallucinations à l'aide de substances psychotropes et/ou de déprivation sensorielle), le ventre.

Elle doit comporter une procédure logique faite de leurres, d'inversions et d'énoncés paradoxaux interdisant la compréhension immédiate ou symbolique de l'opération [9].

La combinaison de ces trois niveaux (l'émotion ponctuelle et sa capacité de déclencher la perplexité, l'attaque contre des parties du corps fortement investies et sa capacité de déclencher l'angoisse de castration, les énoncés paradoxaux et leur capacité de déclencher la confusion) est indispensable à l'expulsion d'un sujet hors de son enveloppe de sens.

Circoncire l'amulette

Najima est une belle femme de quarante-six ans, aux yeux d'or grands ouverts sur le monde. Dynamique, élégante, elle s'adresse à l'ensemble du groupe sans s'arrêter sur un visage en particulier, comme un politicien faisant un discours. Elle s'installe immédiatement dans le groupe de cothérapeutes, nous donnant le sentiment d'une discussion entre égaux. Elle sait ce qu'elle a à dire. Elle vient exposer son histoire, nous raconter plutôt que nous demander. Elle manie la langue française avec aisance, déroule les événements, explique. Manifestement, elle dispose à la fois du texte et de son contexte.

Dès l'enfance, elle sait qu'elle ne se soumettra pas à la dictature du mâle. À Constantine, elle réussit à mener pendant une vingtaine d'années une vie de femme libre. À vingt et un ans, elle est déjà professeur de collège.

9. G. Bateson, *La Cérémonie du Naven* (1936), Paris, Éd. de Minuit, 1971.

Très vite, elle loue un appartement en ville, qu'elle habite seule. Mais qu'est-ce qu'une femme libre en Algérie ? Il y est difficile d'éviter la stigmatisation de la prostituée et les quolibets à la maudite qui n'a pas su s'attacher de mari ! Elle se veut libre, mais croyante ; libre, mais sans haine.

À quarante ans, sa cadette, âgée de vingt-six ans disparaît dans un accident d'automobile. Elle se surprend alors à penser que le prix de la liberté est trop fort : quelle est donc cette liberté qu'on paie de sa stérilité ? Elle s'interroge : « Drôle de monde qu'on traverse et quitte sans laisser de trace ! Quel sens a cette vie de solitude ? » Par une impulsion soudaine, elle décide de fonder un foyer. Un Algérien émigré en France, ami de son père, la demande en mariage. Il n'est pas trop mal physiquement et surtout il vit au pays de la liberté solitaire, qu'on appelle aussi parfois liberté individuelle, la France. Elle accepte sur-le-champ et émigre à son tour.

L'année suivante, elle est enceinte. Les gynécologues, tenant compte de son âge lui proposent une amniocentèse. Elle pense : « Seul Dieu connaît les secrets du ventre des femmes. » Elle refuse. Il lui naît Fatiha, trisomique... Deux mois durant, elle s'effondre de douleur, mais sa mère accourt auprès d'elle, la réconforte, la soutient et surtout lui explique : « Dieu t'a donné cette fille. Que sais-tu de l'avenir ? Peut-être t'apportera-t-elle tout le bonheur que tu souhaites, peut-être la chance, sans doute la joie. Que sais-tu de la volonté divine ? Aime-la ! » Elle écoute sa mère dont les paroles pénètrent profondément en elle et accorde à cette fille toute l'attention, tout l'amour qu'elle a si longtemps retenu. Et Fatiha grandit, peut-être un peu moins vite que les autres enfants, peut-être un peu moins bien, mais si douce, si tendre !

Ce n'est que lorsque le bébé est âgé de six mois, que

le mari de Najima prend conscience du handicap de sa fille. Il devient furieux, accuse sa femme d'avoir refusé l'examen proposé par les docteurs, la chasse du lit conjugal. Alors resurgit Najima la révoltée, la femme libre, l'intellectuelle. Lui reviennent toutes ses rancœurs nourries en secret contre les hommes pendant ses années de solitude. Elle rumine. Six mois plus tard, à nouveau admise au lit, elle tombe immédiatement enceinte. Elle accepte alors de se soumettre aux investigations médicales : cette fois, le fœtus est sain. Quelques mois plus tard, apparaît Karim, un superbe garçon débordant de vie ; et c'est l'enfer qui commence...

Aujourd'hui, Karim est âgé de quatre ans, et depuis sa naissance, il n'a pas laissé dormir sa mère une seule nuit. Au lit, il est pris de terreur, se réveille en sursaut, hurle, sanglote, s'étouffe. Toutes les nuits, c'est la même dramaturgie de l'agonie. Dès le premier moment de l'entretien, Najima nous a annoncé : « Fatiha est trisomique, mais je n'ai aucun problème avec elle. Elle est propre, elle marche, elle parle, elle dessine, commence même à apprendre à écrire. Naturellement, elle est un peu en retard, mais elle est si gentille. C'est pour Karim que je viens vous voir. »

Karim est un petit garçon extrêmement vif, apostrophant immédiatement les adultes : « La nuit, je fais des cauchemars, je ne peux pas dormir... Tu peux m'enlever mes cauchemars ?

T.N. : – Ce sont des animaux ?

Karim : – Non ! Des serpents ! Qu'est-ce que c'est, ça ? [Il montre du doigt les micros accrochés au plafond de la pièce.]

T.N. : – Des serpents ...

Karim : – Non ! C'est un micro !

T.N. : – Bon ! C'est un micro !

Karim : – Non, des serpents ! »

Lors de son dernier voyage en Algérie, suivant le conseil d'une belle-sœur, Najima est allée consulter un *cheikh.* « Le vieux » n'a pas vu l'enfant, mais à la seule description des symptômes, il a fourni une interprétation : « Karim a été frappé par un être [10]. » Il a fabriqué une amulette avec des versets du *Coran* enfermés dans une pochette de cuivre. Mais Karim a refusé de la porter. Najima l'a cousue dans la doublure de ses vêtements. Lorsqu'il la garde quelques jours, il parvient à dormir la nuit. Mais il finit toujours par découvrir le *herz* et s'en débarrasse. Alors, recommencent ses cauchemars et la torture de sa mère.

T.N. : – « La nuit, tu rêves qu'on veut couper la tête du serpent ?

Karim : – « Oui, quand on les coupe, il en repousse d'autres.

T.N. : – « Combien ?

Karim : – « Trois... Non, quatre. Tu sais m'enlever mes cauchemars ? »

Et, naturellement, Karim est énurétique. Sa mère est précise dans ses explications, rationnelle, parfaitement au courant des théories psychologiques qu'elle connaît tant par la lecture que par les diverses consultations auxquelles elle s'est soumise, mais il semble qu'elle ne parvienne à s'approprier aucune des étiologies qui lui ont été proposées. Elle explique : « Les docteurs m'ont dit que ça passerait en grandissant et ça ne fait qu'empirer... Je ne crois pas aux superstitions des vieux de chez moi, mais je me suis dit que si cela pouvait soulager l'enfant, pourquoi ne lui ferais-je pas porter le *herz* ? »

Elle nous laisse l'impression d'un discours sans fin, sans

---

10. Euphémisme conjuratoire généralement employé pour désigner un *djinn.*

clôture, sans chute, marque d'une pensée aux changements kaléidoscopiques. Nous nous trouvons devant un problème technique extrêmement complexe car nous devons tenir compte d'une série de paramètres avant d'engager un travail thérapeutique avec la famille.

Karim souffre manifestement de ce qu'on pourrait appeler une défense maniaque. Les fantasmes sexuels crus défilent dans son esprit aussi vite que les étiologies de sa maladie se présentent à l'esprit de sa mère.

En tant que jeune mâle, et compte tenu du passé d'amazone de sa mère et des conflits conjugaux ayant entouré sa conception, une relation profondément ambivalente s'est probablement nouée entre lui et sa mère.

Il est confronté au retard de sa grande sœur qu'il considère, du fait de son avance intellectuelle et psychomotrice sur elle, comme une sorte de petite sœur. Manifestement, l'inversion fantasmatique de l'ordre de naissance le conforte dans sa fantasmagorie maniaque. D'ailleurs, il manifeste à sa sœur une attention et une sollicitude de grand frère affectueux.

Fatiha, quoique trisomique, est fermée, c'est pourquoi elle poursuit une croissance harmonieuse. Mais Karim est ouvert, béant à l'ouverture de sa mère [11]. Le *cheikh* a sans doute perçu l'absence de clôture de l'identité du garçon et c'est la raison pour laquelle il a fourni une amulette blindée (cœur ou noyau de paroles divines protégé de cuivre).

Il serait à mon sens totalement illusoire de reprendre et d'élaborer point par point les fixations du développement de la relation mère-enfant, d'une part, parce que

11. T. Adohane, « Le nourrisson médusé : notes de recherche ethnopsychiatrique », *Nouvelle Revue d'ethnopsychiatrie*, 13, 1989, p. 183-204 et « Un remède pour les pensées : place et statut de l'objet dans la pratique médicale au Maroc » *ibid.*, 16, 1991, p. 55-76.

ces avatars sont profondément ancrés dans l'histoire familiale, d'autre part, parce que la mère, manifestement, ne s'approprie pas réellement les étiologies de type occidental.

On doit également tenir compte du fait que, dans la société traditionnelle dont Najima est issue, on dispose d'une possibilité de reprendre le développement d'un garçon à partir d'un rituel, traumatique s'il en est : la circoncision. Il serait ridicule (et d'ailleurs bien prétentieux) de se priver d'un auxiliaire thérapeutique aussi efficace.

Si l'on veut redéclencher le système associatif de la mère, on doit, en toute logique, poursuivre le travail commencé par le *cheikh* afin d'inscrire l'interaction mère-enfant dans une nouvelle matrice d'interprétation [12].

C'est pourquoi, après environ deux heures et demie de consultation, nous avons formulé une interprétation : « Karim souffre de frayeur (*khal'a*). C'est dans le ventre de sa mère qu'il a subi la première frayeur, mais je n'en connais pas la raison. » À quoi Najima répond : « Moi je le sais, c'est lorsqu'ils ont introduit l'aiguille pour procéder à l'amniocentèse. »

Nous ajoutons une première prescription : « Il faut prendre l'amulette de cuivre et l'entourer d'un linge, la faire porter quinze jours à Karim, puis la recouvrir d'une enveloppe de cuir. » Najima nous demande alors des détails sur la fabrication de l'enveloppe : « Est-ce que vous parlez d'une enveloppe de type nombril (*serra*) ou bien d'une enveloppe de type mouchoir. Doit-on la fermer comme on fermerait un sac de linge ou la plier comme une feuille de papier ? »

---

12. M. R. Moro, *La Construction de l'interaction. Fonctionnement des systèmes de représentations culturelles dans les psychothérapies mère-enfant*, Thèse pour le Doctorat en psychologie, Université de Paris VIII, 1991.

Après les explications concernant la fabrication de l'enveloppe, nous fournissons notre seconde prescription : « Mais pour guérir la frayeur (*khal'a*), il faut maintenant procéder à la circoncision de Karim. » Najima réfléchit longuement avant de répondre : « Je comprends ce que vous proposez. Chez nous, on dit [en arabe] *seule la frayeur peut guérir la frayeur.* »

L'interprétation respecte bien l'idée centrale de toute procédure traumatique, que la nature profonde du sujet lui est inconnue ; dans ce cas, elle est aussi inconnue de ses parents. En effet, cette proposition laisse supposer que, jusqu'alors, on s'est trompé sur la véritable nature de Karim qui n'est pas un enfant banal, mais un effrayé (*maçrou'* [13]). L'ensemble de son comportement doit donc être réinterprété à la lumière de cet énoncé. D'ailleurs, la mère ne s'y trompe pas lorsqu'elle réplique immédiatement en identifiant le moment de la frayeur initiale.

Cette réplique de la mère appelle plusieurs remarques. Elle a quitté le discours narratif pour entrer dans le discours associatif. Son discours accepterait plusieurs interprétations symboliques telles que : « J'ai été séparée de Karim trop tôt et n'ai pas pu l'investir par la suite », « Je n'ai pas pu m'approprier Karim car il était enfant de la médecine française et non " enfant de ma mère » comme Fatiha », « Je n'ai pas pu investir Karim car j'éprouvais trop de haine à l'égard de son père », etc. Par sa réplique, Najima accepte que le sens de ce dont elle souffre se situe dans un monde extraordinaire situé hors d'elle et auquel elle ne peut accéder seule. Cette affiliation l'autorise à s'engager dans un processus élaboratif puisqu'elle est dès lors portée par un tissu culturel dans lequel

13. M. Lheimeur, « À la croisée d'une rencontre. Parcours et technique d'une thérapeute gnawia (Maroc) », *Nouvelle Revue d'ethnopsychiatrie*, 13, 1989, p. 41-51.

il n'est pas invraisemblable de tenir des énoncés aussi incroyables.

La première prescription est une véritable induction puisqu'elle a pour but de faire faire. Cependant, il s'agit d'une induction portant sur un objet actif. Bien plus qu'un conseil ou qu'une recommandation d'accomplir des actes, ce type d'induction comporte surtout une contrainte à manipuler des concepts en actes. Il s'agit là de clôturer (un talisman pas tout à fait efficace car pas vraiment clos), d'envelopper (à l'aide de tissu d'abord, puis de cuir), de replier (comme un sac de linge, comme un corps humain fermé par le nombril, donc d'individualiser), d'imprégner l'objet (des excrétions, des odeurs du sujet), enfin de recouvrir d'une peau (cuir), donc de rendre animal un être composé de végétaux (papier), et de minéraux (cuivre), bref, de métamorphoser.

Cette prescription comporte donc la production d'un leurre actif (le talisman), des inversions en cascade : ce n'est pas Najima qui est ouverte, mais Karim ; ce n'est pas Karim qui est ouvert, c'est le talisman ; le talisman n'est pas un objet mais un animal, voire un être humain ; il ne faut pas laisser l'odeur, la transpiration à l'extérieur du talisman, comme sur un être humain, mais l'envelopper dans une peau. Enfin, l'ensemble des concepts en actes évoqués dans cette induction est à la fois incompréhensible, extraordinaire et pourtant totalement prévisible dans le cadre d'une pensée culturelle, précisément celle dans laquelle Najima a baigné durant l'enfance. La réponse de la mère, interrogeant le groupe thérapeutique sur les modalités de fabrication de l'enveloppe du talisman, montre qu'elle a bien saisi que le message qui lui est adressé réside dans les actes prescrits plutôt que dans la parole ; c'est pourquoi elle demande des précisions sur l'accomplissement correct de la procédure proposée.

La seconde prescription thérapeutique comporte plusieurs messages condensés. D'abord, un message en miroir « Je sais que tu sais dans quel registre nous nous situons [réparation des transgressions] et tu sais que je sais que tu sais... ». Ensuite, une incitation à une inscription sur le corps (circoncision) au lieu même de l'angoisse de Karim (cauchemars de serpents coupés, énurésie). Des paradoxes : c'est en intensifiant l'angoisse de castration qu'on guérit l'angoisse de castration ; Karim n'est pas trop petit (angoisses nocturnes, énurésie) mais trop grand (pour ne pas être déjà circoncis). Enfin tous ces messages implicites ne pourraient pas parvenir à leur destinataire s'il n'existait un système culturel dans lequel on circoncit les garçons environ à l'âge du complexe de castration ; cette circoncision signe le départ du garçon du gynécée et son accession au monde des hommes ; elle est centrée autour de la frayeur du garçon et on attend d'elle une métamorphose du sujet. D'ailleurs la réponse de Najima montre qu'elle a fort bien repéré l'univers dans lequel nous circulions, le réactualisant par un proverbe parfaitement pertinent.

L'ensemble des inductions semble s'adresser à Karim, mais en vérité il atteint sans doute davantage Najima. En effet, en explicitant une obligation d'affiliation au fils, on transmet à la mère l'idée qu'elle-même doit se soumettre au même processus selon un glissement progressif, du talisman à Karim, de Karim à Najima et sans doute de Najima au père de Karim [14]. C'est d'ailleurs le propre des circoncisions d'enfants que d'agir sur l'interaction parents/enfants et non sur l'enfant seul. C'est ainsi qu'on peut décoder le texte en épigraphe (*Exode*, IV, 24-26) :

---

14. C'est sans doute en pressentant la logique d'un tel traitement que Karim rêve de décapiter « trois ou quatre » serpents.

en circoncisant son fils, Seporah peut affilier son mari et le sauver de l'agression divine [15].

Je suis conscient que de telles propositions théoriques ainsi que leurs applications techniques pourront sembler très difficilement maniables car elles nécessitent avant tout la reconstitution de l'ambiance culturelle (par le recours à la langue d'origine, à l'utilisation de proverbes, à des énoncés exprimés avec les mêmes implicites que dans l'atmosphère originelle) ; une analyse très approfondie du contre-transfert puisque le thérapeute occupe d'emblée une position active ; une entreprise de transcription de la logique traumatique dans l'univers théorique habituel du thérapeute. De plus, elle contraint à connaître l'univers des thérapeutiques dans lequel se meut la population d'où est issue la famille prise en charge, car en ce domaine, bricolage et intuitions brillantes sont également impossibles.

Mais une telle position présente des avantages considérables. Elle respecte la spécificité du patient, y compris dans ses singularités culturelles. Elle respecte la liberté du patient qui poursuivra ses élaborations en l'absence du thérapeute considérant l'intervention thérapeutique comme un simple déclencheur. Elle institue immédiatement les relais culturels (circonciseur, parents pour organiser la fête qui doit suivre une circoncision, etc.), expulsant le patient hors de son isolement pathologique et indiquant d'emblée les voies de redistribution du transfert. Elle constitue un terrain de recherche privilégié permettant l'analyse fine des interactions thérapeutiques puisque la part active du thérapeute est totalement explicite.

---

15. N. Zajde, « Portrait de groupe avec circoncision », *Nouvelle Revue d'ethnopsychiatrie*, 17, 1991.

La trouble attirance des Éthiopiens

Certains sujets se trouvent confrontés au développement spontané d'une logique traumatique. L'analyse approfondie de dizaines de cas de névroses traumatiques [16] chez des hommes migrants suivis à la consultation d'ethnopsychiatrie nous a indiqué clairement qu'il s'agissait de sujets soumis à une obligation de métamorphose (par nécessité de s'adapter à un monde nouveau) sans rencontrer de groupe de référence auquel ils pourraient s'affilier. Je ne traiterai pas de ces cas mais signalerai que la seule thérapeutique efficace a consisté à considérer que les douleurs et décompensations somatiques diverses des névroses traumatiques étaient une demande d'affiliation que le malade adressait de manière lancinante à la médecine occidentale.

Mais à mi-chemin entre le déclenchement délibéré d'une procédure traumatique et le développement spontané d'une logique traumatique, il existe une position intermédiaire, celle occupée par des personnalités qu'on pourrait appeler « traumatophiles » [17]. Les patients de ce troisième groupe se provoquent, si l'on peut dire, des événements traumatiques selon une logique inconsciente et cela sans doute dans le seul but de pallier l'indigence du milieu en traumatisme adapté. Notre expérience clinique nous a indiqué qu'il s'agissait surtout de sujets pour lesquels l'affiliation traumatique originelle n'avait pas pris.

Attis est pour le moins troublant, ses allures d'éphèbe,

---

16. K. Biznar, *Clinique psychologique des maladies somatiques des migrants*, Thèse pour le Doctorat en psychologie, Université de Paris V, 1991.
17. J. Guillaumin, *Traumatisme et après-coup*, Toulouse, Privat, 1982.

son étrange et très profond sourire, le balancement indolent de son corps, sa présence entière et pourtant évanescente déclenchent chez son interlocuteur, et par d'incompréhensibles détours, des mouvements pulsionnels brutaux. Il semble un cristal de pure sexualité. Sa mère, posée là comme un galet sur une plage, subit l'incessante érosion de paroles incompréhensibles. Chaque phrase qui lui est adressée se retire, ne laissant sur son visage qu'une mousse passagère. Au début de l'entretien, nous la croyons sourde, puis nous pensons qu'elle ne comprend pas le français, mais les paroles que nous lui adressons en arabe restent elles aussi sans réponse. Parfois, Attis traduit à sa mère. Elle lève alors un regard étonné, répond laconiquement, furieuse.

À l'âge de treize ans, Attis a été signalé par un médecin généraliste qui a constaté une syphilis anale. Les services de l'Éducation surveillée ont alors découvert que ce jeune garçon se livrait à la prostitution homosexuelle depuis au moins un an. Placé en foyer par décision du juge pour enfant, Attis laisse l'ensemble du personnel perplexe. Il est aimable, affectueux, coopérant et pourtant absent. Les tentatives de psychothérapie se heurtent toutes à un mutisme résolu. Aux psychothérapeutes d'actionner alors la machine à fantasmes – inceste ? prostitution de la mère ? viol homosexuel et incestueux du garçon ? – cherchant dans telle attitude, dans tel mot saisi au hasard d'une rencontre quelque confirmation. Et pourquoi se tait-il sinon pour confirmer les théories de ses thérapeutes ? Au foyer, de temps à autre, Attis déclenche l'angoisse, inquiète par des vols, par l'utilisation de solvants pour se griser, mais surtout par une étrange fascination exercée tant sur les adultes que sur les autres enfants.

Dès le premier instant, j'ai pensé qu'il était nécessaire

d'expulser cet enfant de sa place de référent. Étrange enfant migrant qui, non seulement manie les deux langues, mais peut de plus faire fonction d'interprète. Pourquoi n'a-t-il pas pu se métamorphoser ? Sans doute la circoncision n'a-t-elle pas fonctionné comme elle aurait dû, c'est-à-dire comme processus d'affiliation. Je lui ai alors demandé s'il avait été très effrayé par sa circoncision ?

Attis : – « C'est quand maman venait d'accoucher de Fatima, ma petite sœur. J'avais quatre ans et demi ; j'ai fugué de l'hôpital. Je pensais qu'on allait me couper le sexe. »

Une procédure traumatique est destinée à gommer la mémoire, non à permettre à l'initié de se souvenir de ses moments de frayeur. Manifestement, cela n'a pas été le cas de la circoncision d'Attis. Nous parvenons à entrer en relation avec la mère et apprenons que le père d'Attis a quitté la famille peu avant l'arrivée en France. Algérien comme elle, il était néanmoins originaire d'un autre village, d'un autre groupe ethnique. À la naissance d'Attis, le conflit s'était déjà révélé par l'affrontement des deux rituels de dénomination de l'enfant. Celui du père avait prévalu mais la mère en était restée très mécontente. Peu après, le père d'Attis avait pris une seconde épouse et, du coup, la mère avait décidé d'émigrer, enceinte de son second enfant. Dès les premiers jours de son périple en terre française, Attis avait occupé près d'elle cette même place de référent. Après huit ans en France, elle ne comprend toujours pas la langue française et s'appuie sur lui comme sur un guide.

Dès la première séance, j'ai pris la décision de déclencher un nouveau rituel d'affiliation. La mère n'admettant l'existence que d'un seul comportement pathologique d'Attis – ses sautes brutales d'humeur –, je décide de m'appuyer sur elle non pour faire parler l'enfant, mais pour lui permettre de reprendre une place possible. La mère reconnaît qu'il est habituellement gentil, dévoué, serviable mais que quelquefois, il change brusquement et, poussé par quelque force obscure, est contraint de crier contre ses proches et de partir dans la nuit. Je propose : « Attis est pris par les gens [18]. »

Deux séances plus tard, Attis nous révèle qu'il est envahi d'un étrange malaise lorsqu'il s'approche d'un cours d'eau. C'est comme s'il se voyait lui-même, dédoublé. Vertiges et nausées le poussent alors à fuir l'endroit. L'un des cothérapeutes, d'origine algérienne propose alors : « Le *djinn* se nomme Abdelouad [19]. »

Nous recommandons un retour au pays afin de pratiquer un rituel *gnawa* qui pourrait permettre à Attis d'établir une alliance avec cet être de la nuit qui le pousse à des pratiques si étranges.

Aujourd'hui, de retour d'Algérie, Attis a grandi, il se tient droit, parle à la première personne. D'abord, il se plaint des représentations que les adultes nourrissent à son sujet : « Ils n'ont rien compris, ils ne savent pas ce que j'ai dans la tête... Ils disent qu'ils veulent que j'évolue et ils ne savent me proposer que le toilettage des chiens et le ramassage des feuilles mortes. Je m'intéresse à l'électronique. Je voudrais entreprendre une formation dans ce domaine. »

Puis, il évoque ses vacances en Algérie et les deux rituels qu'il a subis. Le premier s'est déroulé dans un marabout [20]. Sa mère l'a introduit auprès de la sépulture du *walli* et lui a recommandé de s'endormir pour faire

---

18. Autre euphémisme pour désigner les *djinns*.
19. Nom du Maghreb et qui signifie littéralement « esclave du fleuve ».
20. Tombeau d'un saint où l'on pratique des rituels thérapeutiques très proches de l'incubation telle qu'elle se déroulait en Grèce ancienne dans le sanctuaire d'Esculape. (E. Dermenghem, *Le Culte des saints dans l'Islam maghrébin*, Paris, Gallimard, 1954.)

un rêve. Il a bien fermé les yeux mais n'a pas réussi à s'endormir. Cependant, il a ressenti le même malaise qu'au bord de la rivière. À ce moment-là, un voile rouge s'est étendu devant ses yeux. Il a eu peur et a quitté le sanctuaire. Quelques jours plus tard, les *Gnawas* sont venus à la maison pour organiser une *lila*, une « nuit thérapeutique »[21]. On a filmé la soirée. Il a participé à la fête et dansé. Mais lorsque les thérapeutes noirs ont commencé à danser sur un certain rythme et ont étendu leurs écharpes rouges, il a ressenti le même malaise. Depuis, nous dit la mère, aujourd'hui souriante, il n'a plus de sursauts quand il dort et ne fugue plus la nuit.

Je fais une nouvelle proposition : « Il s'agit d'un *Éthiopien*[22]. » Enfin, Attis nous raconte un rêve qu'il a eu dans la nuit précédant la séance, le premier rêve dont il ait gardé le souvenir : « C'était à côté du ruisseau où j'avais eu envie de vomir. Une copine me disait qu'elle avait trouvé mes affaires à V. [la commune de banlieue où se déroule la consultation]. Puis je ne me souviens plus. »

Les cas de jeunes gens migrants de première ou de seconde génération s'engageant dans une pathologie traumatophile par absence d'affiliation sont extrêmement nombreux. La logique de cette pathologie consiste à rechercher, par l'intermédiaire d'expériences traumatiques, une affiliation que rend impossible l'absence du groupe de référence. Les parents délèguent la fonction référentielle à la société française et à ses représentants (école et médecine) ; l'enfant s'imagine que, étant un expert en francité pour ses parents, il peut du même coup constituer son référentiel dans une quête solitaire. Les

---

21. M. Lheimeur, « À la croisée d'une rencontre », *op. cit.*, note 14.

22. Dans les rituels de possession, la couleur rouge est généralement celle des *'habachin*, c'est-à-dire des « esprits éthiopiens », réputés particulièrement puissants.

deux partenaires comprennent un jour – et souvent trop tard – qu'aucune de ces options n'est une solution.

La traumatophilie de ces jeunes gens s'exprime dans des secteurs de la vie sociale qu'on peut parfaitement repérer puisqu'ils fournissent tant la possibilité des chocs nécessaires que les petits groupes servant de substitut à la recherche référentielle : la toxicomanie et les pseudo-groupes constitués autour d'une communauté d'intérêt, comme la prostitution et ses règles internes donnant l'illusion de lois sociales, ou la délinquance et sa loi du milieu qui donne quelque temps l'illusion d'une affiliation qui se révèle vite superficielle. Il est très important de remarquer que les traumatismes vécus la première fois (le premier « shoot », la première « passe », le premier « casse ») ne parviennent jamais à métamorphoser le sujet car la culture du sous-groupe ne possède ni la profondeur ni les ambiguïtés d'une véritable culture. Les jeunes sont alors condamnés à répéter à l'infini la première expérience, et ce, souvent jusqu'à la mort (overdose, règlements de comptes, prison).

Je dois aussi dire, avec toute la vigueur possible, qu'une attitude d'écoute, même si elle peut donner un instant l'illusion d'une compréhension possible, renvoie nécessairement à terme ces enfants à leur solitude dans l'univers de l'attribution du sens. Il est temps que la psychopathologie occidentale fasse preuve d'un peu d'humilité. Les cas dont je viens de parler nécessitent d'être traités comme dans l'ethnie originaire des parents. Lorsque les jeunes proviennent de sociétés comportant des rituels d'initiation, il est *criminel* – et je n'emploie pas ce mot à la légère – de ne pas recourir à cette modalité thérapeutique. Les rituels d'initiation apparemment si traumatiques dans les sociétés traditionnelles et envers lesquels l'Occident ressent un dégoût spontané n'ont d'autre raison d'être que de mettre brutalement l'adolescent au contact d'une réalité humaine fondamentale : l'obligation d'étayer son fonctionnement psychique sur des logiques issues du cadre culturel externe. Cette procédure est en tous points comparables à – et elle en prend d'ailleurs le relais – l'étayage des fonctions psychiques primaires sur les soins maternels (*holding* et *handling*[23]).

Cette opération ne vise pas à conférer un sens définitivement établi – ce qu'on a longtemps cru en interprétant ces initiations de manière symbolique – mais à permettre qu'existe un sens, qu'existe un lieu hors du sujet où réside le sens, que ce lieu externe au sujet soit interne au groupe, qu'existe une personne habilitée à attribuer le sens. Bref, à fonder une logique traumatique de l'attribution du sens.

Revenons maintenant au cas d'Attis. Certes, les aspects en sont nombreux et imbriqués de manière complexe.

Les parents, du fait de leur mariage mixte, pour ainsi dire, se sont déjà placés dans une situation de rupture. Le père y a remédié par l'arrivée de la seconde épouse, mais la mère a fui le conflit en émigrant.

Attis est marqué depuis la naissance par cette difficulté d'affiliation (rituels de dénomination).

Face aux angoisses de l'exil, la mère a placé Attis dès son plus jeune âge en position de référent.

Il est totalement impossible de revenir en arrière par l'appel à une technique élaborative du fait que les avatars du développement se situent à plusieurs niveaux généalogiques.

Enfin, la position de référent qu'occupe Attis continue à fonctionner, par contagions successives, y compris chez ses psychothérapeutes occidentaux qui ne cessent de cher-

23. D. W. Winnicott, [Réf.].

cher à obtenir l'assentiment d'Attis et ainsi une confirmation de leurs théories.

Toutes nos interventions ont visé à respecter la logique initiatique. Nous les avons formulées dans la langue d'origine, avec les implicites habituellement contenus dans ce type de propositions. De plus, nous avons respecté la logique des affiliations aux rituels de possession qui progressent vers l'identification de l'esprit et non du patient. « Attis est pris par les gens » affirme la responsabilité des *djinns* dans les malheurs d'Attis ; « Le *djinn* se nomme Abdelouad » identifie le *djinn* ; « Il s'agit d'un *Éthiopien* » – dévoile l'appartenance culturelle du *djinn.*

Mais, et c'est sans doute le plus important de l'affaire, l'identification du djinn – nos seules interventions de type interprétatif – contraint *in fine* Attis à se constituer en tant que sujet. Après le rituel, il souhaite parler en son propre nom, se projette dans l'avenir, puis, en rêve, évoque une relation hétérosexuelle (discussion avec une amie) et « retrouve ses affaires ».

Enfin, la prescription d'un rituel *gnawa* fixe le jour où la modification de l'enveloppe entre en vigueur et constitue le point de référence, la naissance initiatique d'Attis.

Je dois dire que durant cette prise en charge, j'ai été particulièrement impressionné par les capacités reconstructrices de l'induction traumatique. Elle fait voler en éclats l'organisation répétitive d'Attis, le contraint à se réorganiser à partir d'une pensée située hors de lui et l'amène finalement à s'exprimer en tant que sujet autonome. C'est peut-être le plus grand des paradoxes qu'en refusant au jeune homme la liberté de choisir son propre référentiel, on le conduise à exister en tant qu'être humain, c'est-à-dire, en tant qu'être de culture.

Je sais que les problèmes théoriques posés par une conception telle que celle-ci sont considérables. Est-il possible de rendre cette conceptualisation compatible avec nos références théoriques habituelles, en particulier avec notre propre affiliation psychanalytique ? Mais, plus grave peut-être, à quelles douloureuses révisions de notre appareil conceptuel allons-nous être conduits, et à partir de quelle position métapsychanalytique pourrons-nous encore continuer à penser ? Pour l'instant, je préfère laisser cette question ouverte.

Conclusion

La guerre ?

> « *Janissaire* : soldat d'un corps d'infanterie ottomane recruté parmi les enfants enlevés aux peuples soumis. »
>
> *Petit Larousse*

Il paraît que la pire des violences imaginées par les Turcs au XIVe siècle pour se venger des Chrétiens consistait à capturer des enfants en bas âge, à les élever dans la foi musulmane puis à les constituer en troupes d'élite contre leurs propres pères. Barbarie d'un autre temps ? Voire !

Roissy. Petit matin blafard. La famille Sophocle, au grand complet, se dirige vers le service des passeports. Quelqu'un les attend. Est-ce un grand-père ? Un oncle ? Un cousin ? Un ami de la famille ? Non ! La police française et un représentant de l'Aide sociale à l'enfance. Sitôt qu'ils touchent le sol français, les services de l'État leur enlèvent leurs quatre enfants âgés de un an et demi à sept ans et les laissent repartir, seuls, désemparés. Ironie du sort : ils sont accusés d'avoir kidnappé leurs propres enfants. Recherchés par Interpol, extradés, ils ont été reconduits à la frontière par les services du pays où ils s'étaient réfugiés.

Drôle d'histoire ! En voici le récit. Madame avait fait une bouffée délirante à la suite de l'accouchement de son premier-né. Intervention de psychiatres éclairés et de travailleurs sociaux militants – traitement drastique du mal : hospitalisation de la mère et placement de l'enfant en pouponnière. Résultat un an plus tard : deuxième enfant, deuxième bouffée délirante, deuxième placement... Et ainsi de suite à quatre reprises. Un jour, excédés, Monsieur et Madame Sophocle, un couple originaire des DOM-TOM, à la psychologie un peu trop compliquée et sans doute à la peau un peu trop noire, décidèrent de s'exiler et d'accuser l'État français. Bien mal leur en prit... on connaît la suite. Au nom de la Médecine, de l'Hygiène, du Droit... à la santé, du droit... des enfants... du droit à quoi ?

Je rencontrai la famille quatre années après leur retour forcé en France. Nous travaillâmes longtemps avec la mère, explorant les souvenirs de son père, féroce guérisseur s'il en fût, qui continuait à lui léguer des pouvoirs en rêve ; parcourant avec elle les visions de sa mère, décédée voilà quinze ans, qui venait exiger une sépulture conforme à la plus ancienne tradition. Après en avoir longuement discuté, nous indiquâmes au couple les rituels à accomplir, les protections nécessaires aux enfants, les relais dans la communauté d'origine... Évoquant explicitement avec nous les idées mêmes qui leur avaient valu toutes sortes de qualificatifs psychiatriques, ils se sont peu à peu restructurés sous nos yeux. Certes, nous avons dû pour cela laisser parler les morts, nous opposer aux agressions des sorciers cannibales, négocier avec toutes sortes d'esprits afin que, progressivement, réapparaisse un sens... et il était conforme à leur culture !

Par cette histoire, pas plus imaginaire qu'il ne faut pour préserver l'anonymat des protagonistes, je voudrais résumer les dizaines de situations qui se présentent à moi tous les jours. Dans ce cas, Monsieur Sophocle échappa à la prison – tous n'ont pas sa chance – ! Mais qui pourra réparer l'irréparable, cette fracture entre ses enfants et lui ? Quelqu'un s'en soucie-t-il, d'ailleurs ? Qui pourra restaurer ce que deux années de placement en foyer ont fait perdre de substance culturelle aux petits ? Mais ici, fi des enfants, de leur rattachement à la pensée de leurs ancêtres, de l'organisation de leur monde intérieur, de la compréhension de la langue de leur mère, de la construction complexe de leur identité ! Il s'agit seulement de sauver le *credo* de l'Occident, court et obtus, que l'homme est né de rien, que l'individu est tout, et que les Blancs sont investis de la mission d'en répandre la foi.

Au secours ! Les meilleurs de nos penseurs sont aveugles. Les droits de l'homme et du citoyen – et leurs avatars en cité moderne que sont le « droit à la santé » ou le « droit des enfants » – qu'ils défendent à cor et à cri, sont une véritable machine de guerre contre les peuples du tiers monde. Au nom de ce droit, on intervient dans les familles, on vole les enfants, on les passe à la machine à uniformiser, cette pensée à la violence métallique et glacée. Droits de l'homme ? Allons donc ! Et pourquoi ne parlent-ils jamais du droit des dieux, du droit des ancêtres, du droit des fétiches dont est fait le noyau des humains ? Non ! Ils ne défendent pas les hommes ! Tout ce qu'ils souhaitent, c'est qu'un individu singulier, un de plus, vienne se soumettre à son tour à la nouvelle foi qu'ils défendent avec un zèle fanatique.

Là, c'est une jeune fille d'origine maghrébine venant

se plaindre au médecin, à l'assistante sociale ou à l'éducatrice, de l'oppression de son père. Je peux assurer qu'elle trouvera toujours une oreille complaisante. Et si c'était un *djinn* qui parlait par la bouche inconsciente de la jeune pubère ? Mais, me dira-t-on, tout le monde sait que les *djinns* n'existent pas, que c'est une invention infantile d'un peuple psychiquement débile. Si les *djinns* n'existent pas, rayez aussi de la surface du monde le peuple qui les invoque. Car c'est un vieux truc connu depuis l'antiquité : pour soumettre un peuple, privez-le de ses divinités !

Ici, c'est une femme bambara venant se plaindre de la polygamie de son mari, que les travailleurs sociaux vont inciter au nom d'une idéologie sans âme et à force d'arguments et de philosophie sommaire, à divorcer et à tout entreprendre pour obtenir la garde des enfants. Savent-ils seulement qu'on est Bambara par son père ? Que le mariage est une alliance entre deux familles et non pas entre deux individus ? Que les enfants appartiennent à l'ancêtre du patrilignage ? Qu'un divorce en terre bambara implique la restitution de la dot, au moins en partie ? Non ! Ils cherchent seulement à faire un nouvel adepte, à s'autojustifier par une morale de pacotille. Et tant pis si la divorcée, abandonnée des siens, erre ensuite d'hôpital psychiatrique en demande de secours. Qu'en ont-ils à faire ? Ne sont-ils pas les triomphateurs de l'ordre nouveau, cette prétendue justice universelle qui n'accepte les enfants de Bambara que si elle peut en faire des janissaires blanchis dans les écoles républicaines, qui rentreront un jour coloniser leur peuple pour le compte des vainqueurs.

Mais cette politique coûte cher ! Fatoumata fait une psychose puerpérale à la suite de la naissance de son quatrième enfant. Va-t-on chercher comment l'on soigne ce type de maladie au Mali ? Va-t-on essayer de respecter les liens de l'enfant avec sa mère, de la mère avec sa propre mère, avec ses commères, ses ancêtres, ses divinités ? Non ! On s'empresse de l'hospitaliser et de placer ses enfants. Quelquefois, ces enfants raptés un jour dans leur enfance seront adoptés par un couple bien conforme. Et l'opération aura réussi. Gageons qu'une fois adultes, ces enfants noirs élevés à la française seront les plus insipides de tous les blancs.

Je l'affirme haut et fort, les enfants des Soninkés, des Bambaras, des Peuls, des Dioulas, des Ewoundous, des Dwalas, que sais-je encore ?, appartiennent à leurs ancêtres. Leur laver le cerveau pour en faire des blancs, républicains, rationalistes et athées, c'est tout simplement un acte de guerre.

Le problème le plus aigu que devra traiter la France dans un tout proche avenir, c'est celui de l'intégration de ses populations migrantes, nécessairement de plus en plus nombreuses et de plus en plus culturellement éloignées. Il ne s'agit pas seulement d'un problème de morale ou de solidarité collective, mais d'une question cruciale : comment parviendrons-nous à faire passer les différences culturelles du statut de graine de discorde à celui de source d'enrichissement authentique ? Il me semble – et je crois l'avoir démontré – que la recherche universitaire peut aider à cette mutation de nos mentalités, instaurant de nouvelles logiques, proposant des hypothèses audacieuses et dynamiques, fabriquant et diffusant de nouvelles représentations des étrangers.

Il découle de cette série de constats quelques règles de déontologie ethnopsychanalytique.

Depuis que nous avons commencé à prendre en charge les patients originaires de cultures non occidentales, dans leur langue maternelle, à partir de leurs propres théories du mal, du malheur et de la malchance, à l'aide des objets et des opérateurs thérapeutiques ayant cours dans leur ethnie d'origine, nous avons appris que nous respections davantage le patient :

– en respectant ses divinités et en l'invitant à ne pas se comporter comme si, au delà de l'océan, leur pouvoir s'était étrangement dissous ;

– en respectant ses manières de faire (dans sa langue, en groupe et non en relation duelle, en usant des intermédiaires traditionnels tels que l'appel au grand-frère, à l'oncle paternel ou à l'oncle maternel) ;

– en respectant ses docteurs, qu'en Occident nous appelons avec condescendance « guérisseurs » et dont la science – faut-il le rappeler – est plusieurs fois millénaire alors que notre psychiatrie est à peine centenaire ;

– en respectant ses objets de culte, ses objets protecteurs, ses objets thérapeutiques (statuettes, amulettes, bouteilles de sorcellerie) et en considérant avec sérieux – ce qui ne signifie pas « avec naïveté » – les effets qu'il leur attribue ;

– en considérant que ce patient est aussi un exilé, fragilisé, éloigné des siens, de sa famille, de son village, et que les règles d'hospitalité exigent partout que l'hôte aille au devant de l'étranger et non l'inverse.

Ainsi, ai-je été conduit, paradoxalement, à éprouver le sentiment d'obéir davantage aux règles déontologiques de mon métier en évoquant avec ces patients les morts, les esprits ou les rituels traditionnels qu'en m'interrogeant sur leur prétendu désir inconscient.

Bibliographie

Adelman F., « Toward a psycho-cultural interpretation of Latah » (1958), *Davidson Journal of Anthropology*, I, 1955, p. 69-76.

Adohane T., « Le nourrisson médusé : notes de recherche ethnopsychiatrique », *Nouvelle Revue d'ethnopsychiatrie*, nº 13, 1989, p. 183-204.

–, « Un remède pour les pensées : place et statut de l'objet dans la pratique médicale au Maroc », *Nouvelle Revue d'ethnopsychiatrie*, 1991, 16, p. 55-76.

–, *Mélanges étiologiques et syncrétismes thérapeutiques. Approche ethnopsychiatrique des processus à l'œuvre dans les systèmes étiologiques traditionnels au Maroc*, 1992, Thèse pour le Doctorat d'anthropologie, Université de Paris VII.

Aelius Aristide, *Discours sacrés*, trad. A. J. Festugière, Paris, 1986, Macula.

Allain P., *Hallucinogènes et société : cannabis et peyotl. Phénomènes culturels et mondes de l'imaginaire*, Paris, 1973, Payot.

Amselle J. L., *Logiques métisses. Anthropologie de l'identité en Afrique et ailleurs*, Paris, 1990, Payot.

Andoche J., « L'interprétation populaire de la maladie et de la guérison à l'île de La Réunion », *Sciences sociales et Santé,* vol. VI, 3-4, 1988, p. 145-165.
–, « À partir d'une ethnographie des troubles mentaux : les représentations de la personne et du corps à l'île de La Réunion », *Nouvelle Revue d'ethnopsychiatrie,* 1989, 14, p. 111-122.
Anzieu D., « Le transfert paradoxal », *Nouvelle Revue de psychanalyse,* 1975, nº 12, p. 49-72.
–, *Le Groupe et l'inconscient,* Paris, 1975, Dunod.
–, *Le Moi-Peau,* Paris, 1985, Dunod.
–, *Les Enveloppes psychiques,* Paris, 1987, Dunod.
–, *L'Épiderme nomade et la peau psychique,* Paris, 1990, Apsygée.
Arias-Schreiber M. P., « Susto ou le vol de l'âme ». Métaphores corporelles dans le cadre d'un désordre ethnique, *Nouvelle Revue d'ethnopsychiatrie,* 8/9, 1987, p. 123-137.
Aristote, *Problème XXX.*
–, *La Génération des animaux.*
Barrois C., 1988, *La Névrose traumatique,* Paris, 1988, Dunod.
Bastide R., *Le Rêve, la transe et la folie,* Paris, 1972, Flammarion.
Bataille G., *La Part maudite,* Paris, 1967, Minuit.
Bateson G., *La Cérémonie du Naven. Les problèmes posés par la description sous trois rapports d'une tribu de Nouvelle-Guinée,* Paris, 1971, Éd. de Minuit.
Baudouin G., *Les Dogons du Mali,* Paris, 1984, Armand Colin.
Benzi M., *Les Derniers adorateurs du peyotl (croyances, coutumes et mythes des Indiens Huichol),* Paris, 1972, Gallimard.
Bion W. R., *Recherches sur les petits groupes,* Paris, 1965, PUF.
Biznar K., « Ruptures familiales et névroses traumatiques », *Nouvelle Revue d'ethnopsychiatrie,* 1988, 11, p. 43-52.
–, *Clinique psychologique des maladies somatiques des*

migrants, Thèse pour le Doctorat en psychologie, 1991, Université de Paris V.

Blais J. et Bourget S., « San-Pedro : cactus magique », Psychotropes, III, 1986, 1, p. 27-32.

Blanchet A., *L'Entretien de recherche : la construction des univers référentiels,* Thèse pour le Doctorat d'État, 1990, Université de Paris VII.

Blanchet A., Cocchi P., Doukhi F., Nathan T., « Interactions thérapeute-patient dans une thérapie ethnopsychanalytique », *Psychologie française,* n° 36-4, 1991, p. 323-330.

Blanchet A., Nathan T., « La contrainte de la case vide. Capacités thérapeutiques de l'analogie dans la psychothérapie spécifique des migrants ». À paraître *in* Yahyaoui A. Éd., *Corps, espace-temps et traces de l'exil,* Grenoble, La Pensée sauvage.

Bleger J., « Psychanalyse du cadre psychanalytique », *in* R. Kaës Éd., *Crise, rupture et dépassement,* Paris, 1979, Dunod.

Bonnet D., « La procréation, la femme et le génie », *Cahiers de l'ORSTOM,* série Sciences humaines, vol. XVIII, 1982, 4, p. 423-431.

–, *Corps biologique, corps social. Procréation et maladies de l'enfant en pays Mossi (Burkina Fasso),* Paris, Éditions de l'ORSTOM, 1988, collection « Mémoires », n° 110.

Bouhdiba A., *La Sexualité en Islam,* Paris, 1975, PUF.

Bourlet M., « L'orgie sur la montagne », *Nouvelle Revue d'ethnopsychiatrie,* 1983, 1, p. 9-43.

Bourlet M., Nathan T., « Dionysos, le même et l'autre », introduction à la *Nouvelle Revue d'ethnopsychiatrie,* 1, 1983, p. 7-8.

Bravo-Macias M., « Urines et eau bénite », *Revue de médecine psychosomatique,* 5, 1986, p. 23-31.

Breuer J., Freud S., *Études sur l'hystérie* (1895), Paris, 1968, PUF.

Bril B., Zack M., « Du maternage à la puériculture », *Informations sociales,* n° 5, 1989, p. 30-40.

Cahiers *Systèmes de pensée en Afrique noire, Fétiches. Objets enchantés, mots réalisés,* n° 8, 1987, EPHE.

Camara S., *Paroles très anciennes ou le mythe de l'accomplissement de l'homme,* Grenoble, La Pensée sauvage.

Carr J. E., « Ethno-Behaviourism and the Culture-Bound Syndromes : the Case of Amok », *Medicine and Psychiatry,* 2, 1978, p. 269-293, repris dans Simmons & Hugues, 1985.

Cartry M., *Sous le masque de l'animal. Essais sur le sacrifice en Afrique noire.* Bibliothèque de l'École des Hautes Études en Sciences Religieuses, vol. LXXXVIII, PUF,.

Caverni J. P., Nguyen-Xuan A., Hoc J.M., Politzer G., « Raisonnements formels et raisonnements en situation », *in* Richard J.-F., Bonnet C., Ghiglione R., *Traité de psychologie cognitive,* t. 2, Paris, 1990, Dunod.

Charcot Jean-Martin, *Les Diaboliques.*

Chaumeil J. P., « Les plantes qui font voir. Rôle et utilisation des hallucinogènes chez les Yagua du Nord-Est péruvien », *L'Ethnographie,* LXXVIII, p. 87-88, 55-84, 1982 – 1985 : « Prise d'hallucinogène et transe chamanique », colloque *L'Extase et la fête,* Nice.

Cisse Y., « Les nains et l'origine des boli de chasse chez les Malinké », *Systèmes de pensée en Afrique noire,* Cahier 8, 1985, p. 13-24.

Cohen D. J., Leckman J. F., Bennett A., Shayvitz A., « Troubles du développement et de " l'habitude " » – le syndrome de Gilles de la Tourette, *Nouvelle Revue d'ethnopsychiatrie,* n° 15, 1990, p. 67-106.

Contreras J., Favret-Saada J., « L'embrayeur de violence. Quelques mécanismes thérapeutiques du désorcellement » *in* Mannoni Octave Éd., *Le Moi et l'autre,* Paris, 1986, Albin Michel.

Corin E., « Le rite zebola. La possession comme langage dans un contexte de changement culturel », *Anthropologie et société,* 2,3, 1979, p. 53-82.

Cyrulnik B., « Culture du totem, nature du tabou », *in* Durandeau André et Vasseur-Fauconnet Charlyne, *Sexualité, mythes et culture,* Paris, 1990, L'Harmattan.

Dedet C., *La Mémoire du fleuve,* Paris, 1984, Phébus.

Delcourt M., *Œdipe ou la légende du conquérant* (1944), Paris, Les Belles Lettres, 1981.

Deputte B., « L'évitement de l'inceste chez les primates non humains », *Nouvelle Revue d'ethnopsychiatrie,* 3, 1985, p. 41-72.

Dermenghem E., *Le Culte des saints dans l'Islam maghrébin,* Paris, 1954, Gallimard.

Detienne M., *Dionysos mis à mort,* Paris, 1977, Gallimard.

Devereux G., « La renonciation à l'identité, défense contre l'anéantissement », *Revue française de psychanalyse,* XXXI, 1967, 1, p. 101-142.

–, « L'image de l'enfant dans deux tribus : Mohave et Sedang » (1968). Repris dans *Nouvelle revue d'ethnopsychiatrie,* 4, 1985, p. 109-119.

–, *Mohave ethnopsychiatry. The Psychic disturbances of an Indian Tribe.* Washington, 1969, Smithsonian Institution Press.

–, *Essais d'ethnopsychiatrie générale,* Paris, 1970, Gallimard.

–, *Ethnopsychanalyse complémentariste,* Paris, 1972, Flammarion.

–, « Drogues, dieux, idéologies », *Medica,* 1972, 103, p. 13-20.

–, « L'ethnopsychiatrie. Présentation de la revue *Ethnopsychiatrica, Ethnopsychiatrica,* I, 1, 1978, p. 7-13.

–, « The Cultural Implementation of Defense Mechanisms », *Ethnopsychiatrica, 1,* 1, 1978, p. 79-116.

–, « La pseudo-homosexualité grecque et le " Miracle Grec " », *Ethnopsychiatrica,* II, 2, 1979, p. 211-241.

–, *De l'angoisse à la méthode dans les sciences du comportement,* Paris, 1980, Flammarion.

–, *Femme et mythe,* Paris, 1982, Flammarion.

Diodore de Sicile, *Bibliothèque historique.*

Dodds E.R., *Les Grecs et l'irrationnel* (1972), Paris, Flammarion, 1977.

Dorival G., *La Représentation traditionnelle du désordre mental à la Martinique,* Thèse de doctorat de psychologie, université de Paris XIII, 1992.

Douglas M., *De la souillure. Essai sur les notions de pollution et de tabou* (1967), Paris, Maspero, 1981.

Doutte E., *Magie et religion dans l'Afrique du Nord* (1908). Repris par Maisonneuve et Geuthner, Paris, 1984.

Éliade M., *Le Chamanisme et les techniques archaïques de l'extase,* Paris, 1968, Payot.

Erickson M. H., *Ma Voix t'accompagnera. Milton H. Erickson raconte* (1981), textes établis et commentés par Sydney Rosen, Paris, Hommes et Groupes éditeurs, 1986.

Euripide, *Les Bacchantes.*

Evans-Pritchard E. E., *Sorcellerie, oracle et magie chez les Azandé* (1937), trad. fr., Paris, Gallimard, 1972.

Favret-Saada J., *Les Mots, la mort, les sorts. La sorcellerie dans le bocage,* Paris, 1977, Gallimard.

Felice P. de, *Poisons sacrés, ivresses divines. Essai sur quelques formes inférieures de la mystique,* Paris, 1970, Albin Michel.

Ferenczi S., « Deux types de névrose de guerre » (hystérie) (1916), in *Œuvres complètes,* t. 2, Paris, Payot, 1970.

–, « Psychanalyse des névroses de guerre » (1915), in *Œuvres complètes,* t. 3, Paris, 1974, Payot.

–, « Réflexions sur le traumatisme » (1932), in *Œuvres complètes,* t. 4, Paris, 1982, Payot.

–, posthume, *Journal clinique* (1932), Paris, 1985, Payot.

Freud S., « De la Coca » (1884), *in* S. Freud : *De la cocaïne* (Écrits réunis par Robert Byck), Bruxelles, 1976, Éd. Complexe.

–, « Contribution à la connaissance de la cocaïne » (1885), *in* S. Freud, *De la cocaïne* (Écrits réunis par Robert Byck), Bruxelles, Éd. Complexe, 1976.

–, *La Naissance de la psychanalyse. Lettres à Wilhelm Fliess, Notes et plans* (1887-1902), Paris, 1969, PUF.

–, « Pour une théorie de l'attaque hystérique », in *Résultats, idées, problèmes, I,* Paris, 1984, PUF.

–, « Un cas de guérison hypnotique avec des remarques sur l'apparition de symptômes hystériques par la “ contre-volonté ” » (1892-1893), in *Résultats, idées, problèmes, I,* Paris, 1984, PUF.
–, *L'Interprétation des rêves* (1899), trad. fr., Paris, 1967, PUF.
–, « Analyse d'une phobie chez un petit garçon de 5 ans (Le petit Hans) », 1909, in *Cinq psychanalyses,* Paris, 1954, PUF.
–, « Formulations sur les deux principes du cours des événements psychiques » (1911), in *Résultats, idées, problèmes,* Paris, 1984, PUF.
–, *Totem et tabou* (1912), trad. fr., Paris, 1968, Payot.
–, « Remémoration, répétition et élaboration » (1914), in *La Technique psychanalytique,* Paris, 1970, PUF.
–, « Pulsions et destins des pulsions » (1915), in *Métapsychologie,* Paris, 1959, Gallimard.
–, « Parallèles mythologiques à une représentation obsessionnelle plastique » (1916), in *Essais de psychanalyse appliquée,* Paris, Gallimard.
–, « Les voies nouvelles de la thérapeutique psychanalytique » (1919), in *La Technique psychanalytique,* Paris, 1970, PUF.
–, « Au delà du principe de plaisir » (1920), in *Essais de Psychanalyse,* Paris, 1981, Payot.
–, « Psychanalyse » et « Théorie de la libido » (1923), in *Résultats, idées, problèmes,* t. II, Paris, 1985, PUF.
–, « Le moi et le ça » (1923), in *Essais de psychanalyse,* Paris, 1981, Payot.
–, *Freud présenté par lui-même* (1925), Paris, 1984, Gallimard.
–, *Inhibition, symptôme, angoisse* (1927), Paris, 1968, PUF.
–, « Le clivage du moi dans les processus de défense » (1938), in *Résultats, idées, problèmes,* Paris, 1985, PUF, p. 284.
Friedberg C., « Des Banisteriopsis utilisés comme drogue en Amérique du Sud », 1965, *Journal d'Agriculture tropicale et de Botanique appliquée,* XII, p. 403-437, 550-594, 729-780.
Furst P., *La Chair des dieux. L'usage rituel des psychédéliques,* Paris, 1972, Le Seuil, 1974.

Gardner A. R. et B. T., « L'enseignement du langage des sourds-muets à Washoe » (1974), *in* Morin E. et Piatelli-Palmarini M. éd. : *L'Unité de l'homme, t. 1 : Le Primate et l'homme,* Paris, Le Seuil.

Gollnhofer O. et Sillans R., « L'iboga, psychotrope africain », *Psychotropes,* I, 1, 1983, p. 11-27.

Guillaumin J., *Traumatisme et après-coup,* Toulouse, 1982, Privat.

Hamayon, « Soigner le mort pour guérir le vif » (1978), *Nouvelle Revue de psychanalyse,* 17, p. 55-62.

Harner M., *Les Jivaros, hommes des cascades sacrées*, 1972, Paris, 1977, Payot.

–, *Hallucinogens and Shamanism,* New York, 1973, Oxford University Press.

Henri-Valmore S., *Dieux en exil,* Paris, 1988, Gallimard.

Hillel M. et Henry C., *Au nom de la race,* Paris, 1975, Arthème Fayard.

Hintikka J., « Questions de réponses et bien d'autres questions encore », *Langue française,* 1977, p. 52, 56-70.

Hounkpatin L., « Voyage à travers le panthéon des dieux Orisas et Vodun : rites de possession et techniques thérapeutiques », *Nouvelle Revue d'ethnopsychiatrie,* 1990, nº 13, p. 243-248.

Hounkpatin L., Nathan T., « La parole agissante et les objets silencieux. Dialogue sur la fabrication de l'objet thérapeutique chez les Yorubas du Bénin », *Nouvelle Revue d'ethnopsychiatrie,* nº 16, 1991.

Houseman M., « Note sur quelques propriétés générales de la transformation initiatique », *Nouvelle Revue d'ethnopsychiatrie,* 6, 1986, p. 31-40.

Hyginus, *Fables.*

Isakover O., « Contribution à la psychopathologie des phénomènes associés à l'endormissement », 1938, *Nouvelle Revue de psychanalyse,* 5, 1972, p. 197-209.

Jacques F., *Dialogiques. Recherches logiques sur le dialogue,* Paris, 1979, PUF.

Janet P., *De l'angoisse à l'extase,* Paris, 1926, Félix Alcan.

Jeanmaire H., *Dionysos. Histoire du culte de Bacchus* (1951), Paris, 1978, Payot.

Jeanne des Anges (Sœur, Supérieure du Couvent des Ursulines de Loudun (XVIIe s.), *Autobiographie d'une hystérique possédée*, avec une courte préface de Charcot et des commentaires de Legué et de Gilles de la Tourette, Grenoble, 1985, Jérôme Millon.

Kakar S., *Shamans, Mystics and Doctors. A Psychological Inquiry into India and its Healing Traditions*, New York, 1982, Alfred A. Knopf.

Kalix P., « Une plante psychotrope, le khat », *Psychotropes*, III, 2, 1986, p. 13-22.

Kilborne B., « Altérité et contre-transfert, Georges Devereux », *Nouvelle Revue d'ethnopsychiatrie*, n° 7, 1987, p. 135-147.

Kouassi K., *Ethnopsychiatrie Baoulé. Représentation et thérapie traditionnelles de la maladie mentale en pays Baoulé*, Thèse pour le Doctorat de troisième cycle. Paris, 1987, Université R. Descartes.

Laborde E., « " Coccinelle " Analyse de la structure psychique d'une voyante numérologue », *Nouvelle Revue d'ethnopsychiatrie*, 8/9, 1987, p. 103-122.

Labov W. & Fanshel D., *Therapeutic Discourse*, New York, 1977, Academic Press.

Lallemand S., « Pratiques de maternage chez les Kotokoli du Togo et les Mossi de Haute-Volta », *Journal des Africanistes*, t. 51, fasc. 1-2, Paris, p. 43-61.

–, *La Mangeuse d'âmes*, Paris, 1988, L'Harmattan.

Lebovici S., *Le Nourrisson, la mère et le psychanalyste*, Paris, 1983, Le Centurion.

Lebovici S., Rabain J.F., Nathan T., Thomas R., Duboz M.M., « À propos de la maladie de Gilles de la Tourette », *Psychiatrie de l'enfant*, XXIX, n° 1, 1968, p. 5-59.

Leclaire S., *Psychanalyser*, Paris, 1986, Le Seuil.

Legué G., *Documents pour servir à l'histoire médicale des possédées de Loudun* (1874).

Leiris M., *La Possession et ses aspects théâtraux chez les*

Éthiopiens du Gondar (1958), rééd., Paris, 1980, Le Sycomore.

Lévinas E., *Le Temps de l'autre* (1948), rééd., Paris, 1983, PUF.

–, *Difficile liberté. Essais sur le judaïsme* (1963), 3e édition, Paris, 1988, Albin Michel.

Lévi-Strauss Cl., *Les Structures élémentaires de la parenté,* (1949), Paris, 1967, Mouton.

–, « Introduction à l'œuvre de Marcel Mauss » (1950), *in* Mauss M., *Sociologie et anthropologie,* Paris, 1950, PUF.

–, *Anthropologie structurale,* Paris, 1958, Plon.

–, *La Pensée sauvage,* Paris, 1962, Plon.

–, *Mythologiques* (4 tomes), Paris, 1964-1971, Plon.

–, *Le Regard éloigné,* Paris, 1983, Plon.

Lewin B. D., « Le sommeil, la bouche et l'écran du rêve » (1949), *Nouvelle Revue de psychanalyse,* 5, 1972, p. 214-223.

Lheimeur M., « À la croisée d'une rencontre. Parcours et technique d'une thérapeute gnawia (Maroc) », *Nouvelle Revue d'ethnopsychiatrie,* n° 13, 1989, p. 41-51.

–, *Hystérie et possession au Maroc. Vers un diagnostic différentiel,* Thèse pour le Doctorat de psychologie, Université de Paris XIII, 1990.

Lhermitte Jean, *Vrais et faux possédés,* Paris, 1956, Félix Alcan.

Lifton R. J., *Les Médecins nazis. Le meurtre médical et la psychologie du génocide* (1986), Paris, 1989, Robert Laffont.

Linden E., *Ces singes qui parlent,* Paris, 1974, Le Seuil.

Lodéon J., Van Dyck R., Erickson M. H., *Histoires d'Erickson. Génitif,* vol. 7, n° 1, 1986.

Loucou J. N., Ligier F., *La Reine Pokou. Fondatrice du royaume baoulé,* ABC, Paris, 1977, Dakar.

Lougnon A., *Sous le signe de la tortue. Voyages anciens à l'île Bourbon (1611-1725)* (1970), La Réunion, 1992, Éditions Azalées.

Malarewicz J. A., Godin J., *Milton Erickson... de l'hypnose clinique à la psychothérapie stratégique*, Paris, 1986, ESF.

Mauss M., « Essai sur le don. Forme et raison de l'échange dans les sociétés archaïques » (1923-1924), *in* M. Mauss, *Sociologie et anthropologie*, Paris, 1973, PUF.

–, « Les techniques du corps » (1936), in *Sociologie et anthropologie*, Paris, 1973, PUF.

Mauss M., Hubert H., « Esquisse d'une théorie générale de la magie » (1920), *in* Mauss M., *Sociologie et anthropologie*, Paris, 1950, PUF.

Moro M. R., *La Construction de l'interaction. Fonctionnement des systèmes de représentations culturelles dans les psychothérapies mère-enfant*, Thèse pour le Doctorat en psychologie, Université de Paris VIII, 1991.

Moro M. R., Nathan T., « Le bébé migrateur. Spécificités et psychopathologie des interactions précoces en situation migratoire », Lebovici S. et Weil Halpern F. éd., *Psychopathologie du bébé*, Paris, PUF-INSERM, 1989, p. 683-748.

–, « Enfants de djinné. Évaluation ethnopsychanalytique des interactions précoces », dans Lebovici S. éd., *Évaluation des interactions précoces*, 1989, ESHEL.

–, « Ethnopsychiatrie de l'enfant », *in* Diatkine R., Soulé M., Lebovici S. éds, *Psychiatrie de l'enfant et de l'adolescent*, nouvelle édition, Paris, 1992, PUF.

Nathan T., « Considérations ethnopsychiatriques sur le traitement analytique des psychoses », *Ethnopsychiatrica*, *1*, 1, 1978, p. 15-42.

–, *Psychanalyse et copulation des insectes*, Grenoble, 1983, La Pensée sauvage.

–, *La Folie des autres. Traité d'ethnopsychiatrie clinique*, Paris, 1986, Dunod.

–, « Thérapie et culture », *Encyclopédie médico-chirurgicale, Psychiatrie*, 1987, 37725 D 10.

–, *Le Sperme du diable. Éléments d'ethnopsychothérapie*, Paris, 1988, PUF.

–, *Psychanalyse païenne. Essais ethnopsychanalytiques,* Paris, 1988, Dunod.

–, « Il y a quelque chose de pourri au royaume d'Œdipe. Notes ethnopsychanalytiques sur le fonctionnement des systèmes de parenté dans la migration » *in* Gabel M. éd., Les Violences sexuelles à l'égard des enfants, Paris, 1992, PUF.

–, *Fier de n'avoir ni pays ni amis, quelle sottise c'était... Principes d'ethnopsychanalyse,* Grenoble, 1993, La Pensée sauvage Éditions.

Nathan T., Devereux G., « Vivre et rêver. Propos sur le rêve », *Ethnopsychiatrica,* 3, n° double, 1981, p. 5-13.

Nathan T., Hounkpatin L., « *Oro Lè.* La puissance de la parole... dans la psychanalyse et dans les systèmes thérapeutiques yorubas », Revue française de psychanalyse, LVII, 3, 1993, p. 787-805.

Nathan T., Moro M. R., « Enfants de djinné. Évaluation ethnopsychanalytique des interactions précoces », *in* Lebovici S., Mazet Ph., Visier J. P. éds, *Évaluation des interactions précoces,* Paris, 1989, ESHEL, p. 307-340.

–, « Si tu aperçois une calebasse descendant le Niger... Pratiquer l'ethnopsychiatrie ici et ailleurs », *Nouvelle Revue d'ethnopsychiatrie,* n° 15, 1990.

Neihardt J., *Élan noir ou la vie d'un saint homme des sioux Oglalas* (1934), Paris, 1977, Stock.

Ocampo M. C., *Quelques aspects de l'ethnopsychiatrie Quechua,* Mémoire de l'École des Hautes Études en Sciences Sociales, Paris, 1980.

Ovide, *Les Métamorphoses.*

Perrin M., « Point de vue anthropologique sur les drogues toxicomanogènes » *in* G. Nahas éd. : *Drogue et civilisation. Refus ou acceptation.* Pergamon Press, Paris, Oxford, 1982, p. 127-138.

Platon, *La République,* Livre VII, Éditions des Belles Lettres.

Plutarque, *De Fluvius.*

Poliakov L., *Le Bréviaire de la haine, Le IIIe Reich et les Juifs* (1951), Paris, 1974, Calmann-Lévy, le Livre de Poche.

Pons M., « Kabyle sous la peau. Le retournement dedans-dehors dans les épisodes aigus des immigrés de la deuxième génération », *Nouvelle Revue d'ethnopsychiatrie,* 5, 1986, p. 85-100.

Pouillon J., « Malade et médecin : le même et/ou l'autre. (Remarques ethnologiques), *Nouvelle Revue de psychanalyse,* I, printemps 1970, p. 77-98.

–, « Manières de table, manières de lit, manières de langage » (1972), première publication dans *Nouvelle Revue de psychanalyse,* ensuite repris dans *Fétiches sans fétichisme,* Paris, 1975, Maspéro.

Premack D., « Le langage et sa construction logique chez l'homme et chez le chimpanzé », *in* Morin E. et Piatelli-Palmarini M. éd., *L'Unité de l'homme,* t. 1 : *Le Primate et l'homme,* Paris, 1974, Le Seuil.

Reinburg P., « Contribution à l'étude des boissons toxiques des indiens du Nord-Ouest de l'Amazone : l'ayahuasca, le yagé, le huanto », *Journal de la Société des Américanistes,* XIII, 1921, p. 25-54, 197-216.

Roheim G., *Psychanalyse et anthropologie* (1950), trad. fr. Paris, 1967, Gallimard.

Rolle-Romana V., « Les étiologies sorcières antillaises. Croyances et pratiques magiques à la Martinique et à la Guadeloupe », *Nouvelle Revue d'ethnopsychiatrie,* n° 20, 1993, p. 91-104.

Rosny de E., *Les Yeux de ma chèvre. Sur les pas des maîtres de la nuit en pays douala (Cameroun),* Paris, 1981, Plon.

Rosolato G., *Éléments de l'interprétation,* Paris, 1985, Gallimard.

Sacks O., *L'Homme qui prenait sa femme pour un chapeau et autres récits cliniques,* Paris, 1988, Le Seuil.

Salmi H., Mannoni-Parisi C., « Métissage des langues, métissage des cultures, métissage des cadres thérapeutiques », *Psychologie française,* n° 36-44, 1991, p. 351-361.

Sami Ali M., *Le Haschich en Égypte. Essai d'anthropologie psychanalytique,* Paris, 1971, Payot.

Savan D., « La théorie sémiotique de l'émotion selon Pierce », *Nouvelle Revue d'ethnopsychiatrie,* n° 11, 1988, p. 127-146.

Scherrer P., « L'inceste dans la famille », *Nouvelle Revue d'ethnopsychiatrie,* 3, 1985, p. 21-34.

Schilder P., *L'Image du corps. Étude des forces constructives de la psyché* (1935), Paris, 1968, Gallimard.

Schultes R. E., Evans R., Hofman A., *Les Plantes des dieux. Les plantes hallucinogènes, botanique et ethnologie,* Paris, 1981, Berger-Levrault.

Sergent B., *L'Homosexualité dans la mythologie grecque,* Paris, 1984, Payot.

Shapiro A. K., Shapiro E., et Col., *Gilles de la Tourette Syndrom,* New York, 1978, Raven Press.

Sironi F., « Approche ethnopsychiatrique des victimes de torture », *Nouvelle Revue d'ethnopsychiatrie,* 13, 1989, p. 67-87.

Sperber D. et Wilson D., *La Pertinence, communication et cognition* (1986), (trad. par A. Gerschenfeld et D. Sperber), trad. fr. Paris, 1989, Éd. de Minuit.

Spinoza B. de, *Court traité sur Dieu, l'homme et son état bienheureux.*

Spitz R. A., *Le Non et le oui. Genèse de la communication humaine* (1957), Paris, 1970, PUF.

–, *De la naissance à la parole. La première année de la vie* (1965), Paris, 1968, PUF.

Stengers I., *La Volonté de faire science. À propos de la psychanalyse,* Paris, 1992, Les empêcheurs de penser en rond.

Stern D. N., *The Interpersonal Word of the Infant,* New York, 1985, Basic Books.

–, « Les interactions affectives », Lebovici S. et Weil Halpern F. éd., *Psychopathologie du bébé,* Paris, 1989, PUF-INSERM, p. 199-214.

Stork H., *Enfances indiennes,* Paris, 1986, Le Centurion.

Strauss P., « Données épidémiologiques sur l'inceste », *Nouvelle Revue d'ethnopsychiatrie,* 3, 1986, p. 35-40.

Surgy de A. (sous la dir. de) *Fétiches, objets enchantés, mots réalisés. Systèmes de pensée en Afrique noire*, 1985, Cahier 8.

Tetry A., « Arthropodes. Généralités », *in* Grassé P.P., Tetry A., *Encyclopédie de la Pléiade. Zoologie, tome II*, Paris, 1963, Gallimard.

Toumi S. (de Pury), « Une maladie nommée *susto* », *Nouvelle Revue d'ethnopsychiatrie*, 15, 1990, p. 173-182.

–, *Sur les pas des Indiens Nahuatl, mot à mot*, Grenoble, 1992, Éditions de la Pensée sauvage.

Tourette (de la) G., « Étude sur une affection nerveuse caractérisée par l'incoordination motrice accompagnée d'écholalie et de coprolalie (jumping, latah, myriatchit) » ; *Archives de neurologie* (1885), 9, p. 19-42 et p. 158-200, repris dans *Nouvelle Revue d'ethnopsychiatrie*, n° 15, 1990, p. 39-66.

Ushte T. et Erdoes V., *De mémoire indienne. La vie d'un Sioux voyant et guérisseur*, Paris, 1977, Plon.

Valla J. P., *L'Expérience hallucinogène*, Paris, 1983, Masson.

Van Gennep A., *Les Rites de passage* (1909), Paris, 1981, Éd. Picard.

Verjus J. P., « Les systèmes informatiques répartis », *La Recherche*, n° 204, 1988, p. 1386-1395.

Vidal J. M., « Explications biologiques et anthropologiques de l'interdit de l'inceste », *Nouvelle Revue d'ethnopsychiatrie*, 3, 1985, p. 75-107.

Visnelda (Madame) et Lemaire M., « *Merci Madame, je suis guérie !* », Bras Panon, 1988, Éditions Flash 3.

Whitehead A. N. & Russel B., *Principa Mathematica*, Cambridge, 1913, Cambridge Univ. Press.

Winnicott D.W., « L'esprit et ses rapports avec le psyché-soma » ; in *De la pédiatrie à la psychanalyse* (1949), Paris, 1969, Payot.

–, « L'État de dépendance dans le cadre des soins maternels et infantiles et dans la situation analytique », in *Processus de maturation chez l'enfant* (1963), Paris, 1974, Payot.

Yapp M., « Mental Diseases Peculiar to Certain Cultures : a

Survey of Comparative Psychiatry », *Journal of Mental Science*, 97, 1951, p. 313-327.

–, The Culture Bound Reactive Syndromes in Caudil W. et Lin T. Y. (éds), *Mental Health Research in Asia and the Pacific*. Honolulu, East-West Center Press.

Zafrani H., *Kabbale, vie mystique et magie*, Paris, 1986, Maisonneuve et Larose.

Zajde N., « Portrait de groupe avec circoncision », *Nouvelle Revue d'ethnopsychiatrie*, n° 17, 1991.

–, « Les Visiteurs et les messagers. Tentative d'identification des survivants de la Choa et de leurs enfants », *Nouvelle Revue d'ethnopsychiatrie*, n° 19, sous presse, 1992.

Zempleni A., « La dimension thérapeutique du culte des rab. Ndöp, Turu et Samp, rites de possession chez les Wolof et les Lebou, *Psychopathologie africaine*, II, 3, 1966, p. 295-439.

–, « Sur l'alliance de la personne et du rab dans le Ndöp », *Psychopathologie africaine*, III, 1967, p. 441-450.

–, *L'interprétation et la thérapie traditionnelle du désordre mental chez les Wolof et les Lebou du Sénégal*, Thèse pour le Doctorat du troisième cycle, Paris, 1968, Sorbonne.

–, « La " maladie " et ses causes », *L'ethnographie : causes, origines et agents de la maladie chez les peuples sans écriture*, LXXXI, 2-3, 1985.

–, « Des êtres sacrificiels », *in* Carty éd., *Sous le masque de l'animal. Essais sur le sacrifice en Afrique noire*, Bibliothèque de l'École des Hautes Études en Sciences Religieuses, vol. LXXXVIII, Paris, 1987, PUF.

Zempleni A., Rabain J., « L'enfant Nit-Ku-Bon. Un tableau psychopathologique traditionnel chez les Wolof et les Lebou du Sénégal », *Psychopathologie africaine*, I, 3, 1965, p. 329-441.

Table des matières

TROISIÈME PARTIE

APOLOGIE DE LA FRAYEUR

CET OUVRAGE A ÉTÉ TRANSCODÉ
ET ACHEVÉ D'IMPRIMER SUR ROTO-PAGE
PAR L'IMPRIMERIE FLOCH À MAYENNE
EN FÉVRIER 1994

N° d'impression : 35616.
N° d'édition : 7381-0237-2.
Dépôt légal : février 1994.
Imprimé en France